美 国 中 学
写 作 教 学
译　　丛

主编

[美]傅丹灵

曹勇军

中学：
写工作坊的奥秘

In

The Middle:

A Lifetime of Learning About

Writing, Reading, and Adolescents

[美] 南希·爱特维尔（Nancie Atwell）　著

王不一　译

上海教育出版社

一

收入这套"美国中学写作教学译丛"的5本专著，代表了目前美国K—12写作教学研究的最新成果和最高水平。这套书的作者，有的是大学研究专家，有的是中学教师，他们在读写教育领域做出突出的贡献，是当今美国写作教学最具影响力的人物。

为了帮助读者更好地阅读这套译丛，我们简要梳理这5本书的基本内容，并略加评点，分析其独特价值和学术贡献。

(一)《在各学科内培养写作能力》

《在各学科内培养写作能力》（*Writing Instruction That Works: Proven Methods for Middle and High School Classrooms*）的主要作者亚瑟·艾坡毕与朱迪思·朗格（Arthur Applebee and Judith Langer），在美国语文教育界广为人知。两人是学术伉俪，为美国语文教育教学研究做出巨大贡献。

本书详细呈现了一项长达6年（2005—2011）的美国写作教学大型调研项目的数据和结果。该项研究主要目的是给美国学校的写作教学提供权威的数据参考，对实际教学和理论研究都有重大的意义。

在得到美国国家写作计划、大学理事会和斯宾塞基金的赞助后，艾坡毕和朗格带领着11位教职人员和博士生组成了研究小组，此外还有5个州的8个写作培训中心、23名当地写作培训中心的成员参与研究。研究数据收集历时4年，数据分析历时2年。在收集数据的4年里，每一年为一个阶段，共4个阶段，完成下列调研任务：

1. 调研过去30年美国写作教学发生的改变。

2. 对纽约州6所初高中展开个案研究。

3. 在5个州（加利福尼亚州、纽约州、肯塔基州、密歇根州和得克萨斯州）选择当地写作教学最出色的20所初高中展开研究。其间观摩语文课、数学课、社会/历史课和科学课共260节，采访教师和校领导共220名，收集了138名学生一学期的优秀习作。

4. 进行全国范围的调研问卷，有来自全美4门不同学科的1520名中学教师参与问卷调查。

这本书共10章。第1章主要介绍了美国写作教学的历史与发展，以及现今写作教学面临的挑战。第2章介绍了美国学校普遍的写作教学现状——学生每天固定做多少写作练习，学校提供了哪些形式的写作指导，标准化考试对写作和写作教学有什么影响。第3—6章分别介绍了语文、社会/历史、数学和科学4门学科课堂上的写作指导。每一章都用成功的写作教学实例解释了写作教学是如何融进学科内部的，解释具体到每一学科课堂上学生会做多少写作练习，并把学科写作教学与《共同核心州立标准》作了对标，给出经实践证明有效的教学方法和教学指导。第7章是关于技术和写作教学的结合。这一章解释了为什么写作教学应当与现代技术相结合、以哪种方式结合以及哪些现代技术可以运用在写作教学中等问题。第8章主要针对的是母语非英语的学生的写作教学。对比了指导母语非英语的学生和母语为英语的学生写作的不同，详细讨论了学生群体多样的学区的典型教学实例。第9章则是针对贫困学生集中的州和学校的写作教学。第10章是全书的总结，针对21世纪的写作教学给出了5个方面的建议：

1. 写作教学应当成为各学科教学的一部分。

2. 各科教师应当合作研讨，开展跨学科写作教学并提高其质量。

3. 各科课堂应当运用现代技术来鼓励学生学习写作，并学好写作。

4. 课上应给学生提供大量不同类型和长度的写作练习，应把不同水平的考试包括的写作类型纳入其中。

5. 通过写作来拓展和加深学生对学科内容的学习，把《共同核心州立标准》提倡的读写素养融入写作教学中。

通过作者分享的这项研究成果，我们会发现，虽然很多学校和各学科教师都能够意识到写作的重要性，但遗憾的是美国中学在实际写作教学中还存在诸多不足。写作经常成为教学中被忽视的部分，其主要原因是标准化考试带来的压力。标准化考试对写作能力的要求并不高，这导致课堂上的大部分时间都不得不用来准备试卷上的内容。

书中成功的教学实例虽然来自少数的学校和课堂，但为不同学科的写作教学提供了宝贵的示范，证明了教师可以在自己的课程设计中平衡常规写作教学与备考的压力，这也让更多教师看到了提高写作教学质量的希望。可贵的是，本书重点强调了学校层面整体提高学科内部和跨学科写作教学质量的重要性，指出各学科教师的协作能够更有效地提升整体教学质量。除了具体教学实例外，书中还提供了很多写作教学的指导、提高学科写作教学质量的建议、借助现代技术教授写作的方法等。

本书突出之处在于它的前沿性。书中指出美国当下中学写作教育中普遍存在的挑战和问题，比如核心课程和写作教学的结合、对现代技术的应用、对母语非英语的学生和贫困学生的教学等。在本书中，作者把写作课程设计和全国教学指导文件《共同核心州立标准》联系在一起，用具体实例为美国学校21世纪的写作教学指明了方向。对于想要了解美国学校现阶段写作教学、渴望提升教学质量、希望学生在成绩上有所突破的教育政策制定者、教育学家、学校领导和一线教师来说，这本书有着相当大的参考价值。

（二）《所有的写作都是讲故事》

《所有的写作都是讲故事》(*Minds Made for Stories: How We Really Read and Write Informational and Persuasive Texts*) 的作者托马斯·纽柯克（Thomas Newkirk），担任新罕布什尔大学英文系教授、作文与语文教育项目主任，前后长达40年，同时还是暑期读写教育学院的创始人和主管，为美国培训了数以万计的写作教师。他继承了过程写作理论先驱唐纳德·莫瑞、唐纳德·格雷夫斯的理论，用自己的读写教学成果延续两人的影响，成为当今美国语文学术界倡导过程教学、对抗理论教条的代表性人物。

《共同核心州立标准》颁布后，美国写作教学和考试开始重视说明性、推理性写作，也就是说明文、议论文和论述文（Informational Writing, Persuasive Writing and Argumentative Writing）3种主要文体写作。在提高对以上3种学术性写作要求的同时，记叙文则被贬低为小学低年级学生才需要学习和练习的文体，理由是记叙文写作的内容过于生活化，对于高年级学生今后的学业和工作帮助不大。作者在本书中引用科学、医药学、科技和数学领域的精彩文章作为例子，驳斥了《共同核心州立标准》给写作教学带来的误区。他指出，读者之所以喜欢读这些学术文章，是因为每篇文章都不乏情节、人物和细节，能够吸引读者的注意力，激发读者的想象力，引发读者的共鸣。他进一步说明，讲故事是人类理解这个世界最初和最主要的方式，"叙述是人类心灵的一笔财富"，"它近乎一种本能"。这本书为帮助我们重新认识记叙，理解记叙文写作的价值，以及它在读写中的独特作用，提供了全新的认识角度和探索方向。

本书共有3个部分9个章节。第一部分"与我同行"，从读者角度出发，解释了怎样进行持续性阅读；从文字角度出发，解释了为什么有些文字惹读者喜爱；从写作者角度出发，解释了怎样抓住读者的注意力。前3章内容呈现了本书的主题，即学校轻视记叙文写作教学和叙事本身在人类意识中的重要角色之间的矛盾。

第二部分"传递信息的艺术"，共有3章。第4章分析了教科书写作的常见问题，说明了学生不喜欢读教科书，特别是科学和历史类教科书的原因。第5章通过分析医药学、科学、数学等不同学科和不同话题的学术文章中的叙事要素，证明了"所有的写作，都是叙事"。第6章进一步解释了"所有的写作，都是叙事"这一主题。通过取自《纽约时报》、医学文献、非小说类绘本的例子，作者表明，不管什么话题什么学科，以传递信息为目的的写作不仅是关于事实、标签和数字的，而且是"科学研究的过程，科学研究的精神，心里那一份痒痒的、执着的热爱，以及科学本身的美感"。

第三部分是"你想不到的地方，也有故事出没"。其第7章和第8章，引导读者注意议论文和用数字传递信息的文本的叙事特征。尽管这两大类文体的叙事特征不明显，但作者说："真实生活中遇到的问题，都有叙述的影子；而我们正是通过规划、进入、张力、解决方案——情节——一步步解构问题，完成转化。"如果没有这些叙事特征的存在，这些文章便会显得远离生活，读者会因此失去阅读的兴趣，难以通过联系自身经历去理解文章传递的信息。第9章，作者提出了3个概念。其一是阅读过程的空间概念。这一概念强调阅读的过程亦是理解的过程，这是对《共同核心州立标准》所强调的阅读是为了找到作者本意的反拨和纠偏。其二是严苛。严苛与乐趣相辅相成，一味地严苛是违背人类天性的。只讲严苛便是要求人们为一件违背自己本意、缺乏乐趣甚至没品位的事情付出长时间的努力。他相信"如果我们能保持心情愉悦，甩掉压力，处理难度大的任务也会变得事半功倍"。其三关于时间。做每一件事时，我们都应稳扎稳打，而不是急匆匆敷衍了事。因为当"我们感到时间充裕"，"会调整到最佳状态"，"这么一来，我们就能'住在'过程中，完完全全'在场'，但是这种情形在学校愈加'拥挤'的课业中，越来越少见"；而"好老师从来不急不躁，他们也不会让学生感到被催促"。

这本书论述了叙事写作的价值和地位，却是用故事、个人经历和幽默来叙述的。故事围绕学校对待叙事写作的态度和叙事在我们意识里的中心地位的矛盾展开。作者用精心安排的情节一步步带我们意识到故事的普遍存在，人类的意识总归于故事。故事的高潮便是读者最终看清楚故事才是我们生活中的"英雄"，但这位"英雄"被所谓的学术压制了。

作者在叙事的同时也在论述。书中所引用的不同学科和话题的文章都具有极强的说服力，并且体现了学术的严谨性。这本书易读，有说服力，有启迪性，让人爱不释手。作者在这本书的论述中呈现了自己独特的叙事风格，证明了叙事写作不是低级的，它可以有极高的学术性，可以很复杂，可以极具说服力。毋庸置疑，纽柯克这本既有艺术气息又有学理阐发的论著，优雅而强有力地为叙事写作正了名。

（三）《在中学：读写工作坊的奥秘》

在美国，你很难能找到一本读写教学的著作，其中没有提到南希·爱特维尔，或是借鉴她的教学经验。1987年，南希·爱特维尔（Nancie Atwell）出版了《在中学：读写工作坊的奥秘》（*In the Middle: A Lifetime of Learning About Writing, Reading, and Adolescents*），随后不断再版，美国历史上从来没有哪位教师的著作风靡30多年，成为广受教师喜爱的教学指南。

这本著作第1版295页，第2版546页，第3版640页。从第1版到第3版篇幅的增加可以看出爱特维尔把越来越多的教学心得充实进来，不断地改进、分享自己的教学实践。她告诉读者，第3版包含了80%的新材料和30年来她不断完善的教学经验。她坚持教学相长，坚持从学生那里、从自己的教学及读写经验中汲取养分，学习成长。2017年，爱特维尔退休。在这最新一版中，她把自己在实际教学中的所有材料都拿出来与广大教师分享。对读写教育来说，这是一笔宝贵的财富，比任何教科书都珍贵。

本书第1—3章是爱特维尔接触和学习工作坊教学的故事，以及教师怎样做教学准备、怎样引领学生熟悉这套教学方法。这3章中，作者奠定了教学的基调，开始建立与学生的联系，并帮助他们做好准备，使其能够参与到丰富的读写集体活动之中。

第4—5章包含了具体详细的教学程序及材料，还有帮助学生直面挑战、解决问题和满足学生需求的丰富技巧和方法。她用生动的教学事例详细讲述了她是如何一步步引导学生成为独立自主的阅读者和写作者的过程。

第6—7章主要谈如何对学生的阅读和写作给出反馈：在读写工作坊中，

这是最核心的教学策略。作者用具体的教学事例展示她是如何在一对一的辅导中引导学生，帮助他们找到写作重点，发出自己的声音并深化作文的主题。教师对学生的了解应是首位的。这两章的内容让读者看到，了解学生的读写历史能让教师知道如何教学、何时教学，该教什么、不该教什么，何时该提高要求或者适时地放慢速度。作为一名教师，爱特维尔对学生既严格要求，又温柔坚定。她从不接受马虎或者平庸的学生作业，但也注意不用过度严格的要求伤害学生的学习热情。她知道何时及如何敦促学生去发现和探索自己作为阅读者和写作者的全部潜能。她给学生时间、空间和指导，让他们稳步成长。作者采用了书信体读后感的方式来反馈学生的阅读，举办好书分享会来向学生介绍好书，这两种教学活动在美国教学界被称为"爱特维尔式教学"。这是她作为一个教师和专家所独有的、在读写工作坊中开展读写教学的奥秘。

第8章讲读写教学的评估，介绍了她评估学生进步水平的方法，实践证明能给教学带来正面影响。其中关键就是教会学生评估自己的读写水平。爱特维尔不为了考试而教学，她的学生也不是为了分数而学习。师生一起设定目标，制订学习计划，选择适合自己的学习路径，来帮助每个学生成为优秀的阅读者和写作者。在这一章中，作者还表明她并非无视高风险考试，而是坚信高质量的教学完全可以帮助学生在考试中取得优秀成绩。作者也会在考试前给学生讲读题、解题和答题的技巧。学生的考试成绩证明了她的教学和评估方式既能够高质量培养学生的读写能力和人文素养，也完全能够帮助他们达到国家考试的要求，与全美的优秀学生比肩。

（四）《人人皆可为优秀写作者》

凯利·盖勒格（Kelly Gallagher）的《人人皆可为优秀写作者》（*Teaching Adolescent Writers*）也是一本出自一线读写专家之手的精彩著作。与《在中学：读写工作坊的奥秘》相同的是，本书展示了一位教师的写作教学实践及其学生的读写成就；不尽相同的是，作者盖勒格无意在书中介绍他30多年从教生涯的所有教学经验，而是有重点地阐述了他所发现的当今美国写作教学中的重要问题，以及他对这些问题的应对改善之策。

本书共有8章。第1章用统计数据展示了美国中学生写作危机，随后列出了导致这场危机的10种糟糕的课堂教学，并给出了改善学校写作教学的6条建议。在第1章的结尾，作者列出了给学生解释写作重要性的8个理由，强调写作对学生当前的学业、对他们的未来、对国家的发展都有着重要的意义。第2章中，作者探讨了写作教学的首要问题：如何为写作和写作教学腾出时间。作者不单要求教师给学生写作的时间，还提出了具体的思路，让课上的写作能够契合学科学习，课下的写作能够与学生生活联系。

第3章强调写作教学的关键策略，即教师应该给学生展示自己的写作过程，供学生学习模仿。作者不仅解释了这种做法的理由和根据，也提供了多种教学展示的具体做法。例如如何在个人生活里找到写作话题，如何开展头脑风暴，如何聚焦关注点，以及如何根据不同的写作要求修改自己的作品等。

第4章讲的是教学展示。作者挑选生活中的好文章作为范文给学生学习。他相信只有接触和阅读优秀文章，仔细地研究这些文章成功的原因，然后在自己写作时模仿练习，学生才能写出好作文。作者逐步展示了如何甄选范文，如何帮助学生理解范文作者的写作技艺，以及如何把所学应用到自己的作文中。

第5章讨论了"自由选择"在写作中的重要性，让学生自己选择写作话题。作者认为，学生在写自己想写的话题时，才会全身心地投入其中。在这一章里，作者向读者展示了他如何从自己的生活中提炼写作话题，以及如何把看起来无聊的话题变得有意思、有意义，让学生能写出有洞见和深度的文章。这一章中有许多课堂活动和教学建议，可以启发学生的写作灵感，让他们从自己的生活出发，再延展到家人、朋友及周围的人。

第6章探讨了写作时要目的明确和有读者意识这两个重要问题。一般课堂写作的读者通常只有教师，而学生写作的目的也只是满足写作要求和取得理想的分数。本章详细讨论了就同一个写作话题，针对不同的读者群体和写作目的，文章的写法会各有不同。他采用实际生活中丰富的范文，说明如何帮助学生根据写作目的和目标读者来引导写作方向：应该采用什么样的形式、语气或话语模式以及如何修改润色等。

第7章讨论了写作教学中作文评估这个难题。作者展示了自己是如何用作文评估来激励学生提高写作水平、越写越好的。评估的目的不是检查学习成果，更不是惩罚。作者强调，作文评估是教学中重要的一环，应该根据不同学生的需求来具体处理。不论水平和起点如何，作文评估应该确保激励所有学生不断进步。自律、评分及评估规则的透明和民主，还有写作的挑战性和创新性，是作者评估学生作文的基本原则。

在第8章中，作者强调写作教学的关键点：学生要勤加练笔，作文量应是现有的一倍，写作应该全面覆盖学生的生活，包括课堂内外，包括语文在内的各个学科。

本书独特之处在于作者一针见血地指出了当前写作教学的关键问题。除此之外，佐以成功的实践，说明了问题的紧急性和重要性，提出了自己的建议、策略及解决问题的方法。作为一个有30多年教学经验的教师，盖勒格一直在加州和纽约两地的公立学校接触来自不同背景的学生。他对教学的探讨充满洞见，涉的问题是所有教师都会面对的，提出的解决思路也切实可行。正如他在本书中倡导的那样，教师要对学生以诚相待：向学生展示自己的写作过程，与学生分享实际生活中的写作范文，而不应教"假作文"。盖勒格是真诚的，他向我们展示了如何处理真实的教学问题，如何面对现实中的学生需求，又如何开展生动活泼的写作课堂教学，真正推动学生的进步和发展。

（五）《与高中生一起写作和思考》

与爱特维尔和盖勒格一样，潘妮·齐特（Penny Kittle）在《与高中生一起写作和思考》（*Write Beside Them: Risk, Voice, and Clarity in High School Writing*）这本书里分享了她珍贵的教学经验，独特之处在于，齐特用故事形式把那些教高中生阅读和写作的思路和技巧一个个串联起来。作者在这本书里注入了深厚的情感，书中呈现的是一个个真实的人，是一位教师在解决学生各种不同的需求时所遇到的困难，是学生在校内、校外生活中的苦与乐，是教师和学生共同学习与成长的经历。

本书共6章13小节。第1章探讨了写作教学的基本要素。作者分享了她对阅读、写作和教学的热爱，讲述了她对写作工作坊这一教学方法从陌生到熟悉再到坚信的过程，介绍了她写作课的结构。本书每一章都以讲述一个学生的故事结束。这些故事都是独特的，读者在其中既能领略齐特的写作教学风采，又可以了解许多美国高中生的读写生活。第2章是写作和思考，集中介绍了两种作文预热阶段的教学方法——写作笔记本和速写。作者通过描写自己每天的写作课堂和每周教学计划，向我们详细解释了这两种写作前期活动的做法和意义。

第3章主要关于写作工作坊。作者详细介绍了写作工作坊的结构和课堂活动。教师和学生每天在写作工作坊必做的项目，包括阅读、写作、讲课、分享和单独辅导在内的具体工作。第4章分别介绍了故事写作教学、议论文写作教学、与文学作品相关的写作教学和多文体写作教学。齐特的写作教学是从故事开始的。作者认为，只要学生学会了写故事，便掌握了表达自我的基本手段。议论文和文学分析性写作是美国高中课程的要求，作者把这两种写作和学生的实际生活经验结合，打开学生的思路，让学生有话可说、有料可写。学生在经历了以上几种文体的写作练习后，写作技巧大都会有所进步，这时作者引导学生开展多文体写作。在多文体写作大作业里，学生要尝试运用前几个单元所学的写作技巧，用有力的文字表达自己的思考。在第5章里，作者分享了自己教写作规范的心得。她通过描写自己的课堂实例，向我们展示了她是如何通过写作实践来教语法和行文规范的。重点强调学生不是通过死记硬背，而是通过实际运用来学习。没有人能够一次就掌握所有句法、词法等，但是可以通过每天在写作练习中应用，逐渐掌握这些规范。通过本章许多教学实例和技巧的分享，我们会发现，耐心和坚持不懈是作者给我们的最有效的教学建议。

第6章是有关写作评估的。与爱特维尔和盖勒格的理念相同，齐特也强调学生应当在评估作业和自身进步中掌握更多的主动权。评估不单纯是期末的一张"学期表现"或一个冷冰冰的分数，而是贯串教学和写作过程。在这一章，我们学到写作评估的具体方法和步骤：怎样给学生的草稿提建议，怎样给学生开展一对一写作辅导，怎样引导学生审读自己和同学的作文，怎样教学生在期末整理过去一学期的作文并写自我评估。这些都属于写作评估的内容。

本书最后，齐特强调了写作在我们生活中的重要性。她讲了一个悲伤的故事：学校里一位受人爱戴的老师突然过世，所有的老师和学生都通过写作来表达自己悲伤的情绪，对这位老师表达敬意，回忆与这位老师共度的时光。当然，学生不仅通过写作来表达悲伤和失意，而且通过写作加深了彼此的关系。写作使他们更加了解彼此。齐特用自己的、学生的，还有他们共同的故事，给我们讲述了自己写作教学的经历，这些故事深深打动我们。

除了故事性之外，这本书突出之处还在于齐特与学生一起写作。只要是她要求学生写的，自己都会写。她用自己的作文来引导学生熟悉写作过程，用自己的写作过程做示范，给学生讲她怎样苦思冥想找到好的开头，讲她怎样修改，讲她怎样在写作中表达个性。她总是写真实的故事，与学生分享如何发现自我、寻找自我，回顾过去的痛苦和自我迷失，反思现在的生活。在她的叙述里，我们看到的齐特是母亲，是朋友，是妻子，是女儿，更是一位优秀的写作老师。

二

美国中学写作教学有自己的传统、理念、追求和常规，与我们的写作教学不尽相同，有自己的面貌和特点。

读写素养（Literacy）是美国教师常挂在嘴边的一个词。这个概念表达了美国语文学界对语文课程基本内容和最终培养目标的认识。在写作教学中，这个核心概念具体体现在读写结合、真实写作、写作工作坊、过程指导、微型课、个别辅导、读者意识、多文体写作、项目学习、多元评价等诸多实践中。

下面我们尝试用关键词的方式，宏观地鸟瞰美国课堂的写作教学，尤其是过程写作的常规内容和做法，帮助读者从整体上更好地阅读、理解这套书的基本内容。

（一）读写一体的探索性写作

与我们写作教学培养学生写出一篇好作文不同，美国写作教学将写作看作一个学习的过程，他们充分利用写作，让学生展示自己的阅读思考，表达自己的阅读理解，以塑造自我，促进自我的成长，因此写作教学有比较鲜明的探索性指向。

读必须依靠写，不写就读不深、读不透；写必须依靠读，不读就写不成、写不好。美国阅读教学中有写作，写作中有阅读，以读带写，以写促读，读写结合，读写互动。这是他们单元教学设计安排的基本思路和模式。与我们教学中单篇课文的读写结合不同，他们更多的是整本书的读写结合。美国课堂上不少教师不用教科书，而是选择适合学生身心发展特点的文学作品（如小说等）开展教学。

教学一般包括3个阶段：第1阶段是作品的文本细读，通过批注、表格等方式深耕文本，研读细节，理清思路，挖掘内涵；第2阶段是批判性思维，针对细读中发现的问题，组织对话讨论，展开头脑风暴，问题驱动，让文本生发出丰富的创见；第3阶段是探索性写作，用写作展示自己的思考和创作，促进自我的成长。比如佛罗里达大学附中8年级的Jen老师，就采用这种"读写一体的探索性写作"。她教学的基本模式：阅读小说+给文本做批注+小组讨论+制作海报（把小组讨论内容放进去）+学生写初稿+教师写评语+学生修改+交第二稿。一般以一个"学习季"9周为读写单元，读一本书，写两篇文章。两篇文章文体上互相区别又互为补充，一篇是Creative Writing，是记叙类的；一篇是Academic Writing，是论说类的。一学年4

个学习季，周而复始。要说明的是，在美国Creative Writing与Academic Writing是一对写作训练的术语。前者是指创作性写作，后者指研究性写作，前者侧重想象和虚构，后者侧重概括和议论。这对术语大致概括了美国中学写作训练的两大基本能力培养指向。

（二）真实写作

美国写作教学重视真实写作，以此帮助学生从虚假的写作中解放出来，培养学生真正的读写素养。

什么是真实写作？美国写作教学从两方面来展开思考。一是生活的真实。就是要有真实的生活需要，有自己想写的真实的写作内容，有自己实际的写作目的，还有具体的对象和读者，而不是为老师而写作、为分数而写作。二是写作过程的真实。就像生活中真实的写作过程一样。比如学生常以为作家一提笔就能写出完美的文章。这就不真实，因为完美之作是作家经过反复推敲、修改甚至推倒重来才写出来的。又如学生以为作家动笔之前就把文章内容和形式想得清清楚楚，写作不过是把心里的想法写到纸上的过程而已。这也不真实，因为作家写作的过程是一个不断修改、不断发现、不断深化、不断完善的过程。这些真实的过程，教师从来没有告诉学生。写作中应该让学生体会到如何可以把原来粗糙的变为完美的、把原来模糊的变为清晰的、把原来肤浅的变为深刻的，这也是一种写作真实性，而且是对真实写作更深刻的理解。

对于第一层意义的真实写作，美国教师做了很多探索。比如盖勒格在《人人皆可为优秀写作者》中介绍他的探索：他曾用专业餐厅网上评介文章做范文，教学生如何写餐馆美食推荐类的应用文章；用报纸上专业影评人的文章为样板，学习文章多样化的开头；用美国《新闻周刊》上的专栏评论文章为例子，学习运用议论文说理展开的逻辑组织结构；还把学生的优秀习作作为范文，在班级小组分享中观摩学习，不断进步。总之，利用各种具有特定目的、对象和情境的写作任务，推动学生写作进步。

第二层意义上，美国优秀教师的写作教学强调教师的写作示范，把自己写作的粗糙初稿给学生看，告诉他们老师写作中的挣扎、纠结、痛苦和对策，以及独特的思考过程，以此让学生理解写作的真实过程，帮助学生理解写作，提高读写的元认知水平，从而生成自己的写作策略和技能。当然，克服虚假性增强真实性的关键是"选择性原则"：让学生有多样的选择，可以找到自己感兴趣的话题、材料和表达方式，写出有自己观点的文章。正如盖勒格所说，"选择带来一系列鼓励学生的反应：学生从心底接受了写作任务，就形成了动力，促使他们写得更好"，"如果我们希望学生做好动笔的准备，就需要设计好课堂教学，使学生对要写的作文题有些发言权"。

（三）写作工作坊

美国写作教学推崇"写作工作坊"这种教学形式。不是说有个专门的单独的教室叫"写作工作坊"，其实就是语文教师原来的教室，是在原来教室基础上改造而成的具有新的写作理念、师生互助、开展写作教学的空间。美国中学采取走班制，每个教师都有自己的教室，学生到点进来上课。教室除铺上地毯，摆上课桌椅，配备电脑、投影仪和电子白板外，教师会对教室进行个性化的具有学科特色的布置，如墙边摆上书架，配上要求学生阅读的图书，墙上贴满写作的提示和学生作品的挂纸。比如佛罗里达大学附中9年级Cody老师的教室就是这样。他的教室有七八张教学挂纸，营造了浓郁的写作氛围。其中一幅挂纸上写着：如何避免陈词滥调。内容是提醒学生写作时应注意纠正的造句行文的不良习惯，比如"不要用太多形容词""避免例如'基本上''像'之类的无意义的填充词""转折词、连接词要多样化，不要只用'并且''但是'""不要写'我认为''我觉得'""不要总用一个形容词或者动词"等。

写作工作坊"Writing Workshop"中"Workshop"表明不是像传统教室里的写作学习那样，教师讲、学生听或者一味让学生埋头苦练，而是提供一个自由、安全、有效、具有挑战性、能激发人写作激情和愿望的学习环境，安排独立的写作时间，教师示范指导，师生分享合作，帮助学生学习写作。这是一个真实的写作环境和写作方式，让师生置身其间，学习范文、讨论分享、打腹稿、修改、重读、编辑，甚至站起来伸个懒腰四处走走放松一下，请教同学朋友，感到沮丧时把写作先放一放……一句话，就如同生活中的写作者那样进行真实的思考和写作。

写作工作坊强调教师的写作示范。写作老师自己一定是一个写作者，而且必须像师傅一样，在写作过程中不断示范，把自己的写作过程展示给学生看，与学生并肩战斗，帮助学生进步。唐纳德·莫瑞说："如果你从来没有经历写作从痛苦到喜悦的过程，你就永远不懂得怎么去帮助学生学习写作。"因为你不会用一种"作者的眼光"去看待学生的作文，无法看出其中的技巧，于是就只能教套路。写作是挣扎，会写作的人才能帮助挣扎中的孩子。

（四）过程指导

"过程指导"源于美国的"过程写作法"（Process Theory and Approach），这是20世纪60年代末70年代初兴起的一种写作教学改革理论和实践，代表人物是美国新罕布什尔大学的教授唐纳德·莫瑞和唐纳德·格雷夫斯等人。过程教学重在过程，重在学生写作过程的指导。传统的写作往往关注的是写作前和写作后，如写作前指导怎么写，写作后怎么评分，而中间的过程得不到帮助，过程写作法重在过程的帮助，开始可以讲讲怎么选题、怎么构思、怎么打草稿，还可以讲讲遇到障碍写不下去怎么办，等等，教师帮助学生解决写作困难。它采用工作坊的教学方式，学生一边写，教师一边帮忙指导，而且一帮到底。这样"少写多改"——写的篇数并不多，但学生天天有进步，篇篇有进步。还有一点，强调多练。过程写作法认为学生练得太少，因此要天天练，时间要有保证。这对教师要求更高，教师不能像流水线上的操作工，因为每个学生的程度不一样，每个学生的困难不一样，好的怎么帮，差的怎么帮，中等的怎么帮，整体问题怎么解决，个别问题如何处理，教师要心中有数。传统写作是教师布置作文、批改作文，"过程写作"才是真正教学生写作文。

据艾坡毕教授和朗格教授在美国20多所顶级初高中的调查，过程写作在美国写作教学中广泛应用，"91%的语文教师经常在课堂上帮助学生在写作前拓展思路、组织观点，90%的教师经常在课堂上教学生如何构思、写草稿、修改和组织文章等具体的写作策略"。可见，这么多年下来，过程写作在美国中学写作课堂沉淀下来，成为写作教学的基本常识和共识。

一次过程指导包括：头脑风暴、选题、示范、初稿、修改、二稿、终稿、编辑、分享发布以及微型课和教师与学生的"一对一个别辅导"等基本要素。它不是一次完成、一步到位的，而是一个过程。每节课后，把作文放入自己的文件夹，统一管理。

整个过程大致分为4个阶段：1. 热身或者预写来帮助确定写作的主题和内容；2. 写多份草稿来组织发展思路；3. 编辑文字，解决写作规范层面的问题；4. 修饰润色完成作品。这不是一个直线发展的过程，而是一个循环的过程，写作者往往在几个阶段之间自由地来回穿梭，因此要写多份草稿，这是整个写作过程的核心，是学生最需要帮助和引导的地方，也是传统写作教学最忽略的地方。

《在中学：读写工作坊的奥秘》《人人皆可为优秀写作者》《与高中生一

起写作和思考》中有丰富的指导学生修改的精彩案例和反思，从中可以看出过程写作教学的重点和艰辛。

（五）微型课与个别辅导

微型课是一种针对学生写作中遇到的困难而设计的简短而又集中的授课方式，一般就几分钟。写作教师就像教练，发现学生写作中遇到的困难和问题，就叫个暂停，三言两语，提醒点拨。微型课可以放在写作课初始，也可以放在中间。每次微型课专注一个问题，给出提醒或建议，帮助学生处理当前写作的问题。这要求教师密切观察学生，而不是依赖规定的教材和教案。当教师教学中发现需要向全班讲解的问题时，可以提前准备微型课，以便开展教学指导。

个别辅导是为了解决不同学生的个体需要。通常是在课堂写作时与其交谈。教师会走向那个举手寻求帮助的学生，或那个通过肢体语言看得出正在写作中挣扎的学生，花几分钟的时间，根据对每个学生和他们写作进程的了解，提出具体建议。一对一面授是个性化的，教师建议也因人而异。以下是在《与高中生一起写作和思考》中潘妮·齐特老师举的一个课例。

学生凯拉决定写一篇祖母过世的作文，齐特老师分7步对她进行一对一个别辅导。第1步：思考话题和结构。凯拉告诉齐特老师，她想借鉴亚历克西在《我的印第安教育》中的写作手法，每学年选一个场景描写。祖母去世前后一共3天时间，凯拉想按照早上、中午、晚上的顺序把每天写下来。齐特老师鼓励凯拉不顾一切先写出第一稿再说。第2步：第一稿的评语。读过凯拉的初稿后，齐特老师在笔记本页边处留下了评语，第2天把笔记本还给了她。评语中老师赞扬了她写得好的几个地方，也建议她删掉一些地方，并且提出了应该思考的问题。第3步：快速查看。看凯拉是否理解老师的评语，是否需要帮助。第4步：第二稿的评语。老师发现凯拉交上来的第二稿未进行任何修改，决定下次课找她谈谈。第5步：课上辅导。老师指出凯拉被原来预设的早上、中午、晚上的故事框架束缚住了，没有写出什么重要的事情。齐特老师说："凯拉，你讲的故事很重要。你告诉过我失去祖母对你打击很大，但你的读者并没有感受到这点。他们试着跟随你，但是很快变得迷茫。就像这个地方……你这篇作文里的第一个场景是你和妹妹早上起床，吃过早餐后开车去医院，这样的场景看不出重要性在哪里。"她接着说："这个地方，你走进房间，听到祖母发出的咕噜咕噜的声音，看到她脸色苍白……这里的描写很紧张，可以看得出这个场景很重要。如果你想让读者感同身受，得好好想想怎样组织语言。你要尊重读者的时间，把所有无关的部分都删掉。"最后她说："没人关心你去医院前刷了牙，包括你自己。但是在第一稿里你要把这些细节都写下来，这样才能把自己带到那段回忆里，然后记起对自己来说重要的东西。这些细节描写很关键，并不是在浪费时间，但现在你不能手软，要大段删掉无关的细节来突出重点。我知道你一定能做到这一点。"辅导不过5分钟，5分钟乘以10个旁听的学生，取得很好的效果。第6步：凯拉做了相应的修改。第二稿由4页变成了2页，而且读起来顺畅了许多。第7步：把凯拉的写作过程作为教学范例。老师让凯拉在全班同学面前讲述她的写作过程。凯拉写作进步的过程也成为齐特老师的一次微型课内容。

（六）目的意识与读者意识

美国写作教学认为：写作教学的本质是修辞，即培养学生根据场合、目的、读者选择决定写作的文体、结构和语言的过程。在美国写作教学中，写作目的和读者意识是确保写作的真实性的两个关键点，平时写作教学中教师很注意这方面的培养，因为目的不同、读者不同，决定了写作内容的取舍和行文的策略，塑造了写作者的表达方式。为了帮助学生理解真实生活中读者的重要性，他们不仅在过程指导中让学生互为读者，互批互改，通过读者的反馈，增强效果体验，强化读者意识，有的老师还设计了写作练习提升学生这方面的能力。

《人人皆可为优秀写作者》中，盖勒格提到，9·11事件后，布什政府在美国国内加强了通信监听的范围和力度，舆论议论纷纷。盖勒格从《纽约时报》节选相关社论文字："让我们对这件事有一个清楚的认识：对美国人民的非法监听活动是对公民自由的侵犯，无论是否处于非常时期。真正尊重宪法与相关法律的人谁也不会不明白这一点。法律管辖国家安全局是在越战以后写成文的，因为政府把公民列入可能威胁国家安全的黑名单来监听……这种对公民自由权益打擦边球的做法是毫无益处的。"他要求学生从"为什么要写这篇文章"和"目标读者是谁"两方面展开分析，头脑风暴后学生回答。第1问，学生认为本文的写作目的：批评总统的行为、为反对总统行为获取公众支持、用批评声试图阻止这项举措等；第2问，学生讨论后认为文章的目标读者：纽约民众或其他地区阅读这份报纸的读者、法律制定者、投票者、批评这项举措的民主党人士、摇摆不定的共和党人士。

盖勒格还引入生活中的真实事件开展写作，让写作成为充满目的意识和读者意识的自觉社会交际行为，以提高学生的写作能力。当得知加州政府准备取消"桥梁工程"项目时，盖勒格和学生一致决定给州长写信，陈情劝说，由于学生"坚信自己的写作目的（表明他们要拯救这个项目的立场），知道自己试图影响目标读者（在这个例子中是州长）的看法激发了他们的写作动力"，他们从网上收集材料，用T型表格记录辨析正反方的观点，打草稿，反复修改，寄出请愿信，使项目得以保留。这样做，学生不仅完成写作任务，而且在实践中培养了解决生活问题的能力。

（七）多文体写作与项目学习

所谓"多文体作品集"就是把几种文体糅在一起，依据生活情境和能力发生的先后，确定几种文体训练的顺序，每一种文体教师先示范，学生尝试写作，反复修改，然后分享学习，再进入下一种文体的写作，一个专题写作过后，各种文体都巧妙地糅在里面，得到比较充分的写作训练。

译丛中有个7年级学生的多文体作品很经典。这个学生对恐龙很感兴趣，写的就是恐龙中的一种——翼龙。他从高速公路工地炸山发现怪物翼龙写起，先给翼龙写了段素描，然后写了首《无人生还》自由体诗歌，接着是对幸存者的采访对话，以及翼龙袭击凤凰城的新闻，又写了有关翼龙的百科全书词条，还配上了自己的漫画，展示翼龙被抓捕的过程；接下去想象翼龙生活在动物园里，生活习性怎样，怎么饲养它照料它，它吃东西要花多少钱，喂食应该注意什么，写了篇说明文；还写了一个通知，告诉游客什么时间可以来看翼龙；还以动物园饲养员的身份写了一组日记。这个学生用记叙、抒情、说明等多种表达方式，涉及的文体有神话传说、诗歌、对话体故事、素描、意识流片段、新闻报道、百科全书词条、图表说明文、日记等，还配有漫画，形式十分丰富，充满大胆的想象和创造，把知识、想象和多样的文体糅在一起，相互衔接照应，形成一个整体，表达自己学习探索的收获和成果。

有位教师围绕"殖民主义"话题开展多文体写作。她指导学生阅读美籍尼日利亚裔作家钦努阿·阿契贝的《崩溃》(*Things Fall Apart*)，然后依次指导学生学习诗歌写作、寓言写作、作文结尾想象改写和有关的议论文。教师先教学生怎么写诗歌，怎么选择意象，怎么处理分行节奏韵律，怎么运用细节；再教他们学写寓言，指导他们如何运用具体的事物来象征比喻，还教他们怎样富有创意地改写结尾，最后则是指导学生概括论点，寻找论证材料，写一篇有关殖民主义的议论文，表达对殖民主义的认识……写作结束，装订成册，每个人编成一本作品集，配上照片。最后一堂课，每个人拿出自己的作品，交流分享。前后花了7—8周，教师每周拿1个多小时来指导，帮学生修改。这样过程就出来了，互助合作也有了，提升了学生的认识，也构建了丰富完整的写作经验。

多文体作品集体现了美国教育中常见的项目学习的特色。不夸张地说，美国大中小学生是伴随着项目学习长大的。美国课堂中，经常看教师在白板上写Review Project。这里的Review，是做一个东西看一遍再看一遍、审查一遍再审查一遍的意思，要反复来完善，是一段时间磨出来的。Project可以翻译成"项目"或"任务"，但不同于我们通常讲的"作业"，不是简单的教师布置学生完成的作业，而是有一个项目课题，有一个真实完整的探索、发现、解决过程：在生活中真实问题驱动下，在生活中真实需要的情境中，学生自主选择课题，探索研究，挑战自我，同伴互助，解决问题，有自己的独特设计、方案和成果，有所发现，有所创新。

（八）多元评估

中国教师常用的写作评价手段主要以分数＋评语＋讲评为主，也开始出现个人自评、学生互评、小组讨论和班级分享等多样的形式；美国教师常用的方法以学生自评、学生讨论为主，辅以教师写评语、打分、讲评等形式。中美写作教学都以鼓励学生发展为原则，但中国教师更在意对作文审题的正确、立意的新颖、文采的出众的评判；美国教师除作文质量外，更关注学生自主完成写作的过程，以及学生写作的收获和发展。相比较而言，美国写作教学更加多元。这种多元也体现在评价手段和方式的多样化上。

美国写作教学注重过程指导，如学生打草稿、个别辅导、多次修改过程指导，以及对学生作文作出反馈和评估，因此教师虽然也打分，但并不太把分数当回事。他们重视设计学生自评表，引导学生反思自己的写作过程，内化写作知识和技能，提高写作能力。下面是《与高中生一起写作和思考》中潘妮·齐特在写作单元结束时给学生的自评问题：

告诉我你的写作过程——从开始到结尾，你是怎样写作的？

哪篇范文对你的思考和写作影响最大？

你在这篇作文里运用了哪些叙事手法？解释一下你作文中的注释。

（这篇作文里哪些是生动的细节？哪里是你真正的声音？哪些句子结构的巧用增加了语言的韵律？）

你写这篇作文时从别人那里学来了什么？可以是一个同学、一个读者或草稿上的评语等。

这篇作文还有哪些不足？如果你还有几个月的时间可以完善这篇作文，你先要修改哪个部分？

给自己打一个分数并解释为什么打这个分数。对比自己作文中的写作要素和课上我们共同想出来的叙事要素来解释。

书中不仅有这类总结反思性的自评，还有许多具有创意的评估形式。下面是《科里奇维中学写作指南》中7年级的开学写作作业，要求学生回顾小学写作学习的过程和收获。它以毕业校友的一段话为引子，以饶有兴趣的老师为读者发出邀请，给学生一个写作的明确理由并且鼓励他们分享自己作为读者和作者的感受。这个写作任务设计很巧妙：既训练了写作能力，又是一次难得的对写作的自我评估。

给教师的信

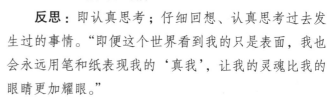

反思：即认真思考；仔细回想、认真思考过去发生过的事情。"即便这个世界看到我的只是表面，我也会永远用笔和纸表现我的'真我'，让我的灵魂比我的眼睛更加耀眼。"

——引自一位校友的信

写作背景：写作可以让读者对我们了解更深。为了让我更好地了解你是怎样的读者和写作者，希望你回顾自己在小学和6年级的阅读与写作经历。可以从以下话题考虑（当然你还可以增加自己喜欢的话题）：

- 写写你在6年级的写作与阅读经历。
- 可能在4年级时你已经完成很多写作了，那就写写你那时的写作经历，以及从1—5年级的写作经历。
- 把你小学的写作经历和6年级的写作经历做个比较。
- 写写你作为读者和作者的优势与短处。
- 回顾你的阅读能力和写作能力是如何培养起来的。
- 阅读对你写作有帮助吗？说明它是如何帮助你的。
- 今年你在阅读和写作上有什么目标？

- 你如何写作？用的什么方法？在哪里写作？有哪些灵感？受到过哪些启发或特别的影响？

写作题目：给老师写一封信，讲讲你作为读者和作者的成长反思。

写作注意事项：

- 开篇有力（如列表/单、引用他人的话、逸闻趣事、事实或数据）
- 组织自己的思路（如段落、过渡语）
- 展开并支撑你的观点（如感官、形象的动词、"快拍"等）
- 句子的多样化
- 结尾有力
- 修改与编辑

这个写作设计把写作内容、写作提示、写作支架和写作要求融为一体，既提供了写作情境和任务，又明确了评价的标准和要求，帮助学生通过写作反思总结，促进自我的成长，提升写作素养。

三

最后，介绍这套译丛翻译出版的背景、过程及我们翻译中需要说明的重要事项。

2016年2月曹勇军老师应邀赴美国佛罗里达大学教育学院，做傅丹灵教授的访问学者，开始为期半年的学习研究生活。动身之前，上海教育出版社何勇先生联系曹老师，希望利用访学机会，与傅丹灵教授合作，引进翻译一批美国中学写作教学的经典著作，为国内语文学界新一轮语文教学改革提供域外的思想资源，也弥补国内出版界域外中学写作教学系统引进的不足。傅丹灵教授依据她长期在美国的教学研究和积累，选择推荐了5本著作。这5本书中既有中学写作教学最新的理论研究，又有调研报告，还有一线写作教学的实践成果，基本反映了当前美国写作教学的整体面貌和水平。傅丹灵教授草拟了出版计划，得到上教社同意支持后，我们组建了7人翻译团队，由傅丹灵教授和曹勇军老师担任主编，由傅教授已毕业和在读的博士担任翻译。我们召开筹备会议，对加盟的翻译人员进行分工，确定完成任务的时间节点，并结合翻译工作展开培训。

每位译者先试译2—3章，由傅丹灵教授负责审核原文，曹勇军老师负责把关中文表达，一稿两过，逐句审读批改，然后发还译者，修改完善。根据译文中暴露出来的问题，我们又设计了"翻译体例"，梳理了"术语词汇表"，分别从人名、核心术语、标点使用、注释体例、图表翻译、典型误译，以及怎样使译文符合中文表达习惯等诸多方面，培训指导，审核把关……到2016年8月曹勇军老师结束访学时，我们拿出了这套译丛的初译初审稿。在美国佛州那些炎热的夏日，团队所有成员奋笔疾书，沉浸在高强度快节奏的工作之中，那时而艰难时而快乐的创作经历至今难忘。

2017年上半年和下半年，傅教授和曹老师又两次组织翻译团队，认真审核，精心打磨，如是三遍审校，才稍稍放心。其间备尝辛苦、琐碎和纠结，不足为外人道。翻译界历来有"信"（准确）、"达"（顺畅）、"雅"（优美）之说，三者兼顾是高标准、高境界，需要我们不断追求攀登。但具体操作起来，我们翻译的原则是，先力求"信"和"达"，而后尽可能追求"雅"，即先确保译文质量过关，做到准确明白，顺畅易读，然后看能不能动动脑筋，试着传达出原文的意蕴。虽然未必处处做到中西一致、形神一气，但追求的宗旨始终坚持未变。

翻译中我们遇到不少困难，主要有三个方面。第一，对西方写作教学中一些核心概念的准确理解。这些概念可虚可实，可大可小，在上下文语境中含义灵活多变，但它很关键，代表了美国写作教学的价值追求，如不能揭示其中精髓，往往会使我们误读，轻者隔靴搔痒，重者无法理解。比如"Literacy"一词，在不同语境中，有时须译成"读写素养""读写能力"，有时又须译成"读写技能""读写方法"，有时甚至得翻译成"人文素养"，等等。不可胶柱鼓瑟，简单套用。又比如"Voice"，原意是"声音"，但在不同语境结构中，又可理解为"口吻""腔调""调子""风格"等，甚至还有"个性""独创"等丰富的含义，需要细加辨别，把握精神实质，方能准确传达。

第二，对写作教学、写作课堂中个性化习语的灵活处理。这些习语是教师写作教学智慧的结晶，是写作教学艺术的精华，融写作的思维、情感、过程、技法为一体，富有个性创造的色彩。但这些习语比较生活化，不细心辨析，不容易译出它的特殊意味。这样的例子在几本论著中表现得特别明显。比如爱特维尔《在中学：读写工作坊的奥秘》中有一节"只写这颗鹅卵石"（write about a pebble），说的是写作要选择运用"看得见摸得着的""细节描写和强有力的动词"，"给细节带来生命"。这是爱特维尔老师个性化教学的秘诀，如果翻译成"只写一颗鹅卵石"，就意味顿失。又如，在写作遇到困难时，爱特维尔喜欢启发学生说"so what"，最初译为"那又怎样"，经傅教授启发才明白过来，它的意思是"意义何在"，是爱特维尔和学生一起追问选材和构思的价值时的一句教学口头禅，推动学生深入挖掘作品的主题和情感深度。这样的例子还有很多，翻译就是寻找"这颗鹅卵石"艰苦的过程。

第三，怎样使译文符合中文的表达习惯。5本书的译者长期在美国学习生活，学的是英文读写教育专业，英文能力毋庸置疑，但她们脱离母语生活环境，汉语生疏，翻译中不免出现翻译体。什么是翻译体？"学生成为写作高手的可能性才能被最大化"，这就是翻译体，死抠原文，不符合汉语表达习惯。同样的意思，我们汉语是这样说的："学生才最后可能成为写作高手。"简简单单，入耳入心。同理，"实际上，我是一个更好的示范"是英文的表达方式，换成汉语表达，则应改为"这样我可以更好地示范"。简洁明了，一听就懂。在准确理解原文的前提下，怎样做到让译文顺畅易懂，我们颇花费了一番心思。我们采用"读"的笨办法，在读的过程中，辨析修改那些不通不顺、通而不顺、顺而不通的译文，不惮反复斟酌修改。英文多长句，意思层层镶嵌，极有逻辑和分析力量。我们把长句拆成短句，找到锱铢悉称的汉语表达形式，尝试各种汉语组合，熔铸成顺畅新警的全新表达，追求精练简短、浏亮清畅的汉语本色。顺利时，内心充满愉快，但很多时候，则是历经艰辛，心犹不甘，却难以找到完美的汉语表达方式，心情为之悒悒不乐良久。我们审稿修改多在傅丹灵教授家中，往往从吃饭时分的气氛，便可看出一天工作的进展。

有必要说明译丛翻译的选择处理。考虑到《在中学：读写工作坊的奥秘》原著篇幅巨大，加之作者介绍的文体教学与我国现行的中学写作教学不一致，在与作者爱特维尔商量后，经她同意授权，我们采用节译的方式，只把第一部分完整翻译出来，第二部分则未译。其他4本，则是全本。

书名的翻译赘述几句。在这套译丛审校过程中，何勇先生提出建议，希望根据中文读者尤其是广大一线教师的阅读心理和习惯，放弃简单直译的常规办法，在原书名的基础上适当改写，使书名简明突出，让人一读就能抓住关键，留下较深刻的印象。现在的书名是我们与编辑反复讨论后商定的，既保留了原来书名的精华，又突出了该书独特的学术内容，既符合母语的表达习惯，朗朗上口，又彼此呼应，形成一个系列和整体。比如南希的《*In the Middle: A Lifetime of Learning About Writing, Reading, and Adolescents*》，我们原译作《在中学：用一生学习写作、阅读和青少年成长的奥秘》，虽然传达出原书名表达的意涵旨趣，但不大符合中文表达习惯，改写后的书名《在中学：读写工作坊的奥秘》，则化繁为简，探骊得珠，简洁通透，方便读者快捷抓住书的核心内容。又如纽柯克的《*Minds Made for Stories:How We Really Read and Write Informational and Persuasive Texts*》，我们原先译为《心由故事而生：说明文议论文背后的故事之根》，现在则浓缩为《所有的写作都是讲故事》。这既是这本精彩的写作论著的核心观点，也是其对于写作教学的价值所在，改写后的书名让人一看就懂，纲举目张，引发阅读的好奇，更有利于学术思想的传播和实践。当然，这种新的探索和尝试，究竟效果如何，读者是否接受，还有待于读者的评判。

一次引进多部写作教学论著，每本书体例不一，风格不同，给我们的翻译工作带来不小的挑战，而且持续时间长（前后1年多），耗费巨大的心力，幸赖翻译团队成员同心协力，团队与原作者及中方出版社精诚合作，始克万难，竟收全功，我们的内心充满感激！我们要对翻译团队所有成员表达感谢，感谢她们富有智慧的劳作。我们还要对原著作者表示感谢。得知自己的著作将在中国大陆出版，5本书的作者都很高兴，应约提供了自己的照片，撰写了《致中国读者》，表达喜悦的心情和美好的祝福。最后我们还要感谢上教社何勇先生，感谢他的前瞻眼光和对我们的信任，感谢上教社编辑团队付出的劳动，让这套书能一次性推出，为国内语文教学改革和研究提供一手研究资源和成果，填补了空缺，了却了心愿，让人万分欣慰！

我们深知这套书量大面广，我们水平能力有限，翻译中肯定有这样那样的问题，恳切希望读者朋友批评指正。

傅丹灵　曹勇军
2019年7月2日　识于
中美读写研究中心

南希·爱特维尔

南希·爱特维尔（Nancie Atwell），美国最受尊重的语文教育家，世界上第一个获得"全球教师奖"的教师。

1987年《在中学》出版，受到众多教师的喜爱，一年内卖出了50万册，她因此成为全美最具影响力的语文教师。她在书中不仅倡导过程写作法，贡献了"读写工作坊"这个全新的教学理念和教学方式，而且讲述了她作为教室中的研究者、专业学者和教育实践者的做法和看法。

1990年，南希用《在中学》的版税，创立了一所教学实践展示学校——教与学中心，供全国教师学习如何把读写工作坊运用到教学之中。她是该中心的主任，亲自执教7年级和8年级的语文和历史课程。在她的学校中，每间教室都有图书角，开展小班教学，严禁标准化考试。学生自由选择要阅读的书籍和想要写的作文题目，根据自己的步调前进，与教师面对面交流。她的学生每年大约阅读40本书，这个数字远超过全美平均数量。让学生自由选择阅读和写作彻底改变了她学校的课堂。在她的学校里，教师作为读写同伴与学生互动，读写形式丰富而有效。学生不仅每天花时间阅读自己选择的书，而且建立了网站，为其他年轻的读者推荐图书。她反对备受争议的《共同核心州立标准》的实施，认为其注重考试成绩，而不是把学生学到了什么、读了哪些书作为学习成果的衡量标准。她认为学生的学习步调和自身水平各有差异，《共同核心州立标准》碾碎了学生的个性，迫使人人都必须依照同样的步调学习。

从1976年开始，她写了9本关于教学的书，编著了5本合集，并在国际会议上发表120多次的主旨演讲。因南希对成功教学方法的推广，对语文教育领域的贡献，对课堂教学和全美乃至英语世界教师的影响，她获得了全美语文教师协会的最高研究奖。2015年，她荣获"全球教师奖"。她把获得的100万美元奖金全部捐给了教与学中心。2017年，她从教与学中心教师岗位上退休，但她从未停止阅读和写作，仍然在继续研究教学。

致中国读者

　　能够与中国教师分享我的教学故事，我深感荣幸。这些故事曾给无数美国学生带来真正的、全面的语文学习。《在中学》是一份邀请函，一张蓝图，一种教学方式。它让学生和教师结成了学习道路上的伙伴，也尊重青少年自己的声音和选择。

　　40年前当我初任教职，我觉得语文教学从来而且就应该是教师的"一言堂"。这就意味着我的学生只读我让他们读的书，写我让他们写的作文。从教室前面我的视角看过去，学生似乎在学习——他们的确是在忙着完成我的教学计划。

　　那时，我一直错误地坚信教师的一个终极目标是使学生要么对其权威绝对服从，要么就是对立反抗，直到我接触到学者唐纳德·格雷夫斯（Donald Graves）的著作，我才明白学生对学习还有第三种态度，那就是投入。内在动力使他们愿意接受挑战，因为他们在语文课上的读写对自己今天或将来成为什么样的人意义匪浅。

　　格雷夫斯关于小学读写的研究让我认识到，如果学生被剥夺了学习的发言权和选择权，就已经把原本内涵丰富的语文学习简化成一种单调的练习或课堂活动，而非真正意义上的文学表达和欣赏。受格雷夫斯的影响，我把自己的教室改造成了一个读写工作坊，在这个教学环境中，学生能够表达自己的观点，决定自己要读哪些书。我随即发现当学生有了发言权和选择权，他们就会更加专注和投入学习。专注和投入带来了努力学习的动力，付出的努力带来了丰厚的成果。每个学生，甚至曾经在语文学习上有困难的学生也是如此。

　　我的学生向我展示了不论是孩子还是成年人，任何人想取得成就，都要靠兴趣驱动。读写工作坊是一个最有兴味的地方。对学生而言，他们在写作和文学阅读中找到了意义和成就感；对教师而言，他们发现了学生其实是有自己的想法和特长的。教师在工作坊中的职责就是鼓励学生，给他们大量练习的机会和实用的建议，帮助他们实现自己的学习意愿，为人生打下坚实的基础。

当学生能够书写自己的观点时，他们会像有文化的大人一样，为了各种各样的需要而写作。他们传播信息，寻求答案，探索已知和未知，追忆和反思过去生活中的场景。他们为乐趣而写，为说明而写，为表达爱和感激而写，他们与人论辩，表达歉意、祝贺、批判、同情，探索语言表达的万千形式。

当学生能够自己选择阅读的图书时，他们会像有文化的大人一样，为了各种各样的原因而阅读。他们穿越时空，体验生活，碰撞思想；他们钻研琢磨作者的写作技巧，沉浸在故事之中（有时也在过程中发现了自己）；他们学习，欢笑，与书中人物共鸣，远离尘世喧嚣，神游宇内，自由畅想，感动流泪，爱上语言表达的万千形式。

勾勒工作坊式教学的大图景，同时也分享我教学经验的细节设计，这是我写这本书的初衷。这种教学方式对师生双方都大有裨益。《在中学》描绘了开展工作坊可能出现的问题、我探索中或成功或失败的尝试，以及最终随着师生的共同努力而来的成就。

我希望这本书中的故事能够激发思考，同时对大家的实践有所帮助。读了这本书，你会发现当我们相信以人为本，当我们相信读写学习对提高技能、开启心扉、磨砺思想和改变命运的力量时，奇迹终将发生。

南希·爱特维尔

南港岛，缅因州，美国

2017年12月

2

1

学习如何教学

我们的教学逻辑并非总是孩子们的学习逻辑。
——格兰达·贝赛克斯（Glenda Bissex）

从事语文教学40年，我确信教师是最好的职业之一。虽耗时耗力，但意义重大、值得付出且趣味十足。每天早上我步入教室，都会大吃一惊——多数时候都是惊喜——我惊喜于班上的小读者、小作者的一言一行。我会重新体验到那种多年前促使我选择语文专业的文学上的精神交流和共鸣。我传授的读写知识会被学生巧妙运用。我也非常享受与青少年的这种接触，当初正是这种接触吸引我成为一名教师。

我对我教学成果的信心源于读写工作坊，这是我教语文的方式。让学生选择写作的题目和阅读的书籍，因为能自主决定，所以他们积极参与；因为积极参与，所以他们学习投入，持之以恒，这为他们带来了成长、毅力和成就。每年，我的学生平均能读完14种体裁40本书，写13种文体21篇作文。他们在全国和地区作文比赛中获奖，出版作品，获得经济收入。最重要的是，他们发现了写作和阅读的意义，这不但有益于现在，而且有益于他们未来与文字打交道。

我作为一个成年写作者和阅读者，从读写工作坊中收获的是一个教师的梦想。我得以展示可能性，传授知识，创造条件鼓励学生积极参与，并助力他们在文学性读写上不断进取。工作坊激励了教与学双方，因为在这里，我们是实实在在地"学语文"。各有所长的学生都被鼓励、吸引和重塑。与此同时，他们作为阅读者和写作者的成长是我成就感的来源，让我40年来孜孜以求。

《在中学》第3版是我对所有语文教师的邀请，无论你是初登讲坛，还是早已桃李满天下。我邀请你们从自身出发了解写作和阅读，并认识到我们影响学生终身读写素养发展的潜力。和前两版一样，本书此次再版代表了我目前最好的一套如何建立和运作读写工作坊的蓝图——工作坊的要求、守则及流程，课堂示范，优秀作文和活动展示，引导学生自由选择，我的建议和提示，以及教师如何思考、计划、观察和讲解。最终目的是让每个学生带着理解和愉悦阅读，从中受到启发，并写出好作文。同时，《在中学》也讲述了我自己的教学生活。

我对读写工作坊的认识是一个渐进的过程。教学经验的积累让我走下讲台，来到学生中间，并帮助我转变关注点：从一成不变的课程设置、年度作业日程表和一刀切的粗暴做法，到发掘出建立在每个学生的意向、特长和挑战之上的教学方法。我个人特有的教学方法是基于我的课堂经历，也建立在我作为一个写作者、阅读者、研究者和家长一路走来的所学所见之上。

我的教学深受格兰达·贝赛克斯的影响。她在《请勿打扰：天才在工作》（GNYS AT WORK, 1980）一书中研究了其子保罗幼年时的读写学习，特别关注这个学龄前儿童自创的单词拼写。在此之前，人们普遍接受阅读先行的理论，但是保罗在他学会读之前就已在运用文字传达信息。格兰达发现学生的学与教师的教是脱节的。这也是我所遵照的一句指南——也是本章的引语。它提醒我要观察学生，对教学现状存疑，并试图理解教室中的新动向。

我的教学故事要从学生的学习现状与我的教学逻辑严重脱节开始讲起。它开始于一个8年级的男生，是他让我摆脱那种自以为是和只知留作业的工作状态，开始研究我的课堂，不断学习进步。

我的教学故事

1975年，我搬到缅因州，任教于布斯贝湾文法学校[1]中学语文部。我生长于纽约州布法罗市市郊，搬家之前已有两年的教学经验，教7年级语文。搬家，是因为被这里的自然风光所吸引。

那个夏天我和丈夫托比沿1号公路北上，从一个19千米长的半岛南下来到一个叫布斯贝湾的村庄。我们本是想找一个美丽的小地方度假，结果却在这里定居下来。这里只有约4 000全年常住人口，居民沿着半岛而居。水无处不在——小海湾与奔涌的海浪，海水湿地与沿海泥滩，淡水河流与淡水湖

---

1 文法学校：历史上曾是大学预科学校，主要教授拉丁文和希腊文，故此得名。在当代美国，文法学校有两种，一种是小学的代称，一种是开设特色课程的州立中小学，可跨学区招生。文中作者从教学校属于第二种学校。——译者注

泊——被随处可见的、高高的松树、冷杉和白桦包围着。

假期的最后一天，我们开车环游南港岛。托比把车停在亨德里克海德海滩，我们并肩坐下，看着旅游地图、灯塔和海岛，然后注视对方。我问道："要是你搬到这里定居，你会做些什么呢？我是指工作。"托比答道："你不是老师嘛。"

我是个老师，当地学校正好招聘，我应聘获得这份工作。我们给老轿车换了个新排气管，租上一辆卡车，装好家具，给狗喂了安定剂，在劳动节[1]的周末重返了布斯贝湾。

开课前一天，我才第一次看到我的新教室。7、8年级的教学楼是一幢两层、两间房的小砖楼，文法学校的主建筑是一个传统的木质校舍，隔着矮隔栏和操场，两者风格大相径庭。我踏上昏暗的楼梯，找到了我的教室，发现大半地板已经不翼而飞，光秃秃的灯泡挂在脱落的天花板上，绿色墙漆剥落。一面胶合板做的墙把从前正常大小的教室一分为二。教科学和社会科学的老师特里，就在隔壁上课。次日早上，学生一来，我发现两间教室毫不隔音，声音彼此清晰可闻。

校长给了我一份"课程安排"，其实就是我的课程表：一天6节阅读课和语文课。然后他就匆忙穿过柏油路，逃回了窗明几净的小学教学楼。我将四周好好看了看。

布满灰尘的书架上一本书也没有，吱呀作响的文件柜里空空如也，半间教室倒是挤下了27张课桌。周二清早，我第一个班的27个8年级学生选好座位坐下。其中一个就是杰夫，你一眼就能认出他来。

杰夫马上就16岁了，人高马大。他父母因为工作的关系总是搬家，为了把他带在身边，这几年来他多次转学。由于不是和同学一起长大，又常缺课，杰夫总是独来独往，学习成绩也受到影响。多年来我遇到过很多学生，都没再遇到过像杰夫这样难教的学生。

杰夫几乎连学校阅读项目负责老师提供的初级阅读教材都不会读。他会混淆m和n、b和d这两组字母。他只会拼自己和他兄弟姐妹的名字，或许还有二十几个其他单词。我和去年教他的老师们谈话，听到了6个版本的相同故事：他们在教他的有限时间内尽了力，努力安排合适的辅导作业，最后不是让他留了级，就是因为他的个头让他勉强过关。杰夫妈妈告诉我他有学习障碍，无药可救了。

1　劳动节：每年9月的第一个星期一，美国法定节日。——译者注

那个秋天我把从前纽约城郊的教室、同事和学生的记忆埋藏在了心里。开始从这些家庭靠海艰难为生的学生身上了解缅因州农村的生活——造船小作坊、捕鱼、捕龙虾和季节性旅游产业。我用海报盖上剥落的墙面，拉赞助买教材，自掏腰包买写作业的文件夹，并努力寻找帮助杰夫的办法。

课间休息时，杰夫常会留在教室里与我或特里——那个当天不去操场值班的人聊天。我喜欢他。由于家庭的迁徙，他知道好多我不知道的事——渔船、出海和航行，还有美国西南部。但与之相关的书我倒知道一些。我扫荡了自家的书房，《白鸽》《孤筏重洋》《历劫野蛮海》和《唐·璜》等书籍成了辅导杰夫阅读的个性化教材。想要他沉浸在阅读体验中，我发现最好的办法就是赋予他的阅读大量的个人意义。整个秋冬季节，当其他学生忍受着我选购的培生出版社教材的折磨的时候，我给杰夫预留时间进行辅导和课间谈话，单独为他制订阅读书目。而他的进步让我惊喜。我目睹他自学阅读：先是手指单词，口中默念；随着他越读越流畅，就不再用手了。这是我作为一线教师的第一项发现和研究——杰夫在阅读方面取得了进步，但我在教他写作时遭遇了挫折。

我把自己在纽约与同事一起开发的写作课程带到了缅因州。这套课程是基于詹姆斯·墨菲特的话语等级理论，其基本理论是学生通过系统地学习一系列的文体习得写作，从戏剧到记叙文再到说明文。我和我的前同事就这个研究项目撰写了一篇文章，发表在《英语杂志》上。这是我发表的第一篇学术文章。我当时对这套课程非常自信。

我每周布置一次写作作业，配以写作前和写作后的活动。9月的某个周一，我的学生可能会分角色扮演一些场景，然后选择某个场景来写一篇戏剧独白。期中，我会安排学生读教材中的文学故事来开始一周的学习，然后让他们根据阅读创作小说片段。春季学期，学生会读教材里的其他选文，再写读后感。

每周三，我会带着几个班学生的第一稿作文回家，写满批语，详细地为他们修改；周五收终稿；周六在家时，每次经过我堆放学生作文的地方，我就会发出痛苦的呻吟；周日，我又在学生作文上写满评语，又修改他们之前曾犯过的错误。这样周而复始，不断重复。

一周周过去了，学生的作文可以分成三类：五六个学生能消化我的作业，写出好作文；十来个学生马马虎虎达到要求；剩下的则让我感到绝望。但我依旧坚持。

这样教学正符合我的臆断。我规定话题让学生来写，是因为我以为他们怯于用文字表达自我，没有我出的题目就不知道写什么。我坚信为了让学生写出好作文，教师指导是必要的。我还想当然地认为我对写作的想法比任何一个学生都正确和有意义。从居高临下的教师特权来看，从教室前面的讲台那里看去，我好像是在教写作，尽管许多学生并没有在学习写作。后来，杰夫打破了我的臆断。

一天，我布置一项记叙文写作作业，要求学生画一串圆圈，每个圆圈代表一段个人经历。两人一组，互相交流，然后选择一件事来写作。当其他8年级学生正按照我设定好的步骤进行时，杰夫一个人喃喃自语，最后画了一幅画，画上有一个男孩在沙滩上，跪在支好的帐篷前。下课时他把画装进文件夹，带回了家。第二天他带来一页纸的草稿——讲述他的小弟弟死在墨西哥一个海滩上。即使我在草稿上写满问题，想促使他再写得详细些，杰夫还是把它重抄了一遍，一个单词一个单词，写得十分艰难。

这成了杰夫写作的模式。在课上他画一艘停航的帆船，回家他写一篇类似《白鸽》的航海冒险短篇故事；在教室他粗粗勾勒一个沙漠的场景，晚上他就写写佩奥特仙人掌、巫医和唐·璜。我高声命令杰夫停止画画干点正事的声音穿过胶合板墙壁，传到了教室的另一边。

对于杰夫，我总是先入为主，妄下断言，如在他身上得不到验证，我又进行新的猜想。我注意到他的作文出乎意料地很少有拼写错误。被我问到时，他说："我不会拼的地方我姐姐会帮我。"我怀疑他在课堂上画画是因为不好意思在同学面前求助。我告诉他，写作文的时候不要担心拼写问题——他可以写完再和我一起改正。杰夫同意放下顾虑。然而第二天的写作课上，他还是一直画画。

我又猜测他是因为教室吵闹而受到了干扰，或是他不想让同学看到他写得有多慢，抑或是他对学校没有艺术课感到不满。我的猜测一个又一个，办法想了一个又一个。可杰夫依然如故。我从没问过他为什么不在课上写作。我那时的关注点都在课程安排上，还不知道如何把关注点放在学生或其写作上。

在忍受我的告诫半学年以后，杰夫耐心耗尽。一天早上课间休息的时候，他终于爆发了："听着，爱特维尔老师，我就是这么写东西的。只要我能写出来，你干吗要多管闲事？"他的激烈言辞使我让了步，我终于不情不愿地承认了他用自己的方式写作的权利。只要他的作品篇数能达到最低要求，让我放入他的写作文件夹里就行了。

一学年快结束的时候，杰夫的文件夹看起来和别人的一样鼓。虽然他在课余时间还是画画，但春季的写作课上他很少再画了，他开始写作。也许是因为他改变了，也许是因为他受够了常年挂在老师脸上的冷冰冰的不赞同的表情。不管是什么原因，我还是没有问。我只是每周一早上都屏住呼吸，盼望他在写作前的活动中好好表现。

杰夫升入了高中。新的学生来到了我的班级。我从旧纸堆中翻出去年9月写作作业的文件夹，又开始继续按我设计好的写作课程教学。

遇见杰夫两年后，我终于有了理由去感谢他的自我坚持。一个朋友送了我一本论文集，里面收录了在纽约州立大学水牛城分校举办的一个会议的学术成果，其中一篇是唐纳德·格雷夫斯于1975年发表的《孩童、写作过程和教育者的角色》。格雷夫斯那时正在新罕布什尔州的阿特金森学校取得他研究的重大成就。在文中，他记载了对7岁写作者的观察。这个名叫约翰的学生，写得很慢，边写边说，一个词一个词地校正，而且最吸引我注意的是，他会通过绘画打草稿。格雷夫斯在结尾时建议教师关注写作初学者的行为，学会配合这些行为，并加以利用。

格雷夫斯的话语在我的脑海里回响不绝。7岁的约翰唤起了我许多关于16岁的杰夫的回忆。想起我如何努力地掩饰是我的课程安排妨碍了他的写作发展，我简直无地自容。显而易见，杰夫也属于格雷夫斯论文中提到的情况——无论是他的自言自语，还是他的绘画。还有别的学生，他们整日面对着我的讲台，而我除了知道他们是否满足我周一交写作作业的要求之外，对他们几乎一无所知。

至于杰夫，我真庆幸他坚持让我放手让他按自己的方式写作。我已经错过了理解他、和他谈话的机会，即便我那时读了格雷夫斯关于约翰的文章，我又能怎么帮助他呢？我该说些什么？我那时还不知道。

就是此时，我认识到了学生不该是教室里的唯一学习者的道理。教师也要学习。取得教师资格和认证、有一个好的出发点、巧妙地设计课程、恪守标准，是远远不够的。正如格雷夫斯那篇论文的结尾写的：

我们完全有可能只读了关于儿童写作相关的文献和教科书，就贸然"教学"，而仍对学生学习和写作的过程一无所知。除非我们真的能够改造自己的教学大环境，使得教师能够有效地观察和参与到写作过程的各个环节中去，否则我们注定会反复犯同样的错误。

我不想我的教师生涯就此止步不前，我也不想让学生成为我的错误的牺牲品。杰夫从我班上离开两年后，我在新合并的布斯贝湾地区小学教书。崭新的中学部教室有地毯、摆满图书的书架、明亮的灯光、贴满墙壁的海报和张贴画、暖气，还有足够我安排桌椅的充足空间。我拥有一位开明又支持我的校长。我甚至有了同事，现在我是3位中学语文老师中的一个。但我还是焦虑不安。我怎么才能了解学生的写作发展？我如何能观察并理解他们的写作过程？在这个缅因州农村的狭长半岛末端，我能学到什么新东西？

次年夏天我暂时离开布斯贝湾外出深造7周。那时布莱德洛夫语文教师学院的写作项目才开展到第二年。布莱德洛夫学院还为像我这样的农村语文教师争取到了全额奖学金，在我申请奖学金的文书中，写的就是杰夫与我的故事。

我选择布莱德洛夫学院是因为它的章程似乎提供了布斯贝湾不能提供的职业发展资源。但在那里，我的老师执意引导我要挖掘自身的经历和潜能，学习把自己作为作者，研究自己的作品。迪克西·古斯万米让她的研究生剖析和描述自己是如何写作的，思考我们的发现可能对中学生的意义。那时我对她的说法充满抗拒。

我意识到自己写作时做的决定——如何写、何时写、写什么和为谁写——这些我都没有教给我的学生。但是我还是认为教与学双方之间有不可逾越的鸿沟。作为一位成年的写作者，我了解自己的写作目的，并且有技巧和能力来实现它们。作为一个语文教师，我坚持认为学生需要有经验的成人的明确指导。

结束了在布莱德洛夫的学习，学校开学了，我仍然坚持我原有的课程设置，但是开始有了一些新变化。我增添了每日的自由写作；每周的作业，我也给学生更多选择的空间；我开始和他们一起写作；我也完成日记和每周一的写作作业，并和学生分享。然而这些做法并未给我什么触动。

我写的诗歌作业老生常谈，矫揉造作。因为诗歌描述的场景完全不吸引我，其中的独白和对话我一遍都没修改过。我都是在要交作业的当天早上，在早餐桌上匆忙写就。我的散文作业都是结构严谨严肃认真的陈词滥调。最糟的还是每日的自由写作，每节语文课前10分钟的自由写作练习，我要不就没什么好写，要不就是想写的太多，怎样都是令人沮丧的10分钟。

与学生一起写作期间，我尝试着进行一项课堂研究。这是我在布莱德洛夫学院课程要求的一部分，我跟迪克西呈报的研究课题是学生目睹老师参与写作对他们写作的影响。但我并非在写作，我是在表演。我真正的写作，主要是诗歌和信件，都是在家完成的。我甚至没有做什么研究，只是在测试我的教学法是否有效。年初1月的时候我放弃了这个研究项目，把我见不得人的作文都深深藏在了抽屉深处，然后冥思苦想。

也许我需要更加创新的作业和亲历写作热身活动。也许是时候看看小学阶段出了什么问题。其他老师怎么就不能为学生做好升入初中的准备，让我的教学有效起来呢？

1980年冬，我简直羞于承认，为了插手小学教学，我志愿参加了一个学前班到8年级的写作课程委员会。主管老师建议从我们可以一起调查的问题入手开始委员会的工作——后来证明这是一项明智的举措。我们进行了头脑风暴，达成协议研究这个小小的、谦虚的议题：人类是如何掌握文字语言的？

我们的问题雄心勃勃到了可笑的程度，但它效果显著。它把我们送到了一个未经勘探的而且激动人心的处女地。我们不能交换写作作业，借鉴人家的教学哲学或课程设置，沿用人家的标准，或是一起拼凑一个某年级学生应该掌握的写作技法清单。相反，我们开始查找资料，求索答案。我回想起杰夫，于是写信给唐纳德·格雷夫斯，他那时已是新罕布什尔大学的教授了。作为回应，他给我们派来了苏珊·索尔斯。

那时，格雷夫斯、索尔斯和露西·考金斯在阿特金森学校，一个位于新罕布什尔州农村地区的公立小学，他们的教学研究到了第二年末尾。受国家教育研究院资助，他们用两年时间追踪研究了16名1年级和3年级的学生及其老师。他们观察教室里正在写作的学生，以期发现学生作为写作者的发展变化，以及教师对他们可以提供怎样的帮助。

苏珊·索尔斯带着几份在新罕布什尔大学内部被称为"资料包"的东西，也就是他们研究的中期报告集，来到了布斯贝湾地区小学。她是一名业务精湛的教师和研究者，知识渊博，又有耐心。但她带来的信息并非是我当时想听到的。

参与阿特金森研究的学生，通过探索实际生活中作者可能遇到的选择，来学习怎样写作。这包括每天的写作时间，创作中与老师、同学的交流，每个人不同的写作进展和发表的机会——让他们的作品有人欣赏。最重要的是，阿特金森的学生能自己决定写什么。

这些学生自己决定写作题目。他们的作品题材惊人的广泛。因为他们写的是自己关心的题目，所以会主动修改、编辑，并且写得越来越好。同时他们的老师会从讲台后面走出来，巡视教室、倾听、学习，与年轻的作者们一起写作。

阿特金森课堂听起来就像海市蜃楼，美好但虚幻。听着苏珊颂扬它的种种好处，我翻着白眼，给坐在我旁边的老师传递写着恶毒评论的小纸条。委员会会议结束后，我留下来与苏珊争辩。

"但是，苏珊，如果我的写作题目是个人化的呢？比如，我给学生4个非常有意思的场景来选择，他们先分角色扮演，然后选择他们想写的一个来创作一篇戏剧独白。"

"嗯，听起来很好啊，"她礼貌地答道，"但这是写作练习。"

"等一下，等一下。如果，就说一个写作前的热身活动，我告诉学生……"

它还是写作练习。它们都是。

我的学习过程并不美好。我负隅顽抗。接下来的一周，我气呼呼地想着格雷夫斯团队的研究无论如何不会也不能实际应用于我和我的学生身上——我作为一个中学语文教师的尊严让我无法接受从新罕布什尔来的疯子的催眠。然而在学校没课时，晚上在家时，我把资料包读了又读。证据如此确凿，我最终看穿了自己的防御，看到了真相。

那时的我，不知道如何让学生对自己的写作负责。更糟的是，我不想放弃控制权。我留恋我的大讲台，希望自己是教室里最有创造力、新点子不断的那个人。我享受规定作业截止日期和精心安排所谓的写作过程给我带来的权威感。再说，我是语文老师，这就是我的工作。如果学生写作的责任转移到了他们自己手上，那我还有什么可做的呢？

一个漫长周末的阅读，别扭和扪心自问过去了，我决定和我的学生谈谈。3月的一个周一，我没有照常发放千篇一律的作业要求，而是关上了教室的门，和我的学生讲起新罕布什尔的这所小学，那里的学生自己决定写什么，自己掌握写作进度，写出作品给各种真正的读者读，而且在写作过程中就从他们的同学和老师那里得到反馈。我问道："你们能不能这么做？你们想吗？"

有些试探着说好，有些大声赞同，最终班上的每个学生都投了赞成票。于是我们一起发现了奇妙的事情：他们的确有想写的东西。更棒的是，即便我9月以来一直在布置毫无意义的作业，对他们的写作毫无帮助，但他们仍有各种有趣且有意义的想法。我们发现学校里的写作也有实际功用——能帮助学生发掘和捕捉对他们重要的东西，启发问题，解决难题，回顾个人经历，表达情感，还能感动、娱乐和说服读者。这并非海市蜃楼。这是实实在在发生在我教室里的，它如此激动人心。

布鲁克写了一个关于屠杀小海豹的短篇故事；道格记录了一次猎鸭经历；格雷格回忆了深海钓鱼的一天；萨尼倾诉了哥哥因摩托车事故去世的晚上；艾薇给私立高中写信咨询；欧尼仿写斯蒂芬·金[1]（Stephen King）；两个莎拉中的一个叙述她在自家车道上用报废车学开车，另一个带我们坐公交车游览纽约哈莱姆艺术文化区，这个经历使来自乡村的她眼界大开；埃本关于核弹爆炸后灾难后果的短篇小说历经数稿修改，最终成为给本地著名报纸编辑的一封信，抗议政府重开兵役登记制度；玛莎给动物保护立法委员会的一封信，作为支持性材料，上呈给了国会下属的专门委员会；劳拉给基督教青年会的一封信，最终延长了初中学生的体育馆使用时间；爱伦写信给作家路易斯·拉埃摩尔，询问他的作品《西部人》是否有历史依据，得到了作家本人的详细回信；泰德就时间给他的生活造成的影响写了一篇愤怒的散文；金的散文则充满爱意地写她妈妈对她无微不至的关心；乔伊回顾了自己过去的写作。当时缅因州一家本地牛奶公司正举办写故事大赛，几个初三学生决定参加。他们反复聆听和研究本地著名幽默故事家马歇尔·道奇的幽默故事集《伯特和我》，记录缅因方言和故事结构，然后一稿一稿反复修改。罗伊赢了比赛并获得了250美元的奖金，他的5个同学都拿了二等奖。

课堂上再也不是只有五六个写作爱好者了。现在每个学生都能得到我或同学的帮助，花时间推敲琢磨，然后发现能够写出好作品并不是什么天赋。他们忠实于自己的想法和目的，并为之努力；他们的努力让有意义的作品成为现实。写作找到了它在课程中的正确位置，它不再是练习或表演，而是自我表达。

当自选主题的新鲜劲儿过去之后，写作灵感不再轻易降临。到了4月，有的学生求我说："您就告诉我写什么吧！什么都行，我都能写。"然而我没有这样做，反而坚持问道："你关心什么？你喜欢什么？是什么让你成为现在的你？你知道些什么？你知道些什么别的同学不知道的东西？"

教学也有了新难度。然而即使有文思受阻的学生，还有我评点学生草稿时他们的不安，以及班级管理上的关于打分、存档和教室管理的更大问题，每天早上我依然迫不及待到校去看我的学生接下来会给我带来什么惊喜。

我看着他们冒险尝试新的主题、风格和体裁。我看着他们自主写作：有

---

1 斯蒂芬·金（1947—　）：美国著名小说家，被誉为"现代惊悚小说大师"。代表作有《魔女嘉莉》《肖申克的救赎》。——译者注

时一稿写成，有时可能需要修改5次才能达成目标。我看着他们认真仔细地编辑和校对，这样现实生活中的读者就能专注于他们的意思而不被文字上的错误分散注意力。我看着他们花时间在写作上，课上写，课下也写，或者为写作做准备。我见证了我的语文课成为一个写作工作坊。

写作工作坊允许我观察正在写作的每个学生，支持他们，也教学相长。我学到的第一件事是让学生自由选择，同时也不放任自流或降低标准。写作工作坊的规章制度能够满足写作者的多样需求，学生要了解学习和使用这套规章制度，而我的工作是确保学生达到这一目的。在写作工作坊中，师生环坐在桌前，人人都有发言权。

当我巡视排满大桌子的教室时，我和学生交流想法和意见。搜集整理这些谈话中的有效信息，然后讲给全班听，协助写作者间的互相交流。我希望每个学生每天都写作，而不是做写作练习。从玛丽·艾伦·雅各布和露西·考金斯那里，我体会到了"微型课"的效果。我也开始在每次工作坊开始时，就主题发展、写作技巧、体裁特征和写作规范提供简短的解释和演示。我布置好教室，方便学生取得必备的用品和资料，提供作文展示的机会，让那些摆放讲究的桌椅有利于独立写作和深入思考，并且我开始记课堂笔记。

寻找一个平衡点

《在中学》的第1版于1987年出版，它是我对于写作工作坊和教师职责最初的理解。这之后，我继续在教室中学习、书写和谈论我的新发现，并且阅读写作教学方面的材料，尤其是唐纳德·格雷夫斯及他在新罕布什尔大学的同事唐纳德·莫瑞（Donald Murray）的著作。我的女儿也在这期间出生。1990年，我拿出《在中学》第1版的版税所得，再加上其他资金，创建了一所学校，在教学的同时进行教师培训。

教与学中心位于缅因州埃奇库姆，它是一个非营利性、K—8[1]年级的示范学校。它致力于发展和传播名副其实、严密周详、快乐教学的跨学科教学方法——提供优质教学和积极影响，为缅因州中部沿海各个地区的学生，也为各地的一线教师服务。教师以一周为单位来我校"实习"，我们开展工作坊，协作交流教学心得。我的另一本书《教室与学校转型办法》（*Systems to Transform*

1　K—8年级：大致等同于我国的小学和初中。K：Kindergarten，即幼儿园，是美国小学教育的一部分。美国教育学制普遍为幼儿园至5年级为小学，6年级至8年级为初中，9年级至12年级为高中。——译者注

Your Classroom and School, 2014）记录了我们学校的教学方法、创新和传统，这三点既成就了我们的学校，也让学生全身心投入，获得成功。学校起初只有幼儿园到3年级，在一个我特别设计的殖民时期风格的建筑里。我们一边增设年级，一边扩建校舍，1994年增加到了7年级，我兼任教与学中心中学部的写作、阅读和历史老师。

我把写作理解为探索和诠释意义的过程，这也使我把教学看作一个过程。我有了知错就改的勇气和不断调整教学以帮助学生进步的自知之明。我开始把教师当成值得努力终生的职业，我的教学方法投射出了我的职业和个人特性。

回顾20世纪80年代的这番经历，我并不惊讶于自己对人人平等的写作工作坊的狂热追求。那时我只有二十几岁，从一个绝对权威的语文教师转变为一个写作教练或学生写作过程的辅导员。这是一场个人革命，我需要那当头棒喝来让自己从语文教师的不断留作业和收作业的老范式中突破出来。

当我的学生开始自主选择题目、体裁和读者，不断写作时，我旁观和倾听。我要学会停止表演，放慢速度，留心观察，并且善于倾听。许多语文教师对20世纪80年代记忆犹新，在格雷夫斯和莫瑞的影响下，我们为学生的声音让位，抛弃了所谓的"旧正统"理念。格雷夫斯用这个词指代所谓"正确的"语文教学方法，认为其存在阻碍了我们对有效教学的进一步探索。

但我发现自己走向了这场语文教学革命的另一端。我在完全转变的同时，接受了一套全新的正统。以学生为中心作为我教写作的新"规则"，这对我而言，就导致了类似旧范式的后果：给学生和教师都预设了上限。

《在中学》的第1版随处可见这种新正统，它们以"绝对不要"的形式出现。绝对不要赞扬学生的作品，不然他们就会被你的赞扬迷住双眼，不再自己建立好文章的标准。绝对不要自己读学生的草稿，而是要让他们自己朗读给你听，这样你就能集中关注他们的作品风格，而不被错误分散注意。绝对不要建议学生下一步该写什么，不然他们就会指望你来解决问题。绝对不要让学生打草稿时修改拼写或标点错误，因为这时写作者只能把注意力集中在一件事上，也就是作文内容。微型课绝对不要超过7分钟，因为……我已经想不起来为什么不要了。

总之，教师永远不该剥夺学生的写作自主权。这意味着不要批改学生的作品，告诉他们做什么或者提出任何要求。我学会了精心设计所谓的"写作辅导"，引导学生去猜我的修改意见，还要让他认为是自己想到的。

任何绝对化的思想，无论其出发点多好，都有剥夺人主观能动性的问题。我没有进行直接的、成人与孩子间的对话和示范讲解——也没有基于我对于写作的知识、经验和每个学生的需要、意向来进行教学——我让这些"绝对不要"阻碍了我发挥教师的作用，也阻碍了学生的写作进步。

我并不认为教师一定要事无巨细，才能教好学生，但是我认识到教师的确需要扮演我们能想象到的最深思熟虑的家长的角色。当我真的成为一个母亲，身份的转变帮助我认识到了成人和孩子之间关系的真谛。我作为一个成年人，在我女儿安妮的生活中扮演的角色启发了我，让我看到一个写作老师可以怎么引导学生，同时尊重他们的想法。因为安妮，我开始重新审视那些"绝对不要"。

我记得安妮5岁时想要学系鞋带，我并没有暗示或者让她猜，而是直接给她展示鞋带是怎么系的。我随口讲了一个系鞋带的小故事，边讲边打了一个漂亮的蝴蝶结；安妮倾听、观察。接着我握着她的小手练习，和她一起重复刚才的故事，直到她准备好了要自己试一试。安妮系好了，我高兴得手舞足蹈。后来，安妮又长大了一点，可以帮忙布置餐桌了，我先是做给她看，和她一起布置，如果她忘掉了哪一样，就从旁提醒。慢慢地，安妮自己就能搭配餐垫，摆好刀叉，把餐布叠得漂漂亮亮了，还为此得到了不少我和托比的表扬。

杰罗姆·布鲁纳（Jerome Bruner）把这种现象——成人介入、示范，然后逐渐减少帮助——叫作学习中知识的逐步放手。在该过程中，成人与儿童互动，儿童从成人那里学习问题的解决办法，逐渐内化其中蕴含的知识和技巧。

我喜欢"放手"这个概念，成人—儿童之间的互动想要发挥作用，就必须具备灵活性和目的性。它不是无为而治，成人是主动地、有目的地参与到任务中来。它也不是填鸭式的，儿童是主动地、有目的地参与其中。双方都参与其中。成人和儿童并非在进行一场关于系鞋带、布置餐桌的哲学讨论，我们是要动手解决实际问题：如何啃玉米，怎样刷牙，简单的加减乘除如何心算。我教安妮系鞋带的时候，她观察我，我也观察她，我先示范，她尝试，我们出现问题的时候讨论，当我发现她需要帮助的时候就帮上一把，直到她完全掌握，不再需要我了。

在放手的过程中，教师扮演成人的角色，是那个有能力、有知识，让新任务变得简单、高效、有意义的人。成人要在儿童看起来准备好了的时候把控制权移交给他们，因为我们的最终目的是让他们独立完成。成人介入的方式没有一定之规，在整个过程中我们要给学生的自主意识和成人的帮助留足空间。它包含了有人情味的互动，而不是曾经我写作工作坊中冷冰冰的按部就班。

放手的关键是要调动成人的知识储备。我有选择地给安妮提供支持。这是基于我对所教技能的了解，对安妮同龄孩子的认识，还有我对安妮的了解。拿系鞋带来说，我有丰富的经验；我知道5岁的孩子可以系蝴蝶结了；我女儿早就想摆脱搭扣，穿有鞋带的鞋子；因为步骤对她来说还太难，我就用讲故事的办法帮助她记忆。

试想把其中的道理应用到教学上——把放手的概念应用到写作工作坊——我意识到我可以把我关于写作的知识用类似的方式传递给学生。就从我知道的不同体裁的好作品开始，这包括我搜集的信息，从自己成功和失败的写作经验，到常年阅读别人或好或坏的作品，再到其他写作者和老师的建议。我还有对初中生心理和认知发展规律的知识。我从开学的第一天就努力了解每一个学生——了解他们的困难、长处、目标，感兴趣的事物和写作过程。

"逐步放手"这个词就是我现今写作工作坊的主要特点。我以一个有经验的阅读者和写作者的身份面对学生。我了解写作，讲解展示，提出建议，表扬聪明的解决办法和优秀作文。但这不意味着我会退步到以前扮演的上帝角色，在讲台上自作主张。可当我知道我能帮学生解决问题，尝试新事物，写出好作文，还有随着时间的推移，学生能脱离我独立的时候，我不会拒绝给他们指点迷津。

我努力想找到一个灵活、微妙的平衡点。服务学生时，我既侧耳倾听，认真观察，也给出指导，提供帮助；我同时是合作者、批评家和为他们加油鼓劲的啦啦队队长。学生从我这学到想学的。其中感激自不必提——在帮学生修改作文之后的一句"谢谢"，比我教学生涯中的任何事都让我感动。

逐步放手就是我和学生并肩坐下，帮他们找出作文中的问题，展示如何修改，从读者角度提出问题，传授写作技法和写作规范，让他们的作文更添色彩。当我展示自己写的诗歌、小说、散文，描述写作中遇到的难题，以及我是如何解决问题的，这也是逐步放手。逐步放手就是我在微型课上讲解范文，用接地气的语言和比喻来解释艰涩难懂的文学术语，或是引导学生关注不同文学体裁的文体特征。

教师的知识和学生的主观能动性在写作工作坊中同等重要。我每天都在努力保持一个平衡——尊重写作者的选择、目的、需求，同时给他们反馈，引导其进步。每年9月份开学时，我向学生展示的是这样一个教师的形象：严肃、热爱写作和文学、把写作作为终生的追求、致力于帮助学生写出好作文，并愿意为此付出。

泰丝，我的一个学生，用文字描绘了她眼中的放手过程——描绘了在写作工作坊里的我，以及她自己在写作工作坊得到的阅读和写作的提升。

老　师

一

她静坐在教室前面的摇椅上，
给我们看她的一片心——
柯林斯、塞林格、狄金森、卡明斯、
德桑、德雷珀、奥布莱恩、莎士比亚——
鼓励我们也把他们藏入心里。

二

她俯下身来，
推敲动词，改正形容词，
突然，我那七扭八歪的诗句
都规规矩矩地站好了。

三

她轻声地和我交流
我近来在书页里的游历。
她也爱我去过的地方，
还指导我接下来该去哪里。

四

她站在全班前
让我们自主思考，
要有自己的世界观，
即使跟她的不一样也没关系。

五

我看着她温柔地为我们引导方向，
也许——只是也许
我瞥见了我的未来。

——泰丝·辛启曼

阅读怎么办？

在布斯贝湾地区小学，我的学生在每天的写作课上展现出惊人的独立自主性，可当他们来到我的教室上阅读课时，却发现我躲回到讲台后面。虽然写作课的主体已经是学生，但文学课依然还是某种我为学生操办的东西。我分发文选与小说，把词语写在黑板上，讲解背景信息，规定阅读页数，把文学解读一勺一勺地喂给学生，然后考试，以确保他们读完了作品并且学到了我想让他们学的东西。20世纪80年代中期，我的朋友汤姆·纽柯克从新罕布什尔大学开车来看我。他听了一天我的课之后，大声地问我的写作工作坊是不是某种"写作隔离区"：唯一的一门学生能够自己做决定、负责任的课。

推翻我过去的写作教学已经够让人难受的了，让我承认我的阅读教学也有问题，这简直就像是一场教学法的心脏病突发。文学是我的拿手领域。我因为热爱文学而选择文学专业；当语文老师也是为了能教文学。挑选和讲授文学作品给我带来了巨大的成就感，是我作为语文老师不可分割的一部分。汤姆的指点，还有随之而来的一系列生活和工作上的事件挑战了我对文学老师的认识，并促使我创建了第二个工作坊，即阅读工作坊。

第二件事是这样的：我读到有研究表明坚持默读能大大增加学生阅读的流畅度和理解力，于是我开始让我的学生每周一次自选书目，自主阅读，而他们的迫不及待开始要把我逼疯了："我们今天能自由阅读吗？今天是阅读日吗？"

我们其实每天都在阅读——至少我这么觉得。虽然每次学生流露出想要更多的时间阅读自己选的书，总让我觉得有点良心不安，但有太多我所爱的课堂阅读材料、太多值得一读的文学作品选集，还有太多我费数年之力所做的教案。我认为7、8年级学生的文学品位还没成型，不懂得欣赏经典。我坚持4天照常上课，1天自主阅读。

接着，一些布莱德洛夫学院的朋友来缅因州过周末，晚餐时，我那推崇英国文学的丈夫发现我们的一位客人竟是同好，也喜欢他最爱的英国小众作家。桌子早已收拾干净，盘子也早已洗好擦干，其他人也从沙滩散步归来，但托比和南希·马丁——儿童写作领域的先锋理论家和学者，还坐在餐桌旁，伴着烛光，聊着安东尼·鲍威尔的系列讽刺小说《配合时代音乐的舞蹈》中的人物。虽然他们的谈话不能帮我欣赏得了鲍威尔，但让我看到了我们晚餐桌旁的小小奇迹。

这是一个充满文学气息的环境，我们围桌而坐，像文人雅士一样交谈。我们不需要导读、教案、教师手册、便利贴，或是问题讨论，我们只需要另一个文学爱好者。而且谈话从来不是勉勉强强或者敷衍了事的，而是充满了争论、笑话、趣闻轶事、观察发现和信息交换。我们畅聊作品，挥斥方遒。此时此地，我们能够一起进入文学的世界。我的下一个教学难题就是，我怎么把餐桌移到我的教室，然后邀请学生落座。

我回想自己是怎么在这张餐桌旁找到自己的位置的。我想起了和一位兼职卖百科全书的教师朋友的谈话。他难以置信地谈起，有的客户在买百科全书之前，家里一本书也没有。我回答："嗯，我懂的。小时候我家也只有一套百科全书。我父母当时花了大价钱。每当新的一册寄到，我兄弟和我会从头到尾，像看小说一样把它看完。"我的朋友很是吃惊，说道："看你聊起书的样子，我还以为你父母一定是语文老师呢。"

我父亲是一名邮递员，我母亲是餐馆服务员。虽然我们兄弟姐妹都有图书借阅卡，但我阅读生涯的转折点发生在5年级感染风湿热时。整整一年，我多数时候都卧床休息，是书、图书馆和我母亲救活了我。

母亲找遍了本地图书馆的书架，把那些她觉得我会喜欢的书都借回家。最开始我是因为无聊：1961年，孩子的卧室里没有自己的电视机，更别提电话或电脑了。但之后我开始爱上了阅读——艾伦·蒂贝特、亨利·哈金斯等的儿童文学作品。书中的人物带我逃离了病床，走进了文学。

有一天母亲带回一本《秘密花园》，我对着它发霉的封面皱起了鼻子，把它放在了一堆书的最下面。但当其他书都看完，我还是无奈地翻开了它。我一口气从头读到尾。它就是我的故事，又不完全是。我是玛丽，是科林。我还记得我朝楼下一遍又一遍大声地感谢母亲给我带来我读过的最好的书，恳求道："您能再多借一些像这本一样的书吗？"

母亲尽力寻找，可《秘密花园》只有一本。那个冬天和春天，她为我续借了4次。静好岁月里，我捧着一本书，其中承载着母亲的爱意。这件事对我意义深远——它赋予了我对故事的热爱和快速带着感情阅读的能力。小说家格雷厄姆·格林曾写道："人的童年总有一瞬间，门开了，未来开启了。"这就是我的瞬间。

等到我痊愈复学，我在两位老师的引导下延续着对阅读的热爱。6年级时，杰克·爱德华老师给全班朗读书籍，当时他的同事都摒弃了这种朗读的方式，认为很孩子气和小儿科。我们讨论书中的人物和创造他们的作者。爱德华老师深爱小说，通过他，我读到了 E. B. 怀特[1]（E. B. White），第一次知

19

---

1 E. B. 怀特（1899—1985）：美国作家，代表作有《夏洛的网》等。本段提到的韦伯和蓝山乡村大会分别是《夏洛的网》中的主人公和主要场景。——译者注

道了阅读也能是一种共同经历。爱德华老师的声音带我们走进蓝山乡村大会，韦伯的遭遇让所有人为之神伤，那时的我们全然忘记了课间操场上的争执。想起这些，反观作为老师的自己：我的学生有没有曾经读着同一部作品，一起哭一起笑？我一次都想不出来。

第二位老师是托比。大学二年级的时候，我是他世界文学课的学生——没错，读者们，我嫁给了我的老师。托比·麦克劳德一直在那张晚餐桌旁。我从来没有——至今也没有——遇到过像他一样博学、一样爱书的人。我知道我一部分对文学的热情来自我对托比的敬爱，来自想成为和他一样的人的渴望。我的学生也把我当成一个读者，甚至敬爱我吗？会不会有人记得我是那位帮助他们爱上文学，把文学带入他们的世界的人？

最后，我从迪克西·古斯万米那里得到了启示。她曾让我研究自己的写作过程，考虑如何应用到教学中。现在我试着把我的阅读习惯和我在课堂里强制推行的阅读过程匹配起来，我发现中间差距巨大。

通常，读什么书是我自己选择的。有些阅读虽非所愿，却是逃不掉的——像是写文书前要先查资料，或者做晚饭前要查菜谱——至少我能决定阅读的方式。可我的学生无法做这类决定。他们按照我设定的速度阅读我布置的书目，并且阅读片段性的内容——一个章节或者几页，而非一个完整连贯的故事。

我涉猎广泛，且有固定的阅读时间，比如傍晚入睡前和周末清晨。我的学生告诉我，除了每周独立阅读时段之外，他们自己很少读书。可作为他们的老师，我从未鼓励他们培养阅读习惯，也从未根据他们的阅读习惯进行教学调整。

最重要的是，我会在晚餐时和亲朋好友畅谈书籍、作家和写作，这是我们文学生活的一部分。我的学生与此无缘，他们只能被动地接受我所选择的文学和我的文学理解。每周4天，我像填鸭一样灌输我的文学理论；只有在第五天的50分钟里，他们才是读者。

学生想要更多的像周五一样的阅读时间，于是我慢慢地，打破了汤姆口中的"写作隔离区"。一年秋季学期，我把第二个自主阅读日提上日程。在1月份我设置了第二个，又在接下来的9月份增加了一个，直到最后文学教学大纲彻底被废止，在我的文件柜抽屉里落灰。学生成了整天手不释卷的读者，我也开始了解到什么是真正的阅读，如何解读文学作品。在此，我的学生成了我最好的老师。

他们教给我什么是青少年文学，一个当我处于他们年纪时还不存在的领域。我那时的青少年读物主题有限，一般是围绕以下两个问题："这个谜题会及时解开吗？""她能赶得上毕业舞会吗？"和我差不多年纪的读者或许也记得《特里克·贝尔登》《魔女南茜》《哈迪男孩》《简和约翰尼》和《第十七个夏天》这类作品。

在学生的介绍下，我认识了许多当代青少年文学作家。他们的作品之于青少年，正如当代优秀小说家的作品之于我。如今，这些作品穿越时空，给年轻读者展示了立体生动的主人公和引人入胜的故事情节。它们大都有漂亮的语言、鼓舞人心的性格发展，以及和同时代年轻人共鸣的主题。这些主题包括身份认同、良知、同伴压力、社会分级、偏见、初恋、政治冲突、孤单、友谊、家庭和转变。这是一股清新的文学新风。

我的学生教会我要在教室里放满让人难以抗拒的书籍——小说，还有回忆录、新闻刊物、幽默文学、短篇小说选和诗集。我发现如果我给他们机会，他们就会如饥似渴地阅读青少年文学和传统文学。在我每周3次开展阅读工作坊的那一年，我的学生平均每人阅读了24本书。接下来的一年，每周开展了4次阅读工作坊，我的学生平均阅读了35本。我准备的书永远不够读。

等学生有了一些选择图书的经验，我认识到引导他们在文学晚餐的桌旁就座的时机已经成熟。我们开始深入探讨文学的特征，比如文章主旨、体裁、风格和人物发展，讨论之深刻远远超出我的预料。我们有时超越了教师手册上涉及的内容，触及了新的话题——阅读过程，作者和其作品间复杂的关系，以及关于作者写作时的选择、风格、手法和措辞的分析。我们进行读者和读者之间的交流，而不是回答课程提纲上的问题或者写读书报告：它是实实在在的、与己相关的、以最美好的语言评判作品。

我承认对于自己花了这么长时间才发现这个真理感到羞愧。每个人，包括我们教过的所有学生，都喜欢故事。使人爱上故事，就是我们语文教师超人的能量。

我的学生让我了解到，阅读教学如同写作教学一样，能够对他们的生活产生积极影响。不论性别、种族、家庭背景和经历，他们都可以在阅读中找到快乐和人生的意义。这种快乐和意义，随着有选择能力、有好书可读并每天必读，以及有懂文学又了解他们的老师指导，使他们不断进步。学生应该拥有选择的权利，这种权利是阅读能力和文学欣赏能力的源泉。正如弗吉尼亚·伍尔夫所说："文学不是任何人的私人财产，文学属于所有人……让我们打破壁垒，在文学大地上自由无畏地探索，寻找我们自己的文学道路。"

我打破了壁垒，让我的每一个学生都能自由地寻找他们喜爱的书目、作家和人物。

直到现在，让学生自选书目来读仍是我语文教学生涯中最有争议的决定。但是对我来说，在阅读和写作领域，学生的选择权等同于参与度。语文教师的职责就是邀请每一个学生参与文学中来，并且培养和保持他们对文学的热情。这意味着要寻找、搜集学生觉得有趣且有意义的书籍，并用它们填满班级图书角。因为我的学生有自主选择权，他们成为热切、娴熟的阅读者。

阅读工作坊并不是自习课，并非是教师吩咐学生"专心读书"，然后就可以安然高坐地等着下课了。在这里，教师是一个阅读者、一个评论家和一个引路人。在我每天和阅读者的轻声交谈中，我会问："和我说说你看的书，谁是主要人物？书中故事的冲突是什么？你觉得作者写得怎么样？你喜欢这本书吗？"我也是一个热情的评论家。在频繁的好书分享会上，学生或我会对大家宣布："我推荐大家接下来读这本书，这是这本书的主人公和它的主要内容，这是我觉得你们也会像我一样喜欢它的原因。"阅读工作坊是一个特殊的环境，它帮助人们沉浸在故事、人物、主旨和写作当中。它不断地把学生指向下一本好书。

以海蒂为例。她来到教与学中心时读7年级，缺乏选择和阅读书籍的经验。最开始，她简直一口"吞掉"了斯蒂芬妮·梅尔的《暮光之城》系列小说，虽然在我看来，这套书的质量差强人意，但我没有阻止。这样的长篇系列小说能够帮助阅读能力弱的读者提高阅读能力。它只是手段，不是目的。

整个学年里，我跟海蒂和她的同学们分享好书，鼓励他们挑战自我。6月的时候，她提名芭芭拉·金索佛的《毒木圣经》和贝蒂·史密斯的《布鲁克林有棵树》为她所读40本书中的最爱。她说："你知道，我想要再读一遍《暮光之城》，但我就是读不进去，它的文笔使我感到意外。她（斯蒂芬妮·梅尔）的确不是一个特别好的作家。"

海蒂的醒悟并不意外，它是甄别能力、有针对性的文学教学，还有几十本我为班级图书角购置的好书对她的阅读产生效果之后的自然反应。与此同时，海蒂学会甄别严肃小说与流行小说，这一点许多大人都不会，《纽约时报》畅销书排行榜就是明证。

频繁大量的阅读有利于毅力、自信心、流畅度、词汇量和理解力的进步。多读书、读好书能培养文学品位和批判能力，同时帮读者积累文学名家和体裁的知识。E. D. 赫希（E. D. Hirsh）所提出的文化素养概念，其实正是靠好的阅读习惯和精心挑选的教室图书角熏陶出来的。我的学生从缅因州的这个乡村学校毕业时，已是熟练而有品位的读者，已经对未来的人生道路——关于思想、语言、历史、时事、大千世界的众生百态，在所读的几十上百本书中有所了解。

马尔科姆·格拉德威尔（Malcolm Gladwell）在他的《异类》（*Outliers*, 2008）一书中写道：想要在某个领域成为专家，需要投入1万小时的专注练习。教与学中心的学生就得到了这样的练习。海蒂7年级的那一年，平均每个学生阅读了53本书。许多人开始主动欣赏《傲慢与偏见》《白虎》《杀死一只知更鸟》《毒木圣经》《蝇王》《勇敢新世界》《西线无战事》《哈克贝利·费恩历险记》《伊利亚特》《在路上》《红字》《第二十二条军规》《少年派的奇幻漂流》等文学巨著。与罗素·班克斯、迈可·谢朋、大卫·艾格斯、托拜尔斯·伍尔夫、玛格丽特·阿特伍德、库尔特·冯内古特等伟大作家在书中相遇。培养有文学品位的读者需要好书、好故事、大量阅读和文学对话。如果一个平时不读书的学生直接被要求读狄更斯、马克·吐温或霍桑的作品，那么，他将很难欣赏这些名著的奥妙。

一些阅读工作坊的批评声音认为，语文课堂是应为文学经典保留的——如果让学生自己选择，他们就会选择那些他们在课余阅读的垃圾文学。但证据有力地表明：美国青少年闲暇时并不读书。美国国家艺术捐助委员会的报告表明，11到14岁的青少年中只有27%进行课外阅读。委员会把这种情况描述为13岁左右"阅读灾难性的全面没落"，这种趋势极有可能将会延续学生的一生。

我们都知道独立阅读在小学之后就减少了，阅读成绩也随之滑坡。2007年，整整70%的初三学生在国家教育水平考试中阅读未达到熟练水平。几大阅读能力考试（NAEP，SAT，PISA）的结果都显示成绩好的学生都有独立阅读的习惯。毕翠思·卡利南（Beatrice Cullinan）受教育部资助的研究项目"独立阅读与学术成就"列出了强有力的证据，支持学生在读书这件事上应有独立选择权。

语文教师可以一厢情愿地布置一整套名著阅读或者安排全班一起读哪部小说，然后无能为力地看着学生，每年也许能读上6本书——如果他们真的读了的话。中学语文课不可告人的小秘密就是，不知有多少学生通过查名著缩写、维基百科、偷听课上讨论或者选择性翻阅来蒙混过关。我都知道，因为我也是这样过来的。

与上文提出的主张相反，语文教师可以因地制宜，因材施教。学生可以决定看什么，然后他们每天课上读20分钟，回家至少读半个小时。要求学生读他们所爱的书，这是我能留的最重要的作业，也享有我安排课堂时间的最高优先权。我的学生里有的患有阅读障碍，有的以前不怎么读书，也有成熟的文学评论者。他们都走进了阅读世界中，享受阅读。流行的教学法来了又去，但人类有共同不变的精神追求。我们的学生——所有的人——都渴望一样的情感、满足、意义，这和我们成年人读书毫无二致。与此同时，有趣的、合适的书籍有留住学生的魔力。

归根结底，正是逐步放手把阅读工作坊和轻松愉快的自习室区分开来。虽然好书、自由选择、练习和时间是要点，但如何组织教学，使得好书和大量的阅读成为阅读教学的主心骨才是关键。就如同写作工作坊一样，阅读工作坊教师的责任就是要把三件大事记在心上：书籍、青少年阅读者、每个学生读者的个性特点。

我向学生介绍优秀的青少年文学作家，这是一种放手：如果我对这个文学领域深入了解，就能够把合适的一本书在适当的时候交到某个学生手上。向学生介绍青少年文学、当代作品和文学经典，这也是一种放手：这些书有的学生现在就可以读，有的学生在他们未来的文学生涯中也许会读到。

放手还表现在以下几个方面：当我解释我选择书籍的标准，然后引导学生也发展和表达自己的标准；当我展示我如何和何时略读一部小说；当我鼓励学生把他们不爱读的书放回书架；当我引导学生决定读一本书前所要做的调查研究。让学生列出未来的阅读计划时，我是在帮助他们像一个有目的读者一样做计划；给他们表格记录他们完成或者放弃的书目和作家，我赋予了他们考虑和发展自己阅读偏好的权利。

每天我们以读一两首诗来开始我们的读写工作坊。放手就是我向学生展示如何分解一首诗，教他们找出和分析艺术手法，介绍那些有可能终生吸引和启迪他们的诗人，如格温多林·布鲁克斯、E. E. 卡明斯、艾米莉·狄金森、罗伯特·弗罗斯特、朗斯顿·休斯、莎士比亚、惠特曼、威廉·卡洛斯·威廉姆斯、比利·柯林斯、丽达·多维、艾伦·金斯堡、吉姆·哈里森、托尼·霍格兰、泰德·库瑟、聂鲁达、内奥米·谢哈布·奈伊、玛丽·奥利弗、玛吉·皮尔斯、威廉·斯塔福德和华莱士·史蒂文斯等。

放手就是当我给学生阅读文学评论范文，让他们整理和讨论文学特点，然后用书信散文的形式与我或者同学们交流读书心得。书信散文是读后感的一种，用轻松愉快的形式讨论写作技巧、人物和主题，同时它也锻炼了他们高中和未来工作生活所必需的分析批判作品的能力。

最后，放手就是我教会学生在毕业后如何和去哪儿找到好书——每学年结束前，我们讨论书店、图书馆、期刊、网站和文学奖，还有学校的相关网页。我还会指导他们选择暑假将要阅读的书目。

多年前，在我刚开始记录和宣传读写工作坊的时候，一些老师告诉我："你的教学方法简直就是常识，我真不敢想象我自己以前竟没有想到。"开始的时候这话让我有点恼火。我和学生的付出可不是常识的结果，也绝非直觉或幸运。工作坊源于我对于阅读写作，对于教学，对于青少年，对于每年我班上的学生写作者和阅读者的了解。

我认为格兰达·贝赛克斯的"逻辑"比一些老师口中的常识要好。我的教学逻辑是建立在知识基础上的，工作坊的教学方法也正是在这个知识基础上建立起来的。工作坊中，教师是知识和信息的中转站。我们观察学生的学习，并以学习者的身份参与其中。我们每日都在努力解密学生学习的思维逻辑，使自己的教学指导与之相适应。这就是《在中学》的第3版。它展示了我过去30年来学到的、让读写工作坊成为唯一合理的语文教学方法的所有知识。

2

做好准备

成就缘于热爱，
热爱源自他人的感染。
带着这份热爱，你的心如同帐篷桩子，捶捶重击，直朝地心。
带着这份热爱，你的心如同一束阳光，电光石火，穿过大气。
带着这份热爱，你开始工作。
——托马斯·路克斯（Thomas Lux）

1982年春季的一天，唐纳德·格雷夫斯和玛丽·艾伦·雅各布一起驾车从新罕布什尔来到布斯贝湾地区小学参观。玛丽·艾伦那时是阿特金森学校的1年级教师，已经是写作教学转型的一位先锋人物。由于我的学生早已对他们耳熟能详，两人的现身成了全校的大事件。唐纳德和玛丽·艾伦到达时，初三学生伯特正好经过大厅。他几步跨上台阶，像保罗·列维尔[1]（Paul Revere）一样，奔跑穿过中学部的走廊，经过各个教室，高声喊着："全世界最有名的写作老师来啦！全世界最有名的写作老师来啦！"

写作工作坊有唐纳德在场，学生便都不肯离去自行讨论作文了。他们都钉在课桌前奋笔疾书，教室安静得可怕。时不时地会有学生冒险偷看唐纳德巡视教室的身影，每个人都期盼他能停下来，在耳边轻语他的魔咒，"给我讲讲你的作文"。唐纳德没有辜负伯特的期待，他在伯特桌边蹲下，和他聊了好一会科幻小说和斯蒂芬·金，这些可都是伯特的心头至爱。

美好的一天过去了。放学前，唐纳德站在我教室门前穿上雨衣，满脸笑意。"怎么这么高兴？"我问道。

"因为你呀，"他说，"你知道是什么让你成为如此优秀的写作教师吗？"

哦，天哪，我心中暗喜来自世界顶尖写作专家的认可。瞬间我想到了无数可能。他是不是要赞扬我辅导学生时的真知灼见，我切中要点的微型课，还是对读写教育的热情投入？

---

1 保罗·列维尔（1734—1818）：美国著名爱国人士，曾在美国独立战争莱克星顿枪声响前向独立州民兵报告英军的到来。——译者注

"是什么呢?"我追问道。

"你真是井井有条。"他回道。

见我笑脸垮了下来,唐纳德严肃解释道:"你看,如果你不是这样井井有条,就不能用这种方式教写作。写作工作坊不是放羊式的教学,这一点你心里有数。只有你和玛丽这样的人才能成为顶尖的语文教师。你们俩从前是纪律严明的好船长,现在也是,只不过现在指挥的是另一种船。"

工作坊还真是另一种船。我们熟悉的传统语文教学明显是把教师和作业放在中心位置,这就是它的组织结构。而在读写工作坊中,教师需要空间安排和教学设计来支撑全班统一的课堂活动和20多个学生的独立活动。因此,教师要了解小读者和小作者的发展需求,并为之创造优越的环境,而组织好课堂就是要保证这个环境的稳定性和可靠性。

在9月开学学生到校前,我的工作是把教室布置得既有感染力,又有书香气。换言之,我要计划好何事将在何地何时如何发生。8月,我理清思路,整理教室,这样学生一到,会发现这里已万事俱备:独立的写作和阅读时间、学习工具、材料和资源,各种文件夹和表格,大量好书,一个专为阅读写作而设的空间,还有帮助学生自主读写、勇敢探索读写新知识的课堂组织方式。只要东风一起,便可扬帆起航。

给阅读和写作时间

我拉开阿曼达旁边的椅子,开始读她写的和父母姐妹一起去听尼尔·戴蒙德演唱会的回忆性散文。开篇是这样的:"好的,我们到了。要不要用库克夫人的双筒望远镜?想要的话,这3个镜头盖不要弄丢了。可要好好爱护别人的东西。想要去洗手间的话就现在去,不要等中场休息才去,那个时候人多,很挤的,容易走丢。结束的时候我们在曲棍球球员入场的地方碰头,好不好?"

我读出这是阿曼达父亲的语气,微笑着读了下去。她写了满满两页的详细描述和对话记录——她家人的及周围人的对话。我摇头大笑。"阿曼达,你是怎么把这些都记住的?"

"哦,我记不住呀,"她回答道,说着拿出了一个小练习本一页页翻开。"去之前,我就知道我会想写这么一篇作文,所以我就整晚都带着这个本子,记下发生的事。"

罗比当时正在家看电视,根本没有想着学校的事,突然"不知怎么的",他就想明白自己那篇短篇小说要如何修改了。他随手抓起一个能写字的东西把想法记下来。第二天一早，他带着一个纸质购物袋来到写作工作坊，上面有一个完美的小说结局。

那天我们讨论写作进度的时候，安妮告诉我，她放下了正在写的一篇读后感，准备写一首诗。"什么时候开始的？"我问道。"今早在我的储物柜旁的时候，"她回答，"看着草地上凝结的雾气，我突然有了好想法。我不想错过这个灵感。"

由于养成了写作习惯，阿曼达、罗比和安妮在动笔之前就思考自己的作文。写作需要依靠规律、整块的时间来计划和创作。当教师安排课堂写作时间——当我们把写作放在语文课的最高优先级——学生就能够养成写作者的思维习惯。唐纳德·格雷夫斯的研究发现，教师1周至少要安排3次课来给学生写东西，他们才能学会发现有意义的主题、持续写作计划、思考、行动、创作和成长。

没有每周3次的写作课，学生不会也不能写好作文。任何年龄段的写作都是在量变的基础上达到质变的。没有足够的时间打草稿和反复推敲琢磨，多数学生都达不到表述清晰、言之有物和符合写作规范的要求。多数成人亦如此，至少我就是这样的。

30年来，我虽然一直努力打磨自己的写作技巧，但还是会写出笨拙的草稿——观点偏激、咄咄逼人、连篇累牍、卖弄辞藻、语焉不详。但当我腾出时间思考、计划、涂涂改改、读了又读、再思考、设想新的可能、添加、中场休息、简化、删除和润色，经过这番辛苦，我倒是极有可能解决作品中的问题，写出条理清晰的文章。我想，我并非特例。

海明威《永别了，武器》的结尾曾39次易稿。他不吝时间以求解决所有作家面对的最大难题："找到准确恰当的词。"库尔特·冯内古特认为，时间是消除写作中个体差距最大的平衡器。他声称任何一个人，只要愿意付出大量时间来进行枯燥乏味的伏案工作，都能在写作上有所成就。

> 我们的能力来自耐心。我们知道哪怕一个蠢材都能显得不至于无可救药，只要他能不断重写同一个观点，每次表述得更好一点。正如愚公移山，谁都可以，所需要的只是时间。

凯瑟琳·帕特森（Katherine Paterson），纽伯瑞儿童文学奖获奖作品《仙境之桥》（*Bridge to Terabithia*）的作者，曾这样描述作家日常经历的那些枯坐桌前、毫无灵感的日子是如何造就了日后的某一天的文思泉涌的：

有些日子里你写得酣畅淋漓，醒来不知身在何处。但也有些日子你一个字也憋不出来，眼睁睁地看着打字机和空无一字的白纸。可你总要付出那些艰难的日子才能换来灵感的眷顾。

写作是一项技能，和其他技能一样，需要花时间练习才能纯熟。市面上有太多作家的写作实录可供选择——《作家在创作：〈巴黎评论〉访谈录》（*Writers at Work: The Paris Review Interviews*）是最有名的系列——可供那些坚信诸如一稿写成、计时作文或全班统一截止日期之类神话的语文教师学习。

即使学生每天都写作，写作能力的发展仍是一个缓慢的过程，在众多学科中它更像数学，两者都需要学习巩固规范和概念，经历失败而后成功，还有不断地练习、练习、练习。这就是语文教师能有所作为的地方。学生频繁有规律地写，意味着我们频繁有规律地教。

我的学生每周有4次读写工作坊。每天会有一节阅读或写作的微型课；接下来是学生独立写作时间，我会巡视班级，和每个学生进行隔天一次的交流。学生写完一稿、二稿，校对，上交给我批阅。第二天我和每个小作者单独见面，讨论他们写作中暴露出的一两处语言错误。这意味着我的学生一学年内会完成超过20篇作文，每个学生和我单独约见超过20次，我们会在具体语境中讨论语言的规范用法。

我不认为语文教学有什么比这更高效、高产或合理的办法了。语文学习亦然。有规律的写作时间使我的学生有机会用纸笔来思考，打磨写作技巧，学写新文体，经历写作中的难题然后克服它们，并得到及时的帮助，把所学应用到实践，从而越写越好。

另外，写作给青少年一块画布来再现和思考他们的生活——一个重回童年，审视过去的自己与现在的变化，并反思这些变化的空间。每年我目睹着7、8年级的学生创作诗歌、回忆性散文和议论文，探索其所信、所爱、所想、所悔、所忆。这种回顾性的写作对他们的个人发展是有好处的。这是青少年应该写作的一个原因。

7年级学生琥珀曾创作了一篇回忆性散文，追忆她失去的童年、流逝的时光和自身的变化。

最后一块曲奇

汉奈福超市灯火通明。在熟食柜台处，我掀开装免费曲奇的塑料盒，上面贴着告示："12岁及以下的小朋友只可以拿一块哦，谢谢！"我抓了一块圆形的甜曲奇。柜台服务员问我是不是真的不到12岁。虽然他的问题好像在怀疑我似的，但他的微笑说明他只是在开玩笑。我也咧嘴笑了。"是的，但马上就过12岁啦。"然后我就跑去卖肉的地方找妈妈了。

嚼着曲奇，我突然回想起这个提供给小朋友的免费曲奇盒在这家汉奈福超市还叫平价超市的时候就有了。那个时候它看起来可真高啊，我都够不着呢。我跑到食品区，伸长手臂用我胖胖的手指去够架子上面的曲奇，那可是我的餐前点心。终于我抓到了，可以去追上妈妈了。曲奇渣还留在上衣上。我心里想着过去和现在的区别，那时的渴望更强烈，曲奇更香甜，而小小的我好像总也长不高，永远也够不着曲奇架子。

现在，我好怀念那些日子：小小的一块曲奇就能让我感到幸福满足。我又想起波特兰的儿童博物馆。7岁的我爬进蚂蚁牧场的玻璃通道，看到了蚂蚁的巢穴。它们的世界可真奇妙，我惊奇地盯着看个不停。它们怎么造出了这么多通道？可真是团队协作的高手啊！我兴奋地从一个展馆跑到下一个展馆，玩了好几个小时，直到闭馆。我简直爱上了这个地方，等不及要再来，于是我问门口的一位女士："我在几岁之前都可以来呢？"

"喔……我记得是13岁。"她微笑着回答道。接着爸爸牵起了我的手，带我走进了波特兰灰沉沉的天幕下。13岁听起来像一辈子那么远。但是一想到有一天儿童博物馆的大门不再为我敞开，我的心就会颤抖。

我吞下最后一口曲奇，另一段美好的回忆浮上心头——万圣节的夜晚，我玩完"不给糖就捣蛋"回到家。那时爷爷仍在世，我和爷爷、爸爸、堂姐安妮一起围坐在炉边。我们两个小孩子把得到的糖果按品牌分类，放在厚厚的红色地毯上。火光闪烁，把我衣服上牛仔女孩戏服上的小珠子映得闪闪发亮。我看着安妮高高的糖果堆，心里想着明年一定要超过她。

突然，一只手进入我的视线，抓走了一块瑞兹牌巧克力。我转身尖叫道："爷爷！还给我！"我跳起来去抓那橘色包装。爷爷哈哈笑着，把巧克力举得高高的，让我够不着。接着，爸爸从我的糖果堆里偷了银河夹心牌巧克力。"爸！"我拖长着声音喊道。

"哦，你想要这些糖吗？"爸爸和爷爷笑呵呵地问，"对不起，我还以为你不要了呢。"

"琥珀，你可得学会分享呀，"安妮表姐幸灾乐祸地抿嘴笑着，"别这么任性，像独生子女一样。"大家一边笑，一边拆开糖果包装。

没有办法，我赌气一屁股坐回地毯上。"行吧，就一个。"然后自己也拿出一个好时香吻巧克力，笑着和大家一起大嚼巧克力。现在，爷爷已经不在，人去屋空；那个时刻却保存在我的记忆中。去年万圣节，我参加了剃须膏大战[1]。

我舔掉手指上的曲奇屑，顺着面包和燕麦片的货架找到了妈妈。她扫视着各种燕麦片，决定要买哪一种。"蜂蜜坚果燕麦片怎么样？"

"好的，当然。"我回答。曲奇的味道还在口腔里萦绕。再过几周就是我13岁的生日。那时我将不能再去儿童博物馆参观，不能在超市领取免费曲奇了，也不能再玩一次"不给糖就捣蛋"了。

但我所怀念的不是一块带来幸福感觉的曲奇、博物馆中的展览或是免费糖果，是我将失去的一个身份，又得到一个新身份这件事让我感慨。我将不再是小孩子了：无忧无虑，容易满足，充满好奇。我就要13岁了，就快要长大成人。我曾经以为遥遥无期的事情……却近在眼前。我的未来如同一辆火车，飞驰着朝我呼啸而来，迅猛飞快。我常常希望它能加速，但有时候，像在超市烘焙区的时候，我恳求列车员停一下，也许我是希望延续免费曲奇的时间，也许我不知道自己是否已准备好离开童年。

妈妈和我朝结账的队伍走去，然后顺着人流走出了灯火通明的汉奈福，进入小镇多云的天幕下，我心里知道，不久，我将离开这里。

——琥珀·罗根

40年前，我刚在中学执教时，学生的课外生活就很丰富多彩——体育、音乐和舞蹈，当小保姆或者其他的第一份工作，作业，流行文化发烧友，还有各种社交活动。新千年里，一些学生的卧室更是成了娱乐中心：高速网络，电脑和电视，电影和游戏DVD，iPad、iPod和iPhone。今天的青少年更难抽出时间来做对他们来说最重要的功课了，而这项功课最能预示一个学生的学业成就如何，那就是他花多少时间来阅读书籍。全美教育进展评估有报告表明，全美成绩前5%的学生的阅读量最多是垫底那5%的学生的144倍。

虽然我不是一个反对技术进步的卢德派[2]（Luddite），我依然手写所有的

---

1 剃须膏大战：美国万圣节期间的一种传统游戏，人们会用喷出的剃须膏"打雪仗"。——译者注

2 卢德派：19世纪英国工业革命时期反对机械化、捣毁机器的组织，后来"卢德派"一词用来指反对技术进步的人。——译者注

东西，但仍然拒绝被拖进互联网对抗纸质书的辩论中，因为这偏离了重点。我们对此的态度不应是非此即彼，而应该是兼容并蓄。如果正确引导，学生就既能用手机发短信，也能爱上阅读，享受故事。7年级学生格兰受诗人威廉·斯塔福德的影响，借用其一首诗的题目创作了一首诗，来表现自己的青少年生活。格兰热爱睡前阅读，这是在他众多的高科技或传统的爱好中，最珍惜的一个，也是他自幼儿园以来受教与学中心的老师影响而形成的习惯。

我的兴趣日志

越野赛车，

挖土豆赚游戏币，挖掘，

传递，放手。

体育运动：

潮乎乎的足球鞋上沾着草屑，

脏兮兮的上衣沾满泥土，

游泳裤在晾衣架上随风摇摆，

还有挂着牙印儿的球。

家庭滑稽录像

还有卡片游戏：

《游戏王》《宠物小精灵》《万智牌》。

牛皮胶布、大猩猩牌胶布、电工胶布和斯科奇牌胶带——

胶布和胶带。

《火星升起》，

iPod,

所有电子设备，

还有床＋书＝阅读区。

创可贴

和那些伤疤的

故事。

——格兰·约翰森

35

一些学生曾把电子书拿到学校，在阅读工作坊中实验过。但最后，他们都回归了纸质书。他们怀念传统阅读——手里捧着书，知道自己走到了故事的哪里，还有多久故事会开幕，冲突会爆发。用电子书，则很难跳回前文证实结尾或重读喜爱的段落。最重要的是，电子书让学生觉得有隔膜。书的实体形态让学生找到了自我和友谊——交流阅读感受时，书的封面和标题就像是他们身上带的徽章。

网络文化已成大势，语文教师要做的是接受它并且保证学生阅读的质量。我的方式是邀请学生自主选择、设置独立阅读的专项时间和坚持家庭阅读。如果学校不大力支持，教师不要求和支持持续、大量的阅读，阅读就会被边缘化。我的学生的卧室可能装备着21世纪的电子产品，但是同时也堆满了他们从教室图书角借回家的书。

我的时间表给了我和学生充足的时间进行每天的在校读写活动。周一到周四，我有7、8年级一起上的85分钟的大课。根据我对青少年注意力集中时段的了解，我希望学生能为积极参与课堂活动做好计划和准备，我把整堂课分成固定的、互不影响的几个时间段。

我的读写工作坊时间表

每节课85分钟

- 阅读和解析一首诗，多选自《为世界命名：一年的诗歌课堂教学》（*Naming the World: A Year of Poems and Lessons*, 2006）：10或15分钟
- 有关阅读或写作的微型课，笔记由学生自己记录或由我分发，课后要求学生粘贴到他们的读写手册上：5—20分钟
- 每天随堂检查，检查学生的写作计划：2—3分钟
- 学生独立写作，与此同时，我和尽量多的学生单独交流：25—30分钟
- 好书分享，由我或学生推荐书目，或是我们正在学写的文体的范文：10—15分钟
- 学生独立阅读，与此同时我登记每个学生的阅读进度：20分钟

每周二和周四，课一开始，我的学生会花5分钟进行个人不同的拼写练习。固定的作业是每人每晚至少半个小时的阅读，周末1个小时的写作：我发现从周四到第二周周一的间隔时间太长，学生会丧失创作的热情；在周末写作，可以让他们保持文思不断。

如果我的教学时间表常规化，比如每天55分钟，而不是两堂课合并的大课，我仍会用我所有的课堂时间来阅读和写作。这样学生就能够体验到读

写活动所需的持续性和规律性。我会制订固定的课程表：具体哪些天写作和哪些天阅读。我会花更多的课堂时间在写作上，因为从经验来看，学生在这方面更需要一对一的帮助、教师的示范和严格的专项时间来支持。以下是具体的时间安排。

语文课时间表（建议版）

每天55分钟

- 写作工作坊：每周3—4天，时间固定（例如，周一、二、三，或周二、三、四、五）
  - 每周两次课前5分钟拼写练习
  - 每日写作微型课，随后是独立写作和一对一辅导
  - 每周末1个小时的写作作业
- 阅读工作坊：每周剩下的1—2天（例如，周四和周五，或是周一）
  - 诗歌阅读和解析；然后或是阅读微型课，或是好书分享；接下来是独立阅读和一对一辅导
  - 一周7天每天半个小时、至少20页的阅读作业

如果学校安排的课都是55分钟的正常课时，我会努力试着至少争取一节大课——在学校课程安排下另作安排，与其他科目的老师协商是否愿意调课。比如，语文老师可以把一节正常课时的课换给一位数学老师，这样双方都有一节大课来教数学或者读写工作坊。

如果我的学校严格要求全班统一阅读书目，我会把书发到学生手中，先简短介绍，这样学生能够轻松而有目的地进入故事，然后给他们两周左右的时间来独立阅读整本书。如果有必要，我会在截止日期那天进行关于书中内容的考查，以确保学生读了整本书。然后我们会用几天时间，尊重作家的本意，把它当作一件完整的艺术品来讨论，这样避免了单章作业和讨论破坏文学作品的整体性和作家的设计。设想一下你如何欣赏另一种艺术形式，比如电影，如果每15分钟就有人开灯、考试和点名叫观众讨论他们对电影的感想，会有什么结果。

每年8月，我面对着我的计划本时，一写到"语文"这个词，我都会用读写工作坊代替。读写工作坊不是什么丰富课堂的点缀，它就是语文课本身。在读写工作坊中，我会传授有关语文的所有知识，比如讲评学生的

作文，介绍阅读的背景知识，讨论文体突出的诗歌、短篇散文和学生选读的书。

这意味着没有花钱去购买写作模板或者教科书，或教死记硬背的生词表和语法，或教学生写读书报告、演讲稿、口头报告、才艺活动、阅读理解笔记、参与打分的课堂笔记。我的教学除了一周左右针对标准化考试的适应练习，没有迎合州立或国立标准考试的课程调整。我们深度参与的读写活动、实用的微型课、诗歌的深入解读、丰富的文体研究、师生之间书信的阅读交流、固定的编辑修改程序和一对一辅导，这些早已满足了国家颁布的《共同核心州立标准》的要求。

至于那些我摒弃不用的活动，据我所知，这些活动和读、写、说的成就之间并无任何关联。比如，百年来的研究证明语法学习对学生的能力发展是有害的，因为它侵占了读、写、说的练习时间。《新时代的写作教学》，一份来自卡耐基基金会的报告，回顾了大量关于各种写作教学对学生写作水平的影响的量化研究。作者发现了教词性和句子成分是有消极作用的。文章结尾写道："此项研究对那些热衷把传统语法教学当作中学写作教学重点的做法提出了严肃的质疑。"

英国约克大学的一组研究者具体研究了语法教学对5—16岁学生写作准确率和质量的影响。他们总结回顾了自1966年起的多项可靠研究，多数是实验研究，它们有着类似的发现和教学意义："如果教学的目的是提高学生的作文质量或者准确率的话，无论是传统的语法教学，还是乔姆斯基的转换生成语法教学，都不值得教师投入课堂时间。"

我在大学是一个成绩全优的语文专业学生，我能用规范的语法读写。然而当我决定要成为一名语文老师，我还是得上一门语法课，这样我才能教句法结构的各个名称。当时我简直受不了这荒谬的语法课程，它居然教母语学习者去描述我们的大脑能自动完成的事。直至今日，我仍然对这种纯粹的浪费时间的行为感到厌恶，更不要说语法教学对学生造成多大的损害了：有的学生永远也学不会形容词短语、助动词、谓语性名词、相互代词或复杂句成分，同时又极度缺乏关于语言规范用法的知识——拼写、标点用法——让他们能准确读写。虽然我也用写作中会用到的语法术语——名词、动词、形容词、副词——但只是在写作的语境中才如此，我从不教语法。

成功语文教学的方法有很多，但花在独立阅读和写作上的时间不是锦上添花，也不是给在课程教学中适者生存、取得好成绩的高年级学生的特殊奖励。独立阅读与写作即语文教学。当我们争取时间和自主权的同时，也让学生知道，我们的最高目标是帮他们提高阅读和写作能力。在青少年纷乱的世界里，我们为他们创造了一个空间，让他们慢下来，集中目标，练习和创作，热爱图书，培养阅读习惯和能力，关注和掌握作品的文学性，最重要的是健康、圆满地成长。

教室布置和前期准备

玛丽·贝斯·欧文是教与学中心的一名艺术教师，同时也是一名儿童文学作家和插画家，如果你观察她在8月是如何重新布置艺术教室的，你会学到很多东西。她的布置都是经过深思熟虑的：根据软硬度和颜色放好的彩色铅笔，按照重量和用途分开放置的纸张，依据大小和型号整理的画笔。她确保小艺术家们能轻松地找到他们进行艺术创作所需的任何东西。她的材料布置和教具陈列能激发学生的想象力和创造力。这让我也手痒难耐。

当我的学生在9月开学走入我的教室时，我希望教室环境也能让他们心痒难耐。我个人的写作经历，以及多年来和小作者共事的经验，让我掌握了许多有效的材料、资源和步骤。所以8月的时候，我也会到学校打扫卫生，收集整理资源，书写、影印资料和布置工作，来帮助学生一开学就进入阅读写作的状态。整个过程从7月就开始了，在教与学中心的全体教师每年给家长的公开信中，我们会列出学生在校所需的学习用具。

我要求班上每个学生购买36支HB带橡皮头的铅笔，3支用来校订文章的红笔，1盒回形针，某品牌作文专用本（用来写师生间书信体的阅读交流），还有A4纸大小、至少100页的练习本，作为学生的读写手册。

读写手册并非写作学习笔记或日记——那些都是课外写作任务。读写手册是课堂笔记和学生的个性化资料书，分五部分，要求学生记录一学年的学习积累：想要写的作文题、未来要读的书、微型课中学到或想到的知识、讨论中提到的文学术语和在文体研究中相关阅读的分析。

我不用写作学习笔记来教学。学生主动挑战感兴趣的、有难度的题目和项目，克服困难坚持完成，体验这种给人带来成就感的写作全过程，一次又一次，一个文体接着一个文体，这个过程太重要了，不能舍弃。作为他们的老师，我要做的是在每天的交流中为有需要的学生提供直接的帮助。每年至少有20次，我能够就作文的批改和学生进行一对一的交流，解决写作规范问题，使他的作品能够达到供他人阅读的水平。作为一名写作教师，我选择的教学重点是持续的写作过程，成就可出版的作品。

9月开学第一天，我收集学生的铅笔、红笔、回形针，放在一个文件柜里。接下来的一学年中，我会确保写作工具角一直有至少24支削好的铅笔、一筒红笔和一碟回形针，还有其他我提供的东西：横格的本子、电动削笔器、订书器、剪刀、胶带座和1厘米左右宽的胶带。最后一样很必要，学生粘贴在读写手册中的许多笔记是我下发的打印版，要用胶带来固定。由于打印的A4纸要比学生的笔记本稍大，我会预先用剪纸机把它们剪小。

写作工具角还可以准备彩色荧光笔、装饰性打印纸、信纸信封、胶棒、便利贴、不同大小颜色的空白卡片和带夹子的写字板，方便学生在室外和田野调查时写作。

工具角还放着塑料文件抽屉，分门别类地放着学生交上来给我批改的作文终稿，以及大量自我校订、每周作业、拼写练习和同学评改作文时用得到的表格。

教与学中心用不同颜色的文件夹归类学生的写作、阅读、拼写和其他学科材料，方便教师区分。开学第一周讲课时，只要一眼扫过，我就能很方便地确认每个学生是否都带了蓝色的创作文件夹、黄色的作业文件夹、绿色的诗歌文件夹，等等。

教室里的一个文件柜有足够的抽屉来储存所有学生已经完稿的作文。另一个我专门用来放阅读文件夹，里面记录学生读完或者中途弃读的书目。只有这两个文件夹会留在教室。我要求学生把读写手册、独立阅读的书和其他文件夹每天带到学校来，他们即将成为高中生，这是锻炼他们责任感的好办法。

另一组柜子上放着参考书和关于打草稿、出版、规范用法和文学的参考书。至少要有《新编罗杰近义词词典》、《作者公司》、大学生词典、三四个拼写手册、凯特·特尔滨的经典之作《如何写学术论文》、《巴雷特名人名言手册》、苏·杨的《学者韵书》、J. I. 罗德尔的《同义词速查词典》、唐纳德·莫瑞的《在学习中写作》、威廉·津塞大作的最新版《如何写出好文章》、《班奈特读者百科全书》，以及4本关于诗歌创作的必备参考书：X. J. 肯尼迪的《诗歌入门》、荣·帕杰特的《教师及作者诗歌形式手册》、保罗·杰纳斯克的《当头一击》和罗伯特·华莱士的《诗歌创作》。

我还收集教与学中心8年级的年鉴和校办文学杂志《橡果》，以及往年每个文体学习后，我剪下来的优秀学生习作。这些学生习作中有诗歌、回忆性散文、评论文章、小小说和议论文，我会把这些习作粘好并复印成特选集。工具角中还有发表中学生作文的杂志，一个告示板，上面有写作比赛通知，还有我贴上去的得奖或已发表的学生作品。

现在，越来越多的教室都安装连着打印机的电脑，然而最开始那几年，我只有为数不多的几台电脑和一份保证每个学生每周一天在电脑上写作的时间安排表。过去的十几年里，靠着资助、学校购买和社会捐献，我积攒了各种各样不同品牌的、多数时候质量还不错的电脑，足够每个学生在一学年内有一台使用。

我的学生中，只有几个人选择全部用电脑写作文；一些学生手写诗稿，但在电脑上创作散文；也有人偏爱手写一切草稿。每个人都需要试验，才能发现哪种方式让其创造力和技巧最好地得以施展。但所有的学生都会把终稿在电脑上打出来，让他们的作品成为印刷品；这也是为高中做准备，多数的高中老师都不再接受手写的作业。但每个人都用纸笔修改和校订作文。

我发现，让学生在电脑上修改作文对他们来说很困难。滚动鼠标盯着屏幕上的那一小段，是发现不了什么问题的。所以我教他们打印一份双倍行距的纸质版，离开电脑，拿起一支笔，然后把作文当作一个整体的文学作品来阅读和修改，而非电脑屏幕上孤立的一段。最后回到电脑上把修改版打出来。

使用电脑有助于学生写出更长的草稿，写出更多作文，并更好来回修改——保存、调整位置、添加、删除、试验不同形式和修改错误。电脑帮助了所有的学生，尤其是那些有学习障碍的学生，去创造出符合写作规范、清晰美观的作品，让他们的作品走出教室，产生社会影响。

至于教师的装备，工作坊中我需要3张椅子。1张松木矮凳，有时我坐在上面讲微型课，学生围绕着我坐在懒人沙发上。这样我就和他们保持在同一水平面上。但并没有坐在地板上，这方便我在需要时起立。当我和每位小读者交流的时候，我会带着这张矮凳，这样我在繁忙的读者之间穿梭时，就有地方可坐了。

好书分享、朗读或讲课时间，我会坐在一张从二手家具店买来的大松木摇椅上。我的第三张椅子是张小巧轻便的折叠椅，方便我在独立写作时间巡视班级，在电脑或课桌旁停下和学生交流他们的草稿。

虽然我年轻的同事，21世纪新科技的行家们，都已经用液晶投影仪来展示他们的教学内容了，但是我的视听教学设备仍然是普通投影仪、屏幕和一个可以挂白纸板的三脚架（图2.1）。胶合板制成的三脚架可以挂69厘

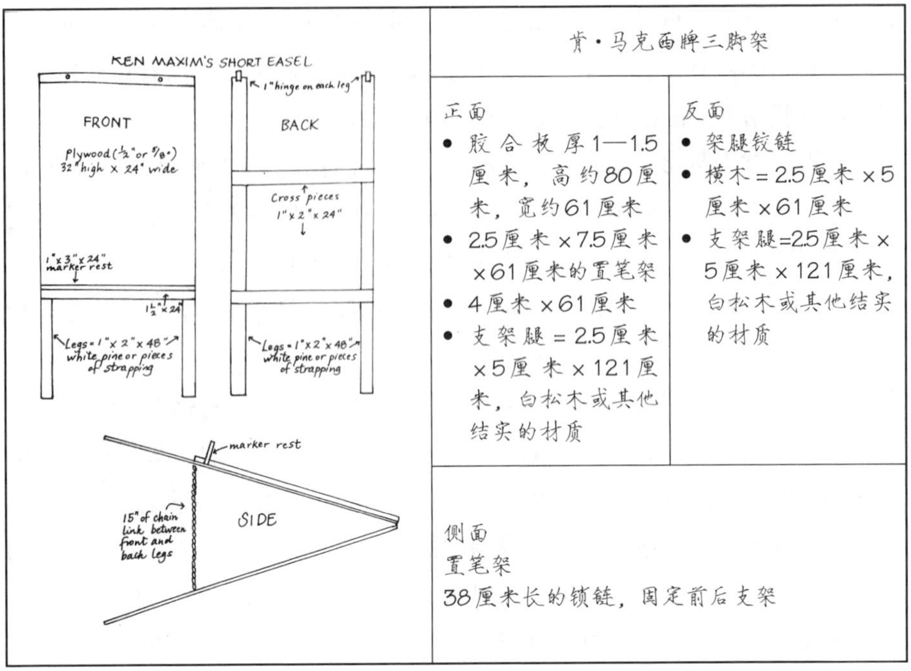

图2.1　肯·马克西牌三脚架

米×84厘米的大白纸，我把它当作黑板来用，但和黑板不同的是，我的板书得以永久保存，这样我和学生就可以回过头去复习或修改。我会把诗或名人名言抄上去，在讲课前和讨论中写下板书，从学生那里收集数据，写下课程指导和作业要求。一沓大白纸用尽，我会把它从三脚架上取下来换上新的，旧的储藏在教室的角落里，方便我们在需要的时候查阅。学年结束之时，我逐页检查，并把值得收藏的好观点或好例子保存起来。

我喜欢使用三脚架来教学。我欣赏它能为我和学生长久保存板书，也珍视它营造出来的亲密氛围。全班可以紧密地围着它上课。至于普通投影仪，我知道它很老派。我知道在教育圈子里朋友经常会取笑我，但我已经目睹了太多依靠电脑图像的演讲最终演变成了技术灾难。我的老投影仪却未出过差错。

写作工作坊教师需要有自己的一套系统，来保存和归档教案、例子和优秀学生作文，以备日后之用。我把我大多数的教学材料都收藏在了一个文件箱里，放在学校复印机旁。内有一个文件夹，是我收集的名人名言（可以贴在教室墙上，或用来启迪自我）；我所写的《为世界命名：一年的诗歌课堂教学》，一本诗歌教学选集；5个活页文件夹，其中4个是我的另一本书《改变小作者的写作课例》(*Lessons That Change Writers*, 2002)的补充材料。

在《改变小作者的写作课例》出版之后，我继续充实授课内容和收集学生作品。我最开始把它们夹在原稿的活页夹里，直到资料越来越多，把夹子都撑破了。于是我把这些内容分成四个部分：一是讲拼写和标点符号规范用法的；二是讲立意和如何写初稿的；三是讲各文体的特征及其教学法的；四是保存不同文体的范文——回忆性散文、微型小说、议论文、说明文、传记、新闻稿、幽默小说、讽刺杂文、感谢卡、吊唁信、心灵小品，以及书信体读后感，以供学生阅读、品鉴和学习。

第五个活页夹里是我在《为世界命名：一年的诗歌课堂教学》出版之后发现的新诗。我以书中的方式，按照主题给这些诗歌分类——"诗歌能为我们做什么""人生""事物的思考"等。凡是发现一首好诗，觉得我的学生可能会喜欢，我就会把它夹到活页夹相应的地方。

这个文件箱是我作为一名教师最宝贵的财富。它使我能轻松地取得备课需要的信息，并为我的新课设计提供灵感。后面这点尤其重要，因为我是连教学生两年，7、8年级一起教。周五下午我选好下周的诗，给全班印好。准备好周一和周二的微型课内容，在大脑中重温会用到的名人名言和幻灯片，打印给学生粘到读写手册的笔记。我很少在这时计划周二以后的内容。虽然我脑海中有一个清晰的方向，比如某个文体学习里接下来的步骤，我需要静观前两天的工作坊学习，看它会带我和学生走到哪里。

我会用美工笔把一些名人名言抄写在海报大小的纸上，贴满我的教室，尤其是我摇椅后面的那面墙，这样我就能在讲课的时候方便地引用它们。开学第一天，当我的学生走入教室，他们进入了一个充满灵感和动力的环境中，一个我希望能够激励和影响他们向这些名家学习的环境。

格兰曾创作了一首"拾遗小诗"，写到了他最喜爱的事物，墙上的这些名人名言就给了他灵感。这首《墙上箴言》写出了写作和生活的智慧和哲学。

墙 上 箴 言

如果我

没有在脑海里

拼命搜寻

诗歌的灵感

就不会有眼泪留下

但如果你看不到

太阳升起　请你耐下心来

因为诗歌之神

终会降临

只要你有一点儿天分

且在童年曾和她相遇

如果没有挣扎

如果想要望见美好新世界

你

就必须做出改变。

——格兰·约翰森

　　我的教室里没有讲台。取而代之的是三脚架、投影仪、小板凳和摇椅，安放在教室前面的中心地带，这也是我的授课区——一块由地毯、靠枕和懒人沙发围成的扇形区域。每天一上课，学生就集中到这里来，好像橄榄球队员在赛前集合听训一样。两组矮架子上放满了学习用品和资料，电脑沿另外三面墙放置。半圆的授课区域外，教室的其他地方分散放着学生的书桌，方便我来回巡视，和每个学生交流，也防止他们窃窃私语，互相干扰。

　　尽管学生可以请同学帮忙修改作文，但不能在课桌边或电脑边谈话。写作时的严肃思考要求学生精神集中，而精神集中需要安静的环境。如何满足写作者们思考的需要，同时允许同学间互相帮助，是作为一名工作坊教师最让我头痛的地方之一。起初，我的学生在自己的桌边写作或交流，但我还是会每堂课都站起来六七次，宣布"教室太吵了，保持安静"。

　　解决的办法是开辟专门的讨论区。现在，如果一个学生需要同学帮他修改作文，可以拿着草稿和一份"同学写作交流记录表"，找到他想要寻求帮助的同学，两人一起到我指定的讨论区去。多年来我开辟出了桌子下面、教室角落、储物间、储物柜和衣帽架之间等区域作为讨论区，这些地方都是我可以在独立写作时间巡视到的，方便我监听谈话的音量和内容。在9月开学的一节微型课上，我会教学生如何用"同学写作交流记录表"，并请学生帮我演示有效和无效交谈。

学生讨论只关注作文的内容和风格，不涉及拼写和标点符号用法规范。我发现，指望中学生能够互相校订草稿只会适得其反。学生校稿人增加了同学作文中的错误，最后我得花同样的时间修改原作者和校稿人的错误。高中之前，教师应该担负起修改拼写和语法规范的责任。

我还要为我课程教学的另一半——阅读工作坊做好准备，布置教室，其中图书是显而易见的必需品。过去在布斯贝湾地区小学的时候，我就按照美国图书馆协会的推荐，争取让班级图书角达到平均每个学生20本书的规模。我从学校图书馆成批借书，再分发给每个学生。由于我没有要求买价格昂贵的整套教材，我成功地说服了校长拨款给我来创建一个教室图书角。我还自掏腰包买书——让学生有书可读，无论是过去还是现在，这对我来说都是如此重要的事。寒假前我给家长们的信里写道，如果他们想要对我表达感谢，请最好送我和孩子们一张当地书店的礼品卡[1]。如果现在我是在公立或者半公立学校教书[2]，我一定会在社会捐献的网站上注册，欢迎捐献书籍，来建立和维持我的教室图书角。

我按照作者姓氏的字母顺序来整理书架，并在书架上贴上标签分类，以便学生查找他们感兴趣的书籍。现在这些标签包括回忆性散文、传记、新闻作品、幽默小说、科幻小说和奇幻小说、反乌托邦小说、超自然事件、成人惊悚恐怖故事、经典、体育小说、历史小说、战争和反战、无韵叙事诗、图像故事、成长类小说、短篇小说选集、莎士比亚、按主题分类的诗歌集、诗歌选集、散文集、戏剧和最大的一类——当代现实主义青少年小说。

我不会购入的书有体育数据分析、《吉尼斯世界纪录大全》、粗制滥造专为青少年读者准备的类型小说、漫画书、机械修理手册、电脑游戏攻略、明星传记、电视电影改编小说。我希望我放在学生手里的每一本书都能靠其高质量的情节叙述来吸引学生，带领他们进入阅读状态。

购置图书时，我会参考图书评论、教师朋友的推荐，也会去书店实地考察。每月总有那么几次，我会在书店发现一批数目可观的青少年文学作品，供我采样检阅。如果某位作家、同类题材或者主题的书在班级里很受欢迎，我一般就会买。选书时，我的脑子里还想着班上每个学生及其爱好。我会坐在一堆书旁边，翻阅前几章，每次只要能挑选到三四本我认为值得分享给

---

1 在美国，学年结束时家长有给老师买小礼物以表感谢的习俗。——译者注
2 美国私立学校不可以要求公众捐款。——译者注

学生的书，就觉得很幸运了。

我还阅读网上或纸质的期刊、博客和网站上青少年文学的评论文章。我也关注好文章中引用的书目和可靠的图书奖项，一本好书的封面或扉页上应有来自类似下面机构的权威认证：

美国图书馆协会推荐十佳青年读物

美国图书馆协会推荐：最能吸引抗拒阅读的青年读者的图书

美国图书馆协会艾利克斯图书奖得主

全美图书大奖得主/入围图书

科丽塔·斯科特·金图书奖得主

米歇尔·普林兹优秀青年文学奖年度最佳图书

《校园图书馆》期刊年度最佳

主流阅读杂志上（《科尔科斯文学评论》《出版社周刊》《好书清单》《霍恩儿童文学》《校园图书馆》等）星标书评的书

我还向老师们推荐我们学校网站上的两个资源："孩子们的推荐"和"你得读读这本书"。第一个榜单列出了我们学校学前班至8年级学生对下列问题的回应："如果你认识一个男孩或女孩，他或她就像是另一个你，只是不爱读书这一点不像，你会给你的朋友推荐哪一个好故事，让他或她也爱上阅读？"教与学中心的同事们会把每个学期学生的新答案更新在网站上。我们频繁地更新，以追赶儿童和青少年文学领域日新月异的发展。我们把每个年级的书单分成男生版和女生版，因为两性的阅读品位不尽相同；在7年级和8年级，重合的书目只占总数的20%左右。

查看"孩子们的推荐"的中学教师可能会对有些相对成熟的书名感到吃惊。当全校的学生都在日复一日地自主选择和阅读图书时，阅读工作坊带来的一个好处就是他们的阅读流畅度和品位会快速提升。一些学生的阅读超越了自己的年龄，一些5、6年级的学生爱读过去我7、8年级学生会选择的书目，3、4年级的学生则开始选取中级阅读书目。我邀请老师们来观摩我校学生的推荐，必要的话，根据你学生的兴趣和水平做相应调整。我最初开展阅读工作坊的时候，从没想象过有一天7、8年级的学生不仅爱读最新最好的青少年作家的作品，而且会主动选择、阅读并爱上莎士比亚、荷马、陀思妥耶夫斯基、简·奥斯汀、乔治·奥威尔或是马克·吐温。

我校的另一个关于图书的网页"你得读读这本书"，是5至8年级学生的文学评论博客。每年，每个学生都至少发表一篇评论。如果教师需要了解哪些图书会在你的班级图书角大受欢迎，你可以在这里找到答案。

我坚持读大量的青少年文学，也一直很爱读书，但我不会也不能读尽我放到图书角的每一本书：我不可能有那么多时间。我会尽我所能，尽快地读。在一个安静的周末上午，我能至少浏览两本。

坦白地讲，有些书非我所爱，比如科幻小说（这个领域内冯内古特已是我的极限）、探险奇幻小说、超自然浪漫小说和科幻惊悚小说。但有学生热爱或者可能热爱这些题材，我还是有给他们提供建议和指导的职责。所以我会找到班级里这方面的小专家，让他们发挥自己对这个题材的专业知识，给我和同学们介绍和讲解。当科尔，一个新来的7年级学生，读完了克里斯托弗·鲍里尼[1]（Christopher Paolini）之后，我能够向他推荐其他优秀奇幻小说家的作品，这要多谢他前面的那些奇幻小说发烧友们。有新书时，我经常将之分给感兴趣的学生，问他是否愿意试读，如果这书有可取之处，就请他和同学分享推荐。

作为一个工作坊教师，我是很实际的。我不可能读完每本书的同时还备课、准备每日一诗、批阅学生作文、回复学生的书信体读后感、出班刊和写学生评语。但我可以对特定的文学领域足够熟悉，能够介绍某本书，能够自信地谈论书目及作者。做到对我教室书架上的文学作品如数家珍，亲密无间，是我的目标。

开学第二周结束前，我会把一个我从当地一家倒闭的书店淘来的破旧展示柜搬到教室的中心地带。里面收集了"我们的爱书"，约75本书封面朝前摆放着。当然，开学第一天时，柜子是空的。学生会在一年的时间里，将他们喜爱的并想向人推荐的书装满这个柜子。从我和班上小读者的上百个好书分享会那里，学生从这个柜子里找到并阅读了许许多多的好书。

表格和文件夹

8月的时候，我会认真地花时间准备学生用来收集和记录他们写作阅读进度的表格和文件夹。这样，开学就能节省时间，一开学我们就能系统地来管理大量的学习材料和各项活动。开学后，我会被学生、他们的作文、他们读的书和给他们上课的计划淹没。我想要通过掌握每个学生的活动和进度来让自己轻松从容些。此外，在第一学期结束前，我想让所有

---

1 克里斯托弗·鲍里尼（1983—　）：美国当代奇幻小说家，代表作为"遗产"四部曲。——译者注

表2.1　读写工作坊前几周所需的材料

读写工作坊前几周所需的材料
除非另外说明，所有材料每位学生1份。 （写）写作随堂检查记录表：每班每周1份 （读）阅读随堂检查记录表：每班12份 （写）学生写作记录表：每人2份 （读）学生阅读记录表：每人4份 （写）写作工作坊要求（打孔） （写）写作工作坊守则（打孔） （写）自我校对清单（打孔）：每人2份 （写）自我校对表：大量，全学年（9月到6月）每篇作文完稿都需附上1份 （写）自我校对表样例（来自上一学年的学生） （写）同学写作交流记录表：大量 （写）给每个学生创作文件夹的封面 （读）阅读工作坊要求 （读）阅读工作坊守则 （读）已涵盖的文学体裁和题材 （读）借书卡：每位学生一沓10厘米×15厘米的卡片，装订好 （读）在一篇优秀的书信体读后感中，评论者一般会…… （读）在一篇优秀的书信体读后感中，评论者还可以评论到…… （写）拼写表（打孔）：每人两份 （写）字词学习表 （写）同学测试表 （写）每周字词学习卡：学年内每周每人1张 （写）我从互联网上搜集来的常见拼写错误 （读写）每个学生的写作文件夹（2个）、拼写文件夹、诗歌文件夹、散文文件夹、阅读文件夹和作业文件夹 （读写）家庭作业单：每人每周1份 （读写）开学第一天"语文教室大探险"活动的小组成员分工表 （读写）"语文教室大探险"寻宝清单：每组1份 （读写）教室空白地图，夹在写字板上：每组1份 （读写）破冰活动：好友对对碰，或扔球游戏，或寻宝游戏，或"找到……的他/她" （读）第一周的每日一诗 （写）学年初学生写作调查问卷 （读）学年初学生阅读调查问卷 （写）最新版的"我的创作版图"，制成幻灯片 （读写）关于诗歌和自我认知的名人名言 （写）每人一个电脑登录密码（我喜欢使用诗人的姓来做密码） （读）我要在好书分享会上分享，收录进教室图书角的书目 （写）我创作的一首诗，包括创作过程中的所有草稿和笔记，供学生学习和研究写作过程 （写）"意义何在"微型课讲义
（写）=写作工作坊所需 （读）=阅读工作坊所需 （读写）=两者都会用到

48

人，包括我自己、学生或家长心中有数。所以8月意味着我会更新旧表格，有时还会制作新表格，无论哪种形式，我都一直在思考能帮助我掌握学生的学习状况，并且让他们担负起管理和记录自己阅读写作活动的责任的方法。

多年来，我在几张脏兮兮的记事卡上保存着一份"待制表格"清单。为了出版这本书，我的打字员把它体面地打印了出来（表2.1）。

这里包括大量的文件，每份都很重要。我发明的这套工作坊系统使其得以高效、稳定地运转。对任何一个工作坊教师来讲，尤其是班额很大的教师，投入时间精力找到办法让学生能够自己记录学习进度，并在开学时，反复向学生强调如何使用这套系统，是绝对必要的。当学生自主选择阅读书目和写作主题时，当表面上看每个人都在做不同的事情时，保持书面记录可能会成为所有教师的噩梦。而在教与学中心，只要学生学会了拼音，连我们的幼儿园教师都会把记录的责任交给学生自己。

我最重要的责任是整体规划学生一年的学习。这意味着我也做一些记录，30年来我一直在努力优化我要记录的信息，一次又一次地问自己，我真正需要知道的是什么。

我需要知道的是，每天每个学生在读什么、写什么。我需要知道他们是否在完成阅读、作业和作文。我需要知道他们在哪些地方需要帮助，以及自己在哪些地方能够推动他们进步。对我来说，简单的写作阅读随堂检查就能满足我的要求。

随堂检查记录表

为了记录学生的读写进度，我曾尝试使用过文件夹、写作学习笔记、便利贴、标签贴纸和三孔活页夹。现在，对于每个班级，我采用两个带夹子的写字板来做记录。一个是以周为单位的"写作随堂检查记录表"（图2.2），另一个是以月为单位的"阅读随堂检查记录表"（图2.3）。

在写作进度表上，我登记学生写作工作坊的学习计划：每天的简短授课之后，在我点名的时候，学生会顺便向我汇报当天计划。我尽快记下其作文题目、文体和写作目的。我边记录边大声念出让全班都听见，主要出于三个目的。首先，订立一个契约：学生通过回答我的询问，为他的行动计划作出了承诺。如果小作者偏离了这个计划，做无关的事或者干脆无所事事，我就可以说，"你说过了你今天要做某某事。请坐下来完成你的计划"。

娜塔莉	重读＋修改	第三稿	第一稿	修改诗歌
索菲亚	修改	用电脑打出 第二稿	第一稿	继续修改 第一稿
特里斯坦	用电脑打出 第二稿	修改第二稿	第三稿	完稿
艾 比	用电脑打出 第二稿	继续用电脑 打出第二稿	继续修改	第一稿
泰 丝	修改第一稿	修改第二稿	完成 创作版图	修改
帕特里克	放弃草稿 创作版图	修改第一稿	完成第二稿	完稿 打草稿
马克斯	继续打草稿	修改第二稿	用电脑打出 第二稿	写结尾
克雷登	用电脑打出 第二稿	修改第二稿	写结尾	第一稿
克 罗	用电脑打出 第二稿	没思路 创作版图	修改	创作结尾
乔 斯	修改	第二稿	修改＋打字	完成第一稿
莫根妮	修改	在电脑上修改	完稿	校订
艾弗里	放弃草稿 创作版图	用电脑打出 第二稿	修改第二稿	修改第二稿
萨曼莎	继续第一稿	用电脑打出 第二稿	修改 敲定标题	尝试新文体 创作版图
爱洛伊斯	修改第一稿	在电脑上修改	打印第二稿 修改	在电脑上修改
布莱恩	继续第一稿	用电脑打出 第二稿	打印＋修改	在电脑上修改
加布里埃尔	修改	第二天没有 思路	继续第一稿	校订
莉 莉	继续第一稿	在电脑上修改	完稿 创作版图	结尾
凯瑟琳	修改	第一稿	校订	结尾
艾 博	修改	用电脑打出 第二稿	打印＋修改	结尾

图2.2 写作随堂检查记录表样例

乔斯	莫根妮	艾弗里	萨曼莎	爱洛伊斯	布莱恩	加布里埃尔	莉莉	凯瑟琳
《灰影地带》115	《大输家》27	《美国诸神》7	《选美女王》10	《哈克贝利·费恩历险记》233	《权力的游戏》85	《之间》1	《玻璃城堡》1	《离去》42
201	《那些被遗忘的》1	73	77	270	205	65	185	76
《再酷一些》1	210	《权力的游戏》1	《丽贝卡》9	294	410	224	《算是一件有意思的事》1	请假
115	《佩小姐的奇幻城堡》21	55	41	《相助》1	《国王之战》1	《莫特之子》50	73	177

图2.3　阅读随堂检查记录表样例（节译）

其次，我也希望学生听听同学都在写什么。其他学生的回答是新主题和新文体重要的灵感来源：海蒂说她正在写一首关于她的猫杀死了一只蓝冠鸦的诗，结果点燃了全班创作关于残暴宠物之诗的热情之火，莫拉的"ABC藏头诗"激起了一批类似的创作。最后，此类全班范围的交流是一个重要的学习和巩固过程写作[1]（process writing）术语的机会。当一个学生告诉我，"我重新开始修改这首诗"或"我要把我昨晚作的诗输入电脑"时，我会用对应的术语重复他们的话："所以你开始写第二稿了"或"你在打字输入第二稿"。

图2.2是一份开学初的写作随堂检查记录表，表上记录着哪些学生正在创作诗歌草稿、修改、手写或者打印第二稿或第三稿、推敲题目、校订，哪些学生在我批阅作文之后和我谈话、把终稿在电脑上打出来、校对、暂停一个写作项目去挑战另一个，或放弃一个被证明是不值得写的题目。这些都是读写工作坊中小作者们的有益活动。

独立写作时间，我在巡视全班的时候会带着随堂检查记录表。学期初，每次我和一个学生交谈过后我都会在该学生的名字旁打一个钩，以确保在开

1　过程写作：这种教法把写作看成一个过程，大致将其划分为写前活动（pre-writing）、打草稿（draft）、修改（revising）、校订（editing）和展示（publishing）五个阶段。——译者注

学关键的前几周里，我能够和每个学生每隔一天单独交流一次。我希望每个学生都能有一个成功的开始。我也在表格上做笔记，来提醒自己第二天要优先关注那些看起来遇到困难、遇到阻力或是对自己的作文主题不感兴趣的学生。当我在前一节课"推一把"某个学生之后——在我推动他敲定作文标题或者在脑海中构思结尾的写法之后，我也会标记以提醒自己跟踪检查。当我认为一个写作者需要从一个花费了过多时间的作文中快速地抽离出来，我会和他订立一个截止日期，在表格上记录下来，以督促他按时完稿。当我在家批阅一篇作文后，我会在第二天的那一栏写下"已阅"。明天会把作文还给作者，然后单独讲解纠正我在作文中发现的几个错误。我经常会回顾前几天或几周的写作工作坊检查表，寻找学生的活动规律和创作周期。

当我在独立写作时间巡视教室的时候，还会带着一支笔和一沓便利贴，给学生示范解决写作问题的办法，并草草记下我们讨论的内容，留给学生参考。一整个学期的检查表都按照时间顺序夹在同一个写字板上，学期结束时，我会在这些记录的基础上给出学生学习习惯的评语。

检查阅读工作坊的进度时，全班被划分成两组来记录，图2.3是班上一部分学生4天的阅读进度。我会在小读者之间穿梭，登记他们读的书名并记下页数，而不是坐在摇椅上点名询问。我要求学生至少比昨天前进20页，以此检查学生是否完成了每日半个小时的阅读作业。我并不需要在全班范围内更新阅读进度，因为学生可以明显地从同学正在看的书的封面和他们课间的交流中了解彼此正在读什么。

除了书名和页数，我还会记下那些经常浅尝辄止的学生、应该考虑换书读的学生、个人偏好的作家和题材、阅读品位的进步、重读和能奠定一个人阅读特质的"嗜好"。

每次学生读书的时候我都会记录。如果一个学生深深地、快乐地沉浸在阅读中，我可能只会低头看一下并记下他读的页数。更多的时候我会停下来，询问读者的想法，分享相同的阅读感受，引导进一步思考或解决问题。学生知道我会来，知道我对他们的回答和选择感兴趣，也知道我会检查，确保他们完成了一个语文教师布置的最重要的家庭作业。

在我实验如何保留阅读和写作记录的职业生涯中，我意识到如何记、记什么完全是因人而异的。我们需要反问自己：作为教师，学生的什么信息对我来说是有用的？什么是可管理和方便管理的？什么不会侵蚀我和学生面对面交流的时间？什么有助于我了解小读者们和小作者们，并对他们及其家长负责？我真正需要知道的是什么？

学生写作记录表

我把两份空白的学生写作记录表钉在每个学生的作品文件夹中，这个文件夹是留在教室的，不用带回家。学生要学会把作品的提纲、草稿、修改记录和终稿用回形针夹在一起，终稿在上，然后在表格上记下每次作文的标题、文体和完稿日期。这些信息让我和学生能一目了然地评估他们的创造力、创新性和写作状况。在某个让人沮丧的开学第一周，当我再次要求学生返工重新装订的时候，我明白了一点：最好还是由我先把写作记录表钉好再发给他们。我教学生涯中遇到的最可笑的一幕，就是看着一群十二三岁的中学生笨拙卖力地把一样东西钉在另一样东西上。

学生阅读记录表

因为同样的原因，我会在每个学生的阅读文件夹中提前订好4份阅读记录表。我要求学生只有在读完或者中途放弃一本书的时候才记下书名，并用"#"来标注读完的书。同样的，关注点应该在必要信息上：读了几本书、书名、体裁、题材和作者，读完或者放弃的日期，以及评分。我和学生用1—10来给所有东西——我指所有东西：比萨、电影、我的鞋子——来打分，10分是满分，"贝拉"是最好——这里面的故事我们第3章再讲。特别是全校范围内有关书的讨论，我们的评分系统是众人皆知的。

写作工作坊要求

1980年3月的一个上午，当我第一次开展写作工作坊的时候，我不知道应该对工作坊、我自己和学生提出什么要求。随着工作开展，我确定了几条基本原则，于是这年9月，我有了一个简短的要求清单：工作坊中的小作者们要自己扩展写作主题，每天把创作文件夹带到学校，在要求其他人批改之前，作者要先以评论家的眼光读一读草稿，要多写，还要在写作中勇于尝试。

自那以后，每年的写作工作坊教学中，我愈发了解7、8年级学生的学习潜力。现在我只能勉强把我对写作工作坊的要求压缩在1页内（表2.2）。我的要求很严格。但伴随"要求"，我还有另一份无形的文件，学生刚来时虽然不知道，但很快就能感受到。学生知道他们能从我这儿得到什么，以帮助他们达到我的要求，投入写作，写出作品，获得成长。

当我说希望学生去寻找有关"现在的你、过去的你和将来的你"的写作主题时，我要求自己的微型课能激励他们进行跨文体的思考。当我要求每个学生每周写3—5页的草稿时，我要求自己的教室环境能助推这样的写作和构

表2.2　写作工作坊要求

写作工作坊要求
<ul><li>找到关乎现在的你、过去的你和将来的你的写作主题和目的。</li><li>在你的读写手册中建立并不断丰富你的创作版图：你的思考、主题、目标、文体和你想尝试的诗体。</li><li>自己判断草稿哪些地方写得好，哪些地方还需改进。学会跳出来，以批判的文学的眼光来审视自己的作品。</li><li>帮助同学评改草稿，提问和点评，以帮助他们写出好作文。</li><li>微型课上，在你的读写手册中做好笔记。按时间顺序记录，并制作目录。</li><li>每周至少写出3—5页的草稿。要明确好作家将质量建立在数量上这一道理。</li><li>每周末至少在写作上花1小时的时间。</li><li>记住，每年7年级和8年级学生要完成大约20篇作文。你至少完成下列文体的写作：诗歌（3—5首）、回忆性散文、小小说、评论文章（2篇）、议论文、劝说性新闻。</li><li>试着让你的作品走出教室和学校去公开展示。</li><li>要认识到读者需要的作品，其拼写、标点、大小写及分段是正确且符合习惯表达的。努力写得规范些，让你的作文看起来就像你读的书一样规范。</li><li>当你文思不畅或不确定写什么时，使用可用的资源，包括你读写手册中的笔记，创作版图。回忆那些我在微型课上传授的，以及和你单独交流时讲到的，还有你自己通过阅读同学作文所搜集的方法和技巧，尝试使用它们。</li><li>保存好我提供给你的材料、资源和工具，还有你的两个写作文件夹。遵守教与学中心的计算机使用规章。</li><li>每个学期努力实现有意义的、相关的写作目标。</li><li>在每次写作工作坊中，在脑海中树立写好作文的目标。向文学作品看齐，运用学到的知识技巧创造作品。</li><li>努力写作。享受快乐、接受痛苦，发现已知、探索未知，传播信息、索求信息，戏仿，请愿，游戏，研究，娱乐，辩论，道歉，建议，分析，同情，批判，采访，观察，想象，回忆，反思，庆祝，表达爱，感激，还要赚钱。</li></ul>

思；它也推动我传授小作者们在文思不畅的时候用得到的技巧。我可以问心无愧地要求每个人至少写出3—5首诗歌、1篇回忆性散文、1篇小小说、1篇评论文章、1篇散文和1篇人物小传或新闻稿，因为我已经深入地介绍了这些文体。

我对何谓好文章和如何教学生写出好作品越了解，越能对学生提出恰当要求。我的要求严厉而确切，它来自我对写作和青少年的了解，和我从小作者们的成功里获得的自信。

写作工作坊守则

起初，我只有四条规则，是从阿特金森学校玛丽·艾伦·雅各布的1年级写作课上借鉴来的：保存所有资料；标明日期、类别，并署名；单面书写；隔行书写。30年来我学到了很多支持高效写作的办法。我的规则随着社会大环境变化而不断增加，包括电脑的引入，但玛丽·艾伦的两条规则——单面和隔行写——仍是其中最重要的规则（表2.3）。

表2.3 写作工作坊守则

写作工作坊守则
<ul><li>保存所有东西。所有资料都记录着作文成形和你作为作者的历史。在电脑上或者在硬盘上保存你作品的多个版本，并逐一打印，作品完成后存放在文件夹中永久保存。</li><li>在每份资料上标注日期、标签和你的姓名。存档记录你的所有工作，如在脑中构思、第一稿、标题的头脑风暴。在电脑上标注草稿为"第一稿""第二稿"等。确保在打印每份资料前加上你的名字和日期。</li><li>单面书写，如果手写务必隔行。在电脑上则需设置文档为两倍行距。在纸上预留思考和反复修改的空间，这可以使修改和编辑更容易、更有效、更有可能。要知道职业作家在出版前总是使用两倍或3倍行距的。在创作时你可以先用单倍行距，以方便自己同一时间内可以看到更多的文本，在打印和准备编辑前应改成两倍行距。</li><li>在电脑上写作时，每两天把草稿打印出来（两倍行距）。然后离开电脑，手握铅笔阅读自己的草稿。修改，再回到电脑上输入修改。在完整文本上，而不是在电脑屏幕上所显示的那一小段上进行思考和工作。要知道尽管电脑能让你有效率地写作，但并不方便修改。</li><li>以句、段的格式写散文，以诗行、诗节的格式写诗歌。不要弄得一团糟后再强行套用格式。要从草稿起按格式写作：真正的作家都这样做。</li><li>在写作过程中养成尽可能使用正确拼写和规范使用标点符号的习惯，这也是职业作家们的做法。</li><li>当在电脑上写作时，只在写作结束准备编辑之时打开拼写检查，并记录所有拼写错误，以供日后学习。</li><li>当和我讨论你的作品时，音量要像我一样轻：请耳语。</li><li>要知道写作是在纸上进行的思考。不要打扰同学。在别人推敲选词时不要把你的想法强加给他们。</li><li>当你有正当理由时才与同学交流你的作品：当你的一个特定问题可以受益于某个特定朋友的回答时，填写同学写作交流记录表，然后一起到指定的讨论地点去。如果你是评改人，在表中写下你的反馈，这样作者在讨论后可以保留记录和制订下一步的计划。</li><li>用放置两天的办法获得与作品的距离，并重新思考草稿。在即将写完时，把作品放到一边，开始新的写作项目。然后再回过头来——当你又长了两天的年纪和智慧——从一个全新的角度阅读和修改。</li><li>带着目标自我校对。填好自我校对表以表明你此次用到的规范用法。用红笔校订，这样你和我都能看到你独立发现的错误。最后把你的作品和所有草稿放在你们班的文件盒中。</li><li>在我批阅之后，做一份终稿，改正所有被指出的错误。按你我的修改进行二次校对。然后放在我的椅子上，让我最后一次校对——让我最后检查一下。</li><li>我在校对表教师评语一栏中写下的写作规范和例子，你要及时抄录在自我校对清单上。比照着自我校对清单来修改自己的作品，并努力在今年掌握这些写作规范。</li><li>当一篇作品完成时，把你的终稿、构思过程、草稿、同学写作交流记录表、自我校对表等夹在一起，存在你的作品文件夹中，终稿在上。在文件夹内的表格中记录作文的标题。收集你作为作者的资料，找到这些资料的规律，同时享受创造带来的成就感。</li><li>多写、写好：努力写作，创造优秀作品。</li></ul>

写作是在纸上进行的思考。如果学生不隔行来手写草稿，或不用两倍行距打字，他们就没法修改，没法反复斟酌一份草稿，因为纸上没有实际的空间来修改或展开任何想法。学生需要知道，职业作家的作品在发表之前并不都是单倍行距的。我的学生疯狂地反抗我的这项规则，"这是浪费纸，"他们争辩说，"是在谋杀树木。"我告诉他们："上帝如果知道你今年要学习如何修改自己的作文，他也会愿意牺牲几棵树的；这件事就是这么重要。"

我会提前把写作工作坊要求和守则都打好孔，这样学生就能在开学第一天把它们夹入自己的创作文件夹里。我发现，如果慢慢来，学生还是能处理好活页夹的。

自我校对清单

批阅学生作文之后，我会针对发现的语言错误进行一对一的辅导，学生则要把我教的规范用法和技巧抄写在自我校对清单上。我给每个学生准备两份打好孔的空白清单。这会是学生夹进创作文件夹的第三份也是最后一份文件，放在最上面，方便日后校对作文的时候或我教他们新的规范用法的时候调用。

自我校对表

校对应该是学生写作中不可缺少的重要一步。他们应该手握着笔——在我的工作坊中是红笔，这样我能看到学生所做的改正——修改他们发现的每个标点、大小写、用词、格式、风格和拼写的错误。自我校对表使作文校对成了一个主动的行为。学生根据他们写在自我校对清单中的写作规范来修订自己的作文。

每当一篇作文的内容确定了之后，就是说，当修改和润色完成，到了把作品准备好给读者过目的时候，学生会从工具角拿一张新的校对表，把相关的内容从他们的自我校对清单上抄下来。然后，手握红笔，阅读自己的草稿，寻找自我校对清单上的错误和其他新出现的错误。改好后，他们要把校对表附在草稿的上面，放入教室的一个文件盒里。

每天放学时，我把文件盒中的学生草稿拿回家做第二轮批改。我用黑色的笔把学生没发现的错误都一一改正。我在表的"拼写"栏中记下拼错的词。然后挑出一两个错误，预备在第二天的单独辅导时间教给学生。为了方便自己记忆我具体要教的写作规范，我会在"教师评语"一栏写出来。

第二天和学生碰头的时候，我在该篇文章的语境下解释这新的写作规范。然后学生会把我在"教师评语"一栏的笔记作为新的一条抄在他们的自我校对清单上。最后，小作者会参考我的黑笔批改，加上自己的红笔修改，来创造出一个我们希望是没有错误的终稿。

以这种主动的方式来学习写作规范，给了学生一对一接受我辅导的机会，并让他们在具体语境中学习语言规范用法和职业作家的写作技巧。每次他们校对一篇作文，这个过程都强化了我之前的教学，使得他们渐渐地承担起创造出读者可以阅读的作品的责任。

同学写作交流记录表

当我把学生之间的写作交流介绍为"你能在工作坊中做的另一件有趣之事"的时候，我简直是自作自受。学生间的谈话有80%是在聊天，只有20%在干正事。我需要退一步思考学生之间讨论草稿的潜在优势，还有我怎么能让他们意识到益处。

显而易见的益处是让写作者有机会得到更多双眼睛和耳朵的反馈。教师的数量有限，并且我相信在一个20多人的班上，学生需要的对草稿的反馈远比一个成人所能提供的要多得多。因此，向学生展示如何向同学求助或提供帮助，以解决内容、表达、结构、选词、意象和主题发展的问题，是非常必要的。

此外，学生的知识是一个需要开启的宝藏，学生可能擅长教师不擅长的领域。当凯尔正在写一篇滑板事故的短篇故事时，麦克——班上的体育专家，以他掌握的专业词汇帮助了他。当摩根意识到她诗中的动词不够栩栩如生时，她找卡洛琳来帮忙，因为她的用词生动在全班有名（图2.4）。

同学之间的写作交流是有意义的。为了确保其有效性，每年秋天，用一节长微型课，我和学生就同学交流的目标和双方的角色、责任达成共识。我们会学习这个表格和程序：当你需要同学的帮助时，先到工具角拿一块写字板和一张同学写作交流记录表，填好表头，叫上同学，两人一起到指定的交流区交流。晚上将表存放在懒人沙发的储物间或我的摇椅后面。

阅读工作坊要求

这份要求定义了一个时空，在这个时空里学生是独立的、有阅读习惯的并具备批判性的读者（表2.4）。一条条教学指导帮助学生沉浸在阅读中，防止其分心，减少挫败，让学生轻松进入阅读状态。正如我对写作工作坊的要求一样，伴随着阅读工作坊要求，我也有 ·份对于教师职责的影子文件——只是这一次，学生把它具象化了出来。

《在阅读领域》（*The Reading Zone*）一书中，我总结了学生关于教师如何鼓励学生持续性阅读的研究。通过一个开放性调查，几个学生从同学和低年级学生那里收集数据，看什么样的条件有助于他们进入阅读状态。在这个过程中，他们整理出了一份对教师在阅读工作坊中的要求。

同学写作交流记录表

作者姓名 _摩根_	日期 _10/2_
评改人 _卡洛琳_	主题/文体 _无韵诗_

作者，当你发现你的草稿中有地方需要同学的帮助时，请思考你们组中的哪一位同学最能够帮助你解决问题。

- 例如，你想得到哪方面的帮助：标题、开头、结尾、对话、描写人物的思想与情感、描写人物的动作或其他画面描写、文章主旨或"意义何在"、逻辑、结构、文章的总体节奏、信息、细节、动词、叙述人称或动词时态、选词、感官意向，还是诗歌创作技巧（诗行、诗节划分、压缩、重复、比喻、类比、拟人）？
- 接着，根据你对同学的写作、阅读情况和他们本人的了解，找到这方面的专家。如去找你认为了解 *好的动词* 的那位同学，向他请教 *生动的感官动词* 的问题。

评改人，如果你同意帮助这位同学，你的任务是帮助作者作出关于自己作文的决定。你要：

- 多提问题，询问清楚作者需要哪方面的帮助。
- 自己阅读草稿或请作者读给你听，然后提供你的建议。
- 此外，如果草稿中有哪里让你困惑，不理解，想要了解更多或是不能吸引你读下去时，和作者讨论这些地方。
- 把你的回应和问题记录下来，以备作者参考。
- 询问作者下一步的写作计划。
- 把记录表还给作者。

  走→跨

  一动不动地站着→呆若木鸡

  思考→沉思

  坐下→安坐

  有→捡起

  看→望

  看→发现?

  坐下→瘫在

作者在得到同学的建议后，把下一步的计划写下来，避免遗忘。

修改我的动词

图2.4 同学写作交流记录表样例

表2.4　阅读工作坊要求

阅读工作坊要求
• 尽你所能，读得越多越好，越愉快越好。在快乐中练习。记住马尔科姆·格拉德威尔说的成为一个专家需一万个小时的练习时间这一理论。 • 每天在家中至少阅读半小时，全年不休。 • 找到与过去的你、现在的你和将来的你至关重要的书、作者、题材和主题。 • 尝试新的书目、作家、题材、体裁和作品主题。不断延展你的文学阅历、知识和品位。 • 在你的读写手册"未来书单"这一页中，记录你想尝试读的作家和书名，尤其那些在听了好书分享会和其他建议之后想要读的书。 • 要明白手中的书表达着作者的思想和他所作出的选择。要知道你可以在沉浸其中后走出故事，去关注和讨论作者是如何决定写这本书、如何决定这样写的。 • 使用你所掌握的和我教给你的文学评论术语谈文学，写文学评论。 • 每3周写一篇书信体读后感，写你关于最近读完一本书的发现和感悟。以一个评论家的眼光回看这本书，并体会该书给你的感觉和思考。作者是如何激起这些反应的，哪些地方写得好，哪些地方仍需改进。还有作品的主题——你从这本书中得到的对生活的真知灼见。 • 要明白书有不同的读法。读者针对不同类型的文本采取不同的方法。读书与读诗不同。读历史书的某一章节，读数据图表、新闻社论、数学题，或者读组装新自行车的说明书，都各有读法。 • 发展并能明确地表达出你自己选择或放弃书籍的评判标准。 • 每个学期，为成为一个真正读者设置有效的、相关的目标。 • 每次在阅读工作坊，以审慎的姿态，全身心地去参与。利用工作坊的优势，去寻找获得灵感和成就感的源头。深入阅读，延伸你的想象力，找到写得精彩的让你为之倾倒的散文和诗篇，体会你可能永远无法从别处获得的经历，找到让你快乐或让灵魂满足的故事，思考其他作者是如何和为什么去写作的，获得他们的知识和灵感、惊奇、思考、回味、移情、欢笑、哭泣、爱与成长。

59

对阅读工作坊教师的要求

1. 大量的好书分享，和学生简短热情地介绍好书，以及关于文学的微型课：推荐青少年文学作家、讲解小说要素、如何解析诗歌、高效的读者是如何阅读的、什么时候该放弃一本书、今年的纽伯瑞儿童文学奖得主是谁等。

2. 藏书众多、种类丰富并不断增加新书的教室图书角。

3. 每日安静的课内阅读时间。

4. 学生自由选择书籍、题材和作者。

5. 教室中有一个书柜专门用来陈列每个读者心爱的、想要推荐给同学的书，以及老师的个人推荐书目。

6. 舒适的阅读环境：懒人沙发、靠垫，可以在地板上伸展身体、把脚搭在椅子上、把头靠在桌面上。

7. 老师和同学进行有关文学作品和作家的通信交流。

8. 在巡视教室、检查阅读进度的时候和学生交流。

9. 在读写手册中列出日后想读的书单。

10. 至少每日半小时的阅读作业。

阅读工作坊守则

学生把阅读工作坊守则（表2.5）和阅读工作坊要求一起放在他们的阅读文件夹中，这个文件夹和作品文件夹都留在教室。根据对具备良好阅读习惯、热爱文学的读者的了解，我制订了这份守则。其中一些和我以前所学有所冲突，比如，重读一本书是偷懒；浏览、略读和跳读简直不可饶恕；中途放弃一本书暗示着某种人格缺陷。这些都是无稽之谈，只会误人子弟。

表2.5　阅读工作坊守则

阅读工作坊守则
1. 你读的必须是书。杂志和报纸不能为你提供训练和提高阅读流畅度所需的持续的大段的文本。更重要的是，它们不能帮你发现自己作为读书者的这一身份。
2. 如果一本书你不爱读，就不要读下去。有那么多好故事等着你，不要浪费宝贵的时间在你不喜欢的书上。除非你决定读完这本糟糕的书，然后在书信体读后感中批判它。一定要建立自己的是否中途放弃书的评判标准，比如，你给一个作者多少页来吸引你继续读下去。
3. 如果你不喜欢正在读的书，那就另选一本。在"我们的爱书"书柜里寻找。看看你日后会读的书目。浏览教室图书角的书架。问我或同学们的建议。
4. 重读你喜欢的书是值得鼓励的，这是一个优秀读者会做的事。
5. 如果你在阅读中感到无聊或读不下去了，可以略过或跳过故事的某些部分，优秀的读者也会这么做。
6. 在你阅读文件夹里的表格中记录每一本你读完或者放弃的书名、体裁、题材、作者、日期和你对这本书的评分，从1到10分。在表格左侧一栏记录你读完的书。记录你的阅读情况，找到规律，并为你的成绩和发现感到骄傲。
7. 要明白阅读是一种思考。不要做任何干扰你的朋友们阅读的事：当你的同学试图进入文学世界时，不要把你的言语塞到他们的脑袋里。当你想和我交流的时候，要轻声耳语。
8. 爱护我们的图书，借每本书都要签名登记并签名归还给我。我会在借书卡的标题下画一条线并签名。以作者的姓氏首字母为序，将书籍放回原处。如果这本书你很喜欢，加入"我们的爱书"书柜中。然后把你的借书卡放回到盒子里。
9. 利用阅读工作坊的所有时间进行阅读。
10. 尽力更好、更多、更快乐地阅读。

我很喜欢罗伯逊·戴维斯（Robertson Davies）的一篇文章，他在其中说读书是"一种私人艺术"。他认为读者艺术家阅读"是为愉悦，而非消遣；是为度过休闲时光，而非打发时间；是在书中寻找、发现、点亮和充实人生"。这一段我读起来就像一份工作说明，招聘：寻找一位能够带领学生在书中寻找、发现、点亮和充实人生的语文教师。我的阅读工作坊守则向学生传递了这一信息：优秀读者是艺术家，爱其所爱，就这么简单。

文学体裁和题材

我要求学生在他们的阅读记录表上记下读完的书的体裁和题材，目的是要帮助他们培养阅读品位和记录自己的成就——发现自己是一个喜爱反乌托邦小说或当代现实主义作品的读者，或发现自己已经尝试了15种不同题材。为了帮助小读者们辨认一本书的体裁和题材，我有一组学生收集整理的如表2.6

表2.6 文学体裁和题材

文学体裁和题材	
动作冒险	传奇故事
反战	魔幻现实主义
自传	日本漫画
传记	回忆性散文
经典	微小说选集
漫画小说	悬疑小说：阴谋
当代现实主义小说	悬疑小说：心理
日记	神话
反乌托邦小说	新型新闻学
史诗	超自然浪漫小说
书信体小说	戏仿作品
谍战小说	哲学作品
散文集或散文选	剧本
家族传奇	诗歌选集
奇幻小说	末世小说
微型小说集	改写改编作品
无韵体回忆性散文或无韵体小说	浪漫主义小说
哥特小说	科学文学
图像传记或图像小说	科幻小说
图像故事	系列小说
历史小说	短篇故事选集
史书	体育小说
恐怖小说	科幻惊悚小说
幽默小说	惊悚小说
新闻作品	西部小说
法律小说	僵尸小说

61

的清单。我们现在每年更新，学生会把它放在阅读文件夹中方便查阅。

借书卡

过完年回来我丢失了许多书。虽然欣慰于学生对这些书的热爱，以至于要永久地借走它，但我还是对损失感到愤怒和苦恼——既因为重新购买的费用，也因为这剥夺了其他读者的阅读机会。我犹豫不决，严格出借手续会侵占我的时间，没有系统保障的自由又会弄丢我的书。

最简单的办法永远是好办法。我把几张硬纸小卡片钉在一起，把每个学生的名字写在最上面。然后把卡片存放在揭开盖子的鞋盒里，每班一个盒子，然后丢几根铅笔进去。当小读者要借走一本书时，他要先在盒子里找到自己的卡片，然后写下书名——这就是我所需要的所有信息。当他要还书时，他要把卡片和书交给我——正如我所讲的，目击证据——然后我在书名下画线，签上名字缩写。他就可以把书放回书架或者加入"我们的爱书"。通常我在检查阅读工作坊中学生的阅读进度时，顺便签字完成还书。现在，尽管超过三分之一的图书被借出，但最终只有几本书会从图书角消失。

文件夹

选用文件夹还是活页夹是教师的个人选择，两者各有千秋。我的学生试着用活页纸的时候，活页钢圈会坏掉，他们会花费大把的时间加固纸上裂开的孔，而且他们还需要3个文件夹来装作文草稿、终稿和阅读材料。现在我给每个学生准备7个文件夹：作业、诗歌、创作、阅读、拼写、作品和散文各一个。由学校订购统一样式和颜色。这也是因为我希望确保每个学生能在开学第一天就用上这些文件夹。

作业文件夹有夹层。学生每天带着它上下学，里面有每周的作业表、其他的额外作业和所有给家长的表格和通知。在教与学中心，作业文件夹一直是黄色的，这样方便家长监督孩子的作业完成情况。

诗歌文件夹也有夹层。学生每天带来学校，里面存有每天课上分析的诗歌。由于文件夹越来越厚，学生会在每个学期结束时整理它——把以前学过的诗歌收入一个马尼拉纸袋中，放在储物柜里，然后重新开始存档新的诗歌。要保存这些诗歌的原因是每学期结束前，我会要求他们选出3首最好的诗，并描述其特点。在这个过程中，学生学习表述他们的诗歌评价标准，也展示他们对文学评论术语的掌握情况。存档也方便了学生在想要模仿某个诗人时，把他的诗作找出来学习。

创作文件夹有夹层和活页夹，学生在每周末有写作作业时会把它带回家。里面有写作过程中的草稿和一些空白纸。两份空白的自我校对清单、写作工作坊要求、写作工作坊守则被固定在了活页夹上。

阅读文件夹只有夹层，常年留在教室里，保存学生的主要阅读记录。里面各有一份空白的学生阅读记录表、阅读工作坊要求和阅读工作坊守则，以及体裁和题材表，第一种是钉在文件夹上的，其他几种在开学第一周陆续被放入文件夹。

拼写文件夹有夹层和活页夹，由学生随身带着到各门课上，不只是我的课，方便他们随时随地记录拼写错误和不确定的拼写。

作品文件夹有夹层，常年存放在教室中。里面有两份空白的学生写作记录表（钉在文件夹上），按时间顺序摆放，包括学生完成的每篇作文、草稿、提纲、计划、同学写作交流记录表和自我校对表，终稿在上。作品文件夹留在教室里，这样学生和老师能够一起看到学生的成长，设立新的目标：它是学期结束时教师写学生评语的主要依据。

散文文件夹只有夹层。它在我们完成了诗歌，开始回忆性散文的学习时使用，通常是哥伦布日[1]前后。学生把我发的阅读材料保存在这里：好的回忆性散文、小说、戏仿、评论、散文、人物小传、劝说性新闻、剧本、感谢卡等。学生保存这些，方便以后自己要写这个文体的时候学习借鉴。

重视这些表格和文件夹是非常必要的。它们帮助学生学习阅读和写作，帮助他们形成思维和学习习惯，为将来在没有帮助的情况下独立写作阅读打下基础。这意味着大量的准备工作和大量的纸张。虽然我很欣赏在商业世界里一个高科技的公司能够无纸化运行，但这并不适用于读写工作坊中的学生。

开学第一周，我为学生规划好丰富的、真实的情境。我希望每位小作者能够了解自己和周围的世界、了解练笔的重要性、有质量地学习、有一套自己的读写技巧、完成创作、把好的文稿修改好编辑好、体验完成作品的成就感、设身处地地帮助别人、爱护学习资料和工具、每次写作时尽量写好，并发现写作的益处。

我希望每位小读者都能了解自己和他们周围的人和事、认识到他们需要大量的阅读、发展阅读标准和偏好、像文学评论家一样读书、了解其他读

1　哥伦布日：每年的10月12日，或10月的第二个星期一。为纪念哥伦布发现美洲新大陆而设，是美国法定节日。——译者注

者、维护教室图书角、每次阅读时有一个投入的愉悦的阅读态度，并发现阅读的益处。

　　每年8月1日，像上了发条的钟表一样，我又进行了新的一轮、任何重回课堂的教师都熟悉的喧嚣吵闹、光怪陆离的生活之中。它的意思很清楚：又到了我开始工作、建立我热爱的工作坊的时候了。这是因为学生对工作坊的喜爱永远感染和激励着我。

第3章

工作坊扬帆起航

儿童在围绕他们的知识氛围之中成长。
——列夫·维果茨基（Lev Vygotsky）

开学第一周将奠定读写工作坊的基调。如果学生能在一周结束时对自己未来的读写学习、对我作为他们的老师感到期待和兴奋，那我们就成功了一半。

开学前几天的计划，我总是做得很详细。要做的有很多——万事开头难。学生开始互相熟悉，慢慢形成一个读写的集体。他们探索教室空间、熟悉布局结构并初步感受和体验教室中提供的材料、资源、可能和灵感。工作坊的许多规定和程序要在第一周确定下来，我也要确立自己作为教师、写作者、读者、文学评论者、诗歌爱好者和解读者的身份。

我开始了解新生——他们课外的生活和他们对自我读写情况的了解、认知。我们交流工作坊的守则和要求，学生则在自己的文件夹上写好名字，整理收到的学习材料，让一切井井有条。我尽量让他们亲自品尝到读写带来的成就感，这样他们周五离校时，会相信这门课将为他们开启新的旅程。

开学第一天，教与学中心会缩短每节课的课时。我利用第一节课来确立几个课堂活动、组织学生交流对话、邀请他们参观教室和各种资源，并分发问卷，来了解他们的读写背景。依据惯例，第一项是每日一诗，这也是我每天开启工作坊的课堂活动。

每日一诗

虽然学生会选择不同的书来读，但每日一诗赋予了我们共同阅读文学作品的经历，写作工作坊中启发文体研究的散文阅读也是如此。因为是诗歌，所以我们的阅读和交流时间控制在10分钟。诗歌的精练使学生能在同一时间感受到文学的美，同时培养他们文学评论的眼光、语感和评价标准，以及使用专业术语谈论文学特点的能力——诗歌的精练又不会侵占学生过多的时间，阻碍他们成长为独立的写作者和阅读者。

对于那些还不能自信地表达自己对文学作品理解的学生来说，每日一诗是他们进入文学讨论的入场通道。每天早上我介绍一首诗，分发给学生，并要求他们和我一起朗读。我的另一本书《为世界命名：一年的诗歌课堂教学》收录了许多这样的诗歌和介绍。每节课，我会讲解一些诗中学生可能注意到的文学特点，引导他们从合适的角度进行解读，并给出美好祝愿——指出他们作为诗人、世界的观察者和生活在这个星球上有思想的人的美好未来。

我反复排练诗歌朗诵，尽可能地把每首诗的精妙之处表达出来。我希望学生能够随着我的声音进入诗歌世界，聆听诗歌的意义并观察一个有经验的读者是如何解读诗歌形式的。

接着，我让学生独立回到诗歌中，阅读并做标注。不同的诗，我会引导他们关注诗节停顿处、比喻或动词；画线标出他们希望自己也能写出来的诗行、还不理解的诗行、能读懂的诗行、出人意料的诗行、最重要的诗行、产生共鸣的诗行或给这首诗带来变化的诗行。当然，诗人在诗歌里的点睛之笔也要标示出来。我自己也会做标注。在接下来的讨论中，学生主动举手发言，朗读和点评自己标出的地方。

这意味着在一个大家共同研讨同一首诗的情境下，我会和那些已经掌握一些文学评论术语的小评论家一起，向不那么有经验的同学讲解文学知识，诸如选词、意象、形式、主题、语气、转折、象征语言、韵律和语音规律等。但那些还未成长为文学评论者的小读者也能够参与到对话中来。提前写好的标注能够给他们带来安全感，提示发言内容，这样他们可以指出自己在阅读中遇到困难的地方，也可以分享自己的解读。每个人都可以发言，每个人都有话可说。有时讨论发言甚至会激起学生的好胜心。下面是学生约瑟芬笔下我们的一次讨论。

如果一开始你没能发言

所以，你就在这

一个普通的早上——

确切地说是周一清早。

星期一已经够糟了。

老师给你一首诗来读。南希的声音

在安静的教室里回响。

你对着

诗句里的每一个 s 微笑，

动听的诗一句

接着一句。

她朗读完毕，

接着，一个激动人心的停顿之后，

大家松了一口气。

你靠向椅背

带着傻笑。

南希交代任务：

"画出你想讨论的诗行和词语。"

你感到一阵兴奋

满篇漫谈

批判和探索眼前诗中的

精彩之处。

但那个字、那行诗、那段话

比其他的更耀眼。这首诗没有它

就是死水一潭。它赋予了整首诗以生气。

这诗

是为你，专为你而

想象、写就、出版的。

然而

你对于自己天才的新发现

如此得意着迷

而晚了半秒钟的时间

举手抢答

此时一位同学游移不定地举起手。

他被点名，肯定啦，

分享

他对于这篇佳作的
思考。
他花了一小会儿时间，
整理思路
最后开始发言。

并且

哦！我的天。你要讲的是和我
完全一样的地方。
他朗读那行诗。那几行。
然后是整节诗歌。贪婪的人。
这首诗被
一个偷窃的回答摧毁。
你悲伤震惊。
你的生活被毁了。永远
也不能
再
尝到那样的欢悦。

现在
你发现，又一次晚了半秒钟，
你被南希点名，
你的手还在半空中
无意识地挥动。你
吃了一惊，结结巴巴地
胡乱点评了几个动词的使用。
目瞪口呆地坐下
眼泪刺痛双眼，
拼命想要平息
脑海里的混乱，
直到南希让全班
翻到

下一首诗，

主题和前一首相同。

你翻开，带着怀疑，

读了起来。

嗯。这首……很好。哇。

实际上……

在一个周一清晨，

9点整，老师请大家

点评一首

你刚读过的诗。你的手

火箭般

冲向半空。

这一次

你得到了那梦寐以求的发言机会。

———约瑟芬·科顿

　　诗歌因其精练，已经成了我课程的重中之重，同时诗歌也给我的散文教学提供了探索写作技巧的机会。这一文体在向小作者们讲解选词——关于精确描述、精当选词这方面——有其他文体无可比拟的优越性。实际上，除了散文的分段之外，我的每一节写作课都以每日一诗开始。探寻有意义的主题的必要性，第一人称叙述和反思的重要性，为何大多数副词和部分形容词都是堆砌，具体的名词和生动的动词的价值，如何用类属词典找到生动具体的动词和形容词，修改的方法和意义，如何逐字逐句地打磨作品，如何用重复创造出文章的韵律和律动，标题的意义，为何读者想要扎实的细节描写，结尾如何做到余音不绝或振聋发聩，作家们如何发展和支持文章主旨，以及句号、逗号、破折号、分号和冒号如何帮助作品表达内容和情感。学生从诗歌中学到的关于炼字、细节、意象、目的性、主旨、风格、读者意识、结构、结尾和标点符号用法等知识，都在他们不同文体的写作中展现了出来。

　　如果说诗歌是我所知的最有效的传授写作技巧的媒介，我同时还要赞美它题材的包容性。诗歌之所以能够感染学生，让他们觉得它和自己的生活息息相关，是因为对他们来说，任何具有感染力和意义的主题，都能在诗中读到或写出：成长、体育、童年、兄弟姐妹、性别意识、种族、历史、漫画中的超级英雄、友谊、美食、战争、和平、玩具、大自然、上帝、父母、巧克力、自我认知、宠物狗、死亡、电脑游戏、学校、偏见，以及诗歌本身。

我会在一些诗歌资源网站上搜寻中学生感兴趣和爱讨论的诗歌。我也会一边阅读我为班级图书角购入的诗歌选集、鉴赏辞典和诗歌期刊，一边做笔记。有时一本书中只能找到一首符合我标准的诗。我需要一首我喜欢的诗，这样才能在讲解它的时候把我的热情传递出去；它应该是一首让我印象深刻的诗，这样才有可能给学生留下深刻的印象；它应该是一首我认为青少年会喜欢或有所感触的诗；它应该是一首能够展示诗歌广泛写作范围的诗，能帮学生认识到自己的诗也可以这样写。我一直保存学生写的诗——大胆的、有趣的、生动的、首次尝试、实验性作品、得奖作品、给所爱之人的礼物，以及值得尊重的失败尝试。我选用的许多每日一诗都是学生习作，作者既有以前的学生，也有现在的学生。

我把诗歌融入生活，并从中受益，也希望我的学生能如此。开学第一天，我分发诗歌，朗读并用心介绍每一首让我获益的诗——玛吉·皮尔西的《做个有用的人》（To Be of Use）、玛丽·奥利弗的《池塘》（The Ponds）或《野鹅》（Wild Geese）、飞利浦·布斯的《寻鹿》（How to See Deer）或聂鲁达的《苹果颂》（Ode to an Apple）等。我分发诗歌文件夹和黑笔，学生在文件夹上写好名字，把今年第一首诗收进文件夹。然后，在第二天一早，我们会按照《为世界命名》的主题分类，阅读或讨论其中一个主题的诗歌，比如"诗歌的用途"或者有关身份认同"你的生活"的诗歌。

破冰游戏

每个有经验的教师都有自己的一套破冰游戏。9月开学的时候，我的两个破冰游戏是小组寻宝活动和扔球游戏。

开学前一晚，我把每个班分成四组。这是唯一一次由我来分组。我发现如果小组成员志趣相投，小组活动会更有效，也更有凝聚力。有时我会要求每小组都要有男生和女生，或者7、8年级的学生混合。如果有人落单，我会帮他找到组员。在开学的第一天由我来分组，也是因为我想把7、8两个年级混编成组，让8年级老生起带头作用，确保新生有老生的指导。

开学了，当学生走进教室，他们会发现讲课的地方已经用我早上布置好的懒人沙发和靠垫分隔出来。我宣布分组情况和活动要求："找到'语文教室大探险'寻宝单里的每样东西（表3.1）。你要用手摸到这些东西，并在教室布局图上标出对应的数字。"每组都有一个写字板，上面夹着一份寻宝单和一张教室布局图，然后游戏开始。我四处走动，提供线索帮助他们发现教室的新旧布置：阅读文件夹和作品文件夹、表格和资料，还有最重要的图书，都在哪里。每组都是赢家，每个学生都会得到一根棒棒糖作为奖励。

表3.1 "语文教室大探险"录宝单

"语文教室大探险"寻宝单
1. 抽屉：当你读完一本书要记录书名的时候要打开它
2. 体育小说书架：在此可找到卡尔·德克、约翰·库瓦、大卫·克拉斯等小说家的优秀体育小说
3. 一个可以找到兰斯顿·赫金斯、华莱士·史蒂文斯和E.E.卡明斯等作家的选集的区域
4. 一系列记录塞勒姆女巫受审案、独立战争、南北战争、大屠杀及民权运动时期儿童生活的小说
5. 文件盒：当你自己用红笔校对好一份草稿后将之放在文件盒中，以便南希可以把它带回家并用黑笔批改
6. 一处你放草稿的地方，让南希可以快速浏览或批改终稿
7. 放置格林和南希教学资料的图书柜，学生禁区
8. 一个书架：放置你想在好书分享会上推荐给同学的图书
9. 文件夹：当你完成一篇作文，你需要记录其标题、文体及所有草稿笔记，并将之归档于此
10. 如果你喜欢玩桌游，课间休息时你会去……
11. 文件架：你可以找到以下指示中所需的五种文件，"请每人取四份，然后传给下一位同学"
12. 文件夹抽屉：当你的文件夹破损时可以在这找到一个新的
13. 那位思考着"生存还是毁灭"的王子居住的书架
14. 收藏纪实小说的书架
15. 阅读宇宙的中心：在这你能找到教室中最好的作品
16. 借书、还书，南希签字会用到的卡片，整个学年，所有你借的书都需登记
17. 收藏无韵叙事诗的书架
18. 替换动词表：当你想换掉笼统的动词，如替换"有""去""做"等动词时，要求助于它
19. 南希提供的校订专用工具，仅限于修改作文使用
20. 末世小说书架
21. 一个如果你想要尝试成人文学或青少年文学作品时会拜访的书架
22. 一个你能在此发现空白作业纸的架子
23. 一个泰德·L. 南希在此疯狂、大卫·赛得利斯夸夸其谈，让你面无血色呆若木鸡的地方
24. 当你尝试十四行诗，需要寻找和"眉毛"押韵的词时可查询的词典
25. 满足你对超自然小说兴趣的书架
26. 放置反战小说及战争小说的书架
27. 世界上最好用的笔，修改作文专用

为了准备第二个破冰游戏，我买下了我能找到的最大的充气沙滩球，上面贴满问题。这些问题和学生自身有关，但又不会让他们难堪。我希望用这种充满欢笑的方式让大家熟悉起来（表3.2）。全班先围成一个圈，我说明规则："咱们传球玩，记得要让每个人有机会接球，当你接到球时，回答离你

表3.2 传球游戏问题

传球游戏问题
玩法：回答你接球时离右手拇指最近的问题。 你的名字有什么故事吗？ 你最喜欢的冰激凌口味是什么？ 你今年夏天看到的一部好电影是什么？ 你是左撇子还是右撇子？ 你最喜欢什么体育运动？最喜欢看什么运动？ 你小时候最喜欢的电视节目是什么？现在呢？ 你宠物的个性怎么样？ 你目前最喜欢的歌是什么？ 你喜欢咖啡、茶、可可，还是印度奶茶？ 你喜欢纯巧克力、牛奶巧克力，还是白巧克力？ 你最近读的一本书是什么？你怎么评价它？ 你最喜欢哪部迪士尼电影？ 你最喜欢的垃圾食品是什么？ 你最喜欢的和最讨厌的蔬菜是什么？ 你喜欢吃什么馅料的比萨？ 你小时候最喜欢的玩具是什么？ 你梦想的生日蛋糕是什么样？ 你相信有鬼魂吗？ 你去年看过的最糟糕的电影是什么？ 你儿时最喜欢的蜡笔颜色是什么？现在呢？ 你有什么弱点？ 你梦想的车子是什么？ 你受伤最严重的一次是？ 你见过的最有名的人是谁？ 你最喜欢哪一种口香糖？ 你喜欢百事还是可口可乐？ 当你小的时候是否有一个幻想中的朋友？ 你最喜欢什么颜色的 M & M 糖豆？ 你特别尊敬谁？ 你是否会考虑做个文身？ 你最喜欢吃怎样做的土豆？土豆泥、烤土豆、薯条，还是薯片？ 你喜欢狗还是猫？ 如果你可以有一次时空旅行，你会选择到过去还是未来？ 你最喜欢的当地餐馆和菜式是什么？ 你不开心的时候喜欢吃什么？ 你梦想的工作是什么？

右手拇指最近的问题。"我们互相发现了好多有意思的事，我也开始建立对新生的了解。

接下来就是布置新学年第一次家庭作业的时候了：完成写作和阅读调查问卷。我亲自设计了这两份问卷，如表3.3和表3.4，来了解学生作为阅读者和写作者的认识、历史、偏好、过程、特长和计划，以及他们对基本写作规

表3.3　学年初写作调查问卷

学年初写作调查问卷
姓名＿＿＿＿＿＿＿＿＿＿＿＿　　　　日期＿＿＿＿＿＿＿＿＿＿＿＿   1. 你是一个写作者吗？＿＿＿＿＿   　（如果回答"是"，回答问题2a，如果回答"不是"，回答问题2b）   2a. 你怎么学写作的？   或   2b. 根据你的观察，别人是怎么学写作的？   3. 一个人想要文章写得好，需要做什么或知道什么？列出你能想出的一个优秀写作者所有应具备的能力、习惯、技巧、写作过程、知识和方法。   4. 你最喜欢的体裁或文体是什么？为什么？   5. 他人可以怎样帮助你提高写作能力？   6. 怎样可以让你更轻松地写作？   7. 什么问题增加了你的写作难度？   8. 作为一个写作者，你认为自己有哪三点最大的优势？   ●   ●   ●   9. 作为一个写作者，你想在哪些方面变得更好？试着想出三个目标。   ●   ●   ●   10. 作为一个写作者，你至今遇到过最棒的一件事是什么？   11. 总体来说，你对写作本身和自己的写作经历有何感受？   12. 为向读者传递信息，作者应遵守写作规范。据你所知，一个作者使用下述标点符号和格式的目的是什么？   句号　　　　　　　　　　　　　　逗号   省略号　　　　　　　　　　　　　冒号   分号　　　　　　　　　　　　　　破折号   大写字母　　　　　　　　　　　　另起一段

表3.4 学年初阅读调查问卷

学年初阅读调查问卷

姓名＿＿＿＿＿＿＿＿＿＿ 日期＿＿＿＿＿＿＿＿＿＿＿

1. 请大致算算：

   你拥有多少本书？＿＿＿＿＿＿＿

   你家里有多少本书？＿＿＿＿＿＿

   上一学年你读了多少本书？（去年9月到今年6月）＿＿＿＿＿＿

   其中多少书是你自己选的？＿＿＿＿＿＿＿

   自从6月放假后你读了多少本书？＿＿＿＿＿＿＿

   你觉得相比其他美国孩子，你读的书是多于还是仅达到平均水平，或者低于平均水平？＿＿＿＿＿＿＿

2. 你读过的最好的三本书是什么？

3. 在你心中，完美的小说中主人公应该是怎样的？

4. 你最爱读的文学体裁或题材是什么？

5. 最近你最爱的作家都有谁？把你喜欢的作家都列出来。

6. 你最喜欢哪位诗人？

7. 你最喜欢的读书时间和地点是？

8. 是什么原因让你决定去读某一本书？

9. 你是否曾因太喜欢一本书而重新读它？如果是，那么书的名字是什么？你还能想起其他这样的书吗？

10. 接下来你有想要读的书或作家吗？如果有，请告诉我。

11. 怎么样才能使你更轻松地阅读？

12. 什么会让你的阅读更困难？

13. 作为一个阅读者，你认为自己有哪三点最大的优势？
   -
   -
   -

14. 作为一个阅读者，你想在哪些方面变得更好？试着想出三个目标。
   -
   -
   -

15. 作为一种课余活动，以1—10分计算，你给阅读打几分？

16. 总的来说，你对阅读本身和自己的阅读经历有何感受？

范的掌握情况。

我告诉全班："我们的课首先从让大家认识我、认识诗歌，以及了解一首融入我生命的诗歌开始。然后你们熟悉了这个环境，明白了这间教室为你们阅读和写作所做的准备。最后，通过一个扔球游戏，我们所有人互相了解了一些深藏在灵魂深处的故事。今晚的作业是，让我了解作为写作者和阅读者的你。告诉我你喜欢什么、需要什么、做过什么、知道什么。你告诉我的越多，我就能更好地教你，确保你今年成为一名让自己满意的成功的写作者和阅读者。"

此时，学生需要他们的黄色作业文件夹和每周家庭作业单（图3.1）。他们在文件夹上写好名字、把周一的日期写在作业单的最上方，并把我写在黑板上的作业抄在明天要交的作业那一栏：尽可能详尽地完成我的写作和阅读调查问卷。然后把两份调查问卷和作业单装进作业文件夹中。

家庭作业单是我和我的中学部同事为确保学生能在家高效完成作业而设计的。作为中小学教师，我们留作业的原则简单明了：不留那些打发时间的作业，不留与第二天上课内容无关的作业。在家庭作业单上可以看到，7、8年级学生有每晚至少一个小时的作业量：半个小时的数学练习和半个小时的独立阅读。学生在空白处记下当天额外布置的作业，比如写作和阅读调查问卷。

开学前，数学、科学老师和我会联名给家长写公开信，也会在开学的前两周和每位家长单独沟通，请家长关注黄颜色的文件夹和其中的作业单，帮助孩子跟上教学进度，并确保他们能够参加第二天的课堂活动。这些课堂活动都是在前一天的作业的基础上进行的。如果他们对作业有任何疑问，我们也欢迎家长和学生随时打电话或发电子邮件确认。

开学时，每个学生在每门课上都有一次不交作业的豁免权：老师会"特赦"一次没做完或没上交的作业。这之后，老师就会给家长写信，说明学生的哪门课有什么作业没有完成，并要求家长介入和监督。一门课如有三次作业不交，该门课的老师会约谈学生和家长，讨论学生为了能够在学校跟上学习进度，在家都须做好什么准备。在我的课上，如果学生没有完成作业，我就不会让他参加课堂活动。这是因为我的多数作业都是小组讨论及活动的基础，一个没有做作业的学生只能坐在一旁，错失乐趣。更糟的是，他必须要在午休的时候跟我在一起把作业做完。

我对作业要求严格，但我只会留有意义的作业。每晚半个小时的阅读是最好的例子。有规律的阅读是至关重要的。如果学生没有完成这项作业，我

7、8年级_____周作业
（请将此作业单放在黄色作业文件夹的第一页）

周一收
- 如果上周你收到了同学的书信体读后感，请给他回信
- 独立阅读半个小时
- 写作：一个小时（我周末的写作计划是_____）
- 科学课：完成实验报告且/或阅读材料，带着思考阅读，用荧光笔标出重点
- 数学课：练习正在学的数学问题，半个小时*

劳动节放假

周二收
- 独立阅读半个小时
- 拼写：学习五个新词
- 科学课：科学剪报
- 数学课：练习正在学的数学问题，半个小时*

周三收
- 独立阅读半个小时
- 数学课：练习正在学的数学问题，半个小时*
- 戏剧课：_____
- 阅读"科学时讯"，并画出重点

我的写作和阅读调查问卷，尽可能地让南希了解我

周四收
- 每三周，在阅读日志本上给南希或一位同学写一篇书信体读后感，交流读书感受
- 独立阅读半个小时
- 拼写：完成新词练习
- 科学课：复习微型课笔记，回答问题
- 数学课：练习正在学的数学问题，半个小时*

半个小时写作，无韵诗，写我的创作版图
做好实验准备
阅读"地球时间线"
和爸爸或妈妈一起画一幅政治漫画

周五收
- 独立阅读半个小时
- 数学课：练习正在学的数学问题，半个小时，另外定义和解释数学概念墙上的五个概念*
- 科学课：看完"科学时讯"写三段话

电脑使用合约：爸爸或妈妈和我签名
作业单家长签名

*请参考数学家庭作业指南：学生数学文件夹的第一页。

图3.1　每周家庭作业单

会请家长到学校来，我们和学生一起讨论这其中的原因：学生在家没有时间或地方读书吗？学生是不是经常忘记把书带回家？家长是不是不了解大量阅读对孩子未来的重要性？然后我们协商出学生在家完成阅读作业的时间和地点。我并不是"希望"学生每晚都要读书，我只是尽我所能确保每个学生都不掉队。

在第一节课快要结束的时候，我会提醒学生让他们第二天要把新的诗歌和作业文件夹带回学校。我还要求他们带一个超过100页的本子作为他们的读写手册。我把他们带来的写作工具——铅笔、红笔、回形针——收上来，放置好，随时补充到工具角去。然后我从8年级的老生们那里收回他们暑假借走的书，排好顺序让他们给全班分享好书，向其他同学介绍教室图书角中他们喜欢的书。

放学前，我和中学部的其他教师，还有全校学生，要开一个45分钟的大会，讨论学校规章制度：周一到周五的时间安排、作业政策、行为准则、校园礼仪、午餐时间规定、课间活动和电脑使用守则。

写作工作坊扬帆起航

第二天，学生拿着读写手册、诗歌文件夹、作业文件夹和写作、阅读调查问卷来到教室授课区，我会收集他们的调查问卷。晚上回家，我为每个学生创建一个表格，简略记下其写作、阅读习惯和偏好，尝试发现规律或特点。我总是从写作调查开始。

是或否类问题：是否认为自己是一个写作者？对写作技能的认识是深刻、尚可还是肤浅？哪些文体是其最爱？需要哪类写作帮助和指导？除了检查自己的书面是否整洁、拼写是否正确之外，能否对自己的作文作出评价？有无良好的写作体验？对写作的整体态度是正面、中立还是负面的？八项写作规范中，有没有哪一项还没掌握好？

阅读方面，我的观察记录包括学生的家庭阅读环境（好、中、差）；从前的独立阅读经验（多、中、少、没有）；阅读题材广泛程度（广泛、中等、狭窄）；作家和诗人的知识（深入、尚可、肤浅——肤浅意味着只知道J. K. 罗琳[1]和谢尔·希尔弗斯坦[2]）；独立阅读习惯（强、中、有限）；需要哪类帮助和指导；除了理解文本的字面意思外，对阅读的自我评估能

---

1 J. K. 罗琳（1965—　）：英国著名儿童文学作家，代表作有《哈利·波特》系列。——译者注
2 谢尔·希尔弗斯坦（1932—1999）：美国著名畅销儿童文学作家，代表作有《爱心树》等。——译者注

力（有或没有）；对阅读整体的态度（以 1—10 来打分或强、中立、消极来评价）。

学生的调查问卷和我的总结笔记是他们今年的读写自我鉴定、我的教师评语和我制订教学计划的基础。有些学生在家没有书读或者不读书，有些列举不出自己最热爱的作家，有些认为阅读很无趣，有些觉得自己不是好的写作者，或表现出对过程写作一无所知，或不能说出自己的写作专长，这些学生都需要我的及时关注。我的工作重点是把有好故事和好人物的书交到他们手中，鼓励他们找到并加强他们作为写作者的声音，并热情表扬他们尝试的努力。学年末的 6 月里，我会让学生重填调查问卷，对比两份问卷，然后在他们完成年终自我评价时，讨论自己所经历的变化。

让我们的关注点回到授课区。在我们第一次诗歌讨论后，我让学生在自己的读写手册上，贴好标签，写上名字。我总会备几个笔记本以备有人忘带。然后我以一次关于"寻找写作主题"的微型课正式开启写作工作坊的学习。

接下来的一年里，我会向学生展示如何发掘、捕捉和实现自己的写作目标，并且确保我的教室一直是写作灵感的沃土。我和学生一起朗读学习各类文体的优秀范文。我在全班范围内进行写作进度随堂检查，这样学生能从其他同学那里汲取灵感。我安排全班一起阅读同学的好作文。我还提供信息，鼓励他们发表自己的作品，比如学校的文学杂志、全国性和地区性的比赛、青少年写作网站和期刊，还有本地报纸编辑的征稿指南等，或是把写好的文章当作礼物送给喜欢的人。我也准备许多寻找写作主题的微型课：每节课都邀请学生收集和记录他们可能想要探索的文体和主题。每一步我都提醒学生："你也可以做到。"

我会从展示自己的写作兴趣出发，然后邀请学生开始探索自己的写作范围。我把每个人的写作范围称为创作版图，即一位写作者可能涉足的所有创作领域。每年 8 月，我都会更新我的创作版图（表 3.5）。由于我要用它来向学生阐释写作用途、启发创作灵感，我尽量写得确切、个人化、朴实无华并引人思考：我的思考可能会触发他们的思考。在第一节微型课上，借助幻灯片展示我的创作版图，我是这样开始教学的：

> 请打开你的读写手册，然后把前 3 页翻过去。这 3 页我们先空在那里，这是今年这 100 页的读写手册的目录。你的读写手册是你搜集写作灵感、记录你以后想要读的书、写微型课笔记、创建文学术语词典，还有下

学期写你的读后感的地方。现在，请在第4页右上角写数字"1"。我们只在纸张的正面写东西。如幻灯片所示，给你的第1页写上标题，"我的创作版图"。

表3.5　南希的创作版图

南希的创作版图
<ul><li>杏仁M&M糖豆——我最喜欢它的糖和蛋白质——一首颂歌？一篇幽默小品？</li><li>我对人字拖鞋的热爱——用诗的韵律表现我穿它走路的声音？</li><li>学校小池塘上的苍鹭：它每年6月到来时嗷呜嗷呜的叫声；每当它来涉水捕鱼的时候，我就知道退潮了……直到这个夏天一个养牡蛎的农民承包了这个池塘。可能再也没有退潮和夏天了；贪婪的鸬鹚开始在牡蛎浮筒上栖息，而在我看起来它们好像秃鹫——一篇回忆性散文？一篇说服性短文？</li><li>土豆泥：终极的安慰品——个人随笔？</li><li>培根和橙汁：超级绝配——一首颂歌？</li><li>罗琪把一片（象征幸运的）四叶草吐到了厨房地板上——一首诗？</li><li>对比罗琪的过去（是一只小狗）和现在（11岁）——清晨一吻，追球，在花园里散步——对仗诗？</li><li>本和杰瑞牌冰激凌口味简直美妙：它的咸甜适宜，丝滑顺口，它的苦味和超大分量——一首颂歌？</li><li>为什么体育锻炼很愚蠢且无聊——一篇散文？</li><li>爸妈让我做的那些危险事情/并不在一旁监护：打BB子弹的枪；扔里面有石块的雪球；在被污染的小溪里修一个小水坝和抓小龙虾；放烟火；用割草机的发动机造卡丁车，用它比赛并撞车后抛锚在后院；在午夜玩捉迷藏；骑飞车；从棚上跳下来；不戴头盔手脚放开地骑自行车；受伤结痂、留疤——一篇个人随笔？</li><li>给橡树果实写一篇颂歌——借鉴聂鲁达写的苹果颂歌？</li><li>儿童自主选择阅读书籍的需求和必要性——一篇演讲稿或议论文？</li><li>儿童卧室：安妮的卧室，在她离开后将其原样保存，以作为儿时留念——一篇散文？一首诗？</li><li>野火鸡：这一史前野兽繁衍至今——揭示了鸟类确实从恐龙发展而来——一首诗？</li><li>《在中学》第3版——一本给教师准备的专业书籍。</li><li>长期近视，我需要眼镜来找我的眼镜——一篇回忆性散文？</li><li>蓝色——一首为我最爱的颜色写的颂歌。</li><li>读书习惯：在我最喜欢的椅子上，拿上一本精彩的小说，罗琪愉快地打着滚，在旁边陪着我——一首诗？</li><li>粟米糖、玛丽珍太妃糖、跳跳糖、香烟糖、加拿大薄荷糖：我儿时的美味，特别是冬青牌糖果在黑暗中闪光的记忆——一篇个人随笔或者回忆性散文？</li><li>出去买鞋是我沉思的最好方式之一——一首诗或者一篇散文？</li><li>手写：我最喜欢的记录方式，很难找到咖啡色的水性笔——书写顺滑如同我正在用我的手指思考——一篇个人随笔或者一首诗？</li><li>安妮长大并离开家与我沉迷于园艺的关联——一篇回忆性散文或者散文？</li><li>我先生托比和我向安妮举杯致意，写成一篇送给她的礼物？</li><li>为什么每个美国人都应该每天读《纽约时报》——一篇演说或散文？</li><li>火腿蛋麦芬蛋糕=我的美国享受原罪NO.1——一首诗？一篇个人随笔？</li></ul>

关于我，今天大家要了解的最重要的一点是我常常写作，因各种原因写作。我把我想要写的东西称为我的创作版图。这是我写作时可能想要写的话题和我认为可能适合这个话题的文体。

我的创作版图是展示我的一扇窗户，我的身份有美国公民、女人、教师、学习者、母亲、妻子、女儿、园丁，我有一只宠物狗，我热爱美食，痛恨锻炼。当我不知道接下来要写什么的时候，我会到这儿来看看。它是我存取灵感的银行，"噢，是的，我想起来了——我想要写那个"。当我有新想法的时候，我知道如果不赶快写下来，我就会忘记，这就是我保存灵感的地方。这样一个清单让我更有条理、更多产，也给了我更多的满足感。这是一个给自己的备忘录——作为一个写作者，我都知道些什么，关心些什么。

接下来的10分钟我将要介绍我的创作版图。如果我讲的东西让你有所感动——让你想起一个你可能日后想要尝试的题目——请把它快速地记在你的版图清单上。等我讲完了，你有10分钟的时间完成这份清单，然后你还有机会和同学交流，从他们那里收集更多的灵感。这不是抄袭，这是灵感碰撞。我的目的是在你今天离开之前收集尽可能多的写作话题。在听我讲的时候，不要遗漏任何思想的种子，边写边听。准备好了吗？

我要从这种我只要一看到就忍不住要买的糖果说起。这种甜甜的用来款待自己的东西，我知道它一定会对我的健康有好处。因为，好吧，这中间有一粒杏仁，杏仁富含蛋白质。对吧？对吧？我在想或许我能写一首杏仁M&M糖豆颂，就像聂鲁达歌颂普通事物的颂诗一样；或者一篇关于我对它如何着迷的幽默小品。那种让你流着口水走过、恳求妈妈给你买的糖果是什么？记下来……

这些是我今年的写作点子——让我着迷的东西、记忆、责任、渴望、习惯和让我沮丧的事。我会用不同的形式来创作这些主题——诗歌、回忆性散文、议论文、说明文、礼物，甚至是一本书。

现在到你们的了。请用10分钟继续拓展你的创作版图。今天可以先不想文体的问题，集中注意力在话题上。先以量取胜，不要太挑剔。看看你能想出多少话题，要知道新的话题可能会一个接一个。我们的目标是写满这张纸。

如果你想不出来了，你可以看看这张类别表寻找灵感（表3.6），也可以看看这两位8年级学生特里斯坦和索菲亚的创作版图（图3.2和图3.3）。特里斯坦在清单上标出了他在一年内写到的主题。

表3.6　当开拓你的创作版图时，请记住或考虑……

当开拓你的创作版图时，请记住或考虑……	
你着迷的东西	过去和现在的宠物
个人特质	过去和现在的老师
难题	地点：学校、露营地、田野、沙滩，和
梦想	亲友一起的休闲时光
心痒难耐	爱好
困惑	收藏
热情所在	第一次做某事
讨厌的事	假日和家庭传统
忧伤	体育活动
伤疤	游戏：电子游戏、棋盘游戏和团体游戏
冒险经历	音乐
成就	图书
恐惧	诗歌
忧虑	歌曲
幻想	电影
关于……的记忆：祖父母、父母、堂/	作家和艺术家
表兄弟姐妹、幼时和现在的朋友、心血	你过去或现在喜爱或讨厌的食物
来潮、幼时或现在喜爱的东西	珍藏：毛绒玩具或其他
服饰和鞋子	生命中的爱和温情
发型和理发	

我的创作版图
红心连锁超市
瑞兹牌花生牛奶巧克力杯
好时巧克力
瑞士莲巧克力
我的书桌
我的房间
葛底斯堡战役
打牌
苹果蜜蜂餐厅的水牛城鸡翅，加蜂蜜
猪肉
生活
我的小狗菲比
乐高玩具——以前很爱玩
我的笔记本电脑
电脑游戏：《帝国时代》（四）和《闪电战》（二）
家人：妈妈、爸爸和姐姐，周末的全家晚餐和电影之夜
爷爷和奶奶
3位叔叔姑姑
自己不参加什么体育运动，虽然我很爱看棒球，身边人也经常谈起
想要去学打鼓和吉他

齐柏林飞船乐队、滚石乐队，等等
开车、开拖拉机
黑色是我最爱的颜色
我爱艺术
讨厌人字拖
现在的两个爱好：做手工、做卡片
每天读报纸
书店
《拜见岳父大人》
盖房子
奶酪通心粉——一定要卡夫牌的
干吃多米诺比萨店送的白糖包
好又多牌糖果
买汽水加冰激凌的人
巧克力馅的D&D甜甜圈
鸡蛋

图3.2　特里斯坦的创作版图

我的创作版图

小时候偷用妈妈的化妆品
没有声音就睡不着觉
《小小爱因斯坦》
读《爱心树》的时候感动流泪
圣诞节的味道（狗狗点心）
羊排——生日大餐
挑选最完美的圣诞树
芭比娃娃
因为自己没有A&F和Aero牌的服装，而担心同学会不接纳我
怕瑞斯坚果店的法奇软糖
买文具
仰望星空
我的第一个美国女孩玩偶娃娃
奶奶家塑料水果装饰品的味道
喜欢有芭比和豪斯的故事
和家人好友围坐篝火边
堆雪屋
朝地下室扔木头
在黑夜里骑自行车
我的房间
说莉莉很笨
去看红袜队的球赛
巧克力味棒棒糖
和爸爸一起点燃篝火
我的猫和我头碰头

和爱洛伊斯两个人去买点心
和爸爸一起玩蹦床
周四夜晚
和妈妈一起取笑新闻上的人物
房梁上画着的3只海豚
在纽约的一家咖啡馆吃饭
大峡谷国家公园
和妈妈一起开车出门

图3.3 索菲亚的创作版图

我在学生身边巡视，越过他们的肩膀查看，轻声提问或指出他们还没考虑的类别。10分钟之后，我让他们组成3人或4人小组，轮流朗读自己的清单，目的是启发别人："如果同学的话题让你想起什么，加到你自己的创作版图上去，因为这就是你们小组讨论的目的。"我告诉他们我有信心每个人至少再得到6个新的写作话题。小组活动期间，我继续巡视教室，提供帮助。

当各小组回到授课区，我对学生想到的众多话题提出表扬："多少人得到了6个新话题？10个？有没有更多的？"然后我邀请学生参与写作。"当想到新想法时请及时把它加到你的创作版图上——如果不写下来，别指望你能记得住。还有，请自己负起责任，写出有意义的作文。"

最后，我会布置作业："今晚用半个小时的时间写一首无韵诗，主题来自你的创作版图——一个有趣又让你享受探索过程的话题。至今为止我们已经读了两首无韵诗。对于这种体裁，一个浅显易懂的定义是，无韵诗是不押韵、依靠语言的自然节奏制造韵律的一种诗歌形式。"然后我会解释我们为何要从诗歌开始写起。

"这是一切文学体裁的起源——在它的基础上，你将成长为优秀的写作者。由于诗歌的形式比散文精练，你们可以快速完成一篇作品，经历完整的写作过程，获得完成作品的成就感。通过写诗，你会学会如何集中注意力，写出自己想要表达的重点，理解它，解释它，考虑选词，构建主旨，精雕细琢，此外，诗歌还有比其他体裁更重要的一点——为自己的生活增添意义。"

因为学生不在读写手册上写作，所以我给他们每个人发一本有格子的作文本。然后我分发创作文件夹并展示如何安排里面的文件：作文本放在夹层里，以铜圈固定，写作工作坊守则和要求放在下面，两份自我校对清单放在上面。我给学生发彩色的荧光笔，然后我们一起阅读和画出写作工作坊要求的重点，我的那一份要求则以幻灯片的形式放映出来。

我不要求学生画出的重点一定要和我一样，重要的是让他们自己决定哪些是重要的，需要高亮显示出来，并把他们的眼、耳、手都调动起来。学生认为彩色荧光笔能帮助他们集中注意力，并且这些十二三岁的学生都喜欢明亮的颜色——有些颜色格外受欢迎，他们将其看作美好少年时代的象征。我们把颜色和图像融入校园。如果还有人不相信任何事都可以入诗的话，可以考虑读读艾比关于蓝色荧光笔的这首诗。

荧光笔传奇

工作日的清晨，8：50到10：15，
我7年级的学生生涯围绕着一件事展开：
抢夺那两支蓝色荧光笔中的一支。

是的——
蓝色荧光笔明亮闪烁，
夏天和冬日
轻声提醒我俗艳的橘色
和柠檬黄永远都是
第二选择。

竞争激烈。
笔筒里装满了橘色笔
和黄色笔
可它们非我所求。
它们不能代表冬日的天
或夏天的海。

那两只蓝色荧光笔
每次
都被
同一双手留下。

"意义何在"或主旨

对我来说意义全无。

两支
蓝色
荧光笔。
每当笔筒顺时针传过来，
我的脸就是一本100页的
讲述着失望的书。

但改变随着新的一年到来。
笔筒逆时针传递，
我的手就像一只训练有素的仙鹤：
这是我第一次赢得
大奖。

这时
夏天和冬日
同时拥有，
我已经读8年级了。

——艾比·哈钦斯

开学第二天，写作工作坊正式扬帆起航，这也是学生集体做相同事情的最后一天。从第三天起，当他们带着自己无韵诗的草稿来到学校时，每个学生都会有一个不同的时间表。这对教师来说可能是一个可怕的处境，很难找出解决办法——过去我就是如此。但由于工作坊有守则，我知道不必惊慌失措。我已经学会了迎接学生第二天早上带来的惊喜——风格、看法和主题选择上的多样性，并且努力找到能够对每个学生产生积极影响的教学方法。

开学第三天，写作工作坊的所有活动都具备了：每日一诗、微型课、进度随堂检查、独立写作时间和师生一对一谈话。上微型课时，我们一起阅读和画出写作工作坊守则的重点，我会指出最重要的一条："单面、隔行写作，并且当使用文字处理软件的时候，也要两倍行距打印，这样你就能养成习惯，预留修改的空间。"我还强调学生一定要懂得写作是一种思考，交谈或其他干扰会妨碍深入思考和文学创作。我把卡夫卡的一句名言读给学生听："写作时，越是独自一人越好……越安静越好……黑夜对作家来说都不够孤独安静。"这句话真应该出现在每一个写作工作坊的墙上。

我有责任为每个学生营造出如黑夜般的安静环境，让他们独处、写作。从一开始我就强调禁止在桌边或电脑旁谈话的规定。一旦听到聊天声，我就会快步走过去严厉制止："此时此地专为认真思考写作而设。你们说话是对其他正在努力打磨精品的写作者的干扰。请保持安静。"

巡视教室和学生谈话时，我会降低我的音量。我轻声耳语，也提醒和我交流的学生轻声回答。如果我声音变大，教室就会变吵，总是这样。当我搬着凳子来到学生身边和他们一对一交流的时候，我努力不打扰到其他学生。当独立写作时间有干扰出现时，经验告诉我要站起来走到干扰源处，而不是隔空抗议，让全班都抬头张望。

当天讲解完写作工作坊守则后，我向学生解释如何根据自己的写作情况制订写作计划，以及如何回应我的写作进度随堂检查。

每天，在你开始写作前，我要求你向我汇报你接下来要做什么：作文的话题、文体和进度。我会把你的话记下来。这叫作写作进度随堂检查。因为每个人进度不同，这将是我掌握你的活动和进步的方式。

所以，你今天的计划是什么？我们看看都有什么可能的回答。你可能继续写你昨晚开始的诗歌的第一稿，也许你开始写第二稿了：手写或在电脑上。你可能要重新读它然后修改——斟酌修改第一稿。新的一天，你可能意识到你选的主题并没有你自己的鲜明特色。也许你只是写了容易写的东西，做了稳妥的选择。如果是这样，你完全可以中途弃稿。再看看你的创作版图，选一个展示"真实的我"的话题，重新开始写第一稿。现在所有人，用30秒的时间看看你的创作版图上都有什么，然后决定今天写作课上你的计划。

现在，当我叫到你的名字的时候，告诉我你的诗的话题——不是标题，因为标题通常最后才能决定，而是你的诗是关于什么的，然后告诉我今天你想要做什么。

别人汇报写作话题和计划的时候，请不要说话。我希望快速地把这项工作完成，这样你就能开始写作了，同时我也希望你能听听其他小作者的话题，因为他们的好主意可能启发你。

我从一开学就使用过程写作的术语进行教学，并在具体语境中解释这些术语——话题、第一稿、第二稿、修改、文体、中途弃稿。最后这个词是一个关键概念，尤其是对于那些没有选题经验的学生来说。他们可能会选择那些已被证明了没有写作价值的话题，或者太宽泛、要一本书才能写完的话题。让学生坚持错误选择直到撞了南墙，不如允许他们中途弃稿，然后写他们能够处理好的话题。

我讲解过程写作术语的另一个目的是加快随堂检查的速度。让学生掌握这些术语意味着他们能够直击重点。我也要删繁就简。此时不是一对一交流的时间，我的目的是做记录。如果这个过程持续几分钟，我便是在浪费全班的写作时间。如果某个学生在回答时迟疑不决，或者我有问题、疑虑，我会空下不记，等班级解散后去找这个学生。

随堂检查之后，每个小作者都和我订立了一份"契约"，如果他偏离正轨，我就可以据此纠正。他们的回答也不是板上钉钉——计划可以有变——但学生知道我要让他们对自己的学习和写作负责。解散之前，我会说出此时要说的祝福："去吧。努力写作，创造文学。"

然后我开始忙个不停，和每个小作者一对一交流，确保大家都有一个吸引人的话题，并检查他们是否在按部就班地写作。我会很忙碌。时间过得飞快，我抬头看表的时候，总是不能相信我们已经侵占了阅读工作坊的时间。

第一次和7年级学生卡尔交流他的第一篇作文时，我遇到了作者不按要求写作的情况。我在他的桌子旁边停下，发现一首主题空泛、没有第一人称叙述、似乎也没有中心思想的押韵诗，我只能把最后一行诗当成一次绝望的凑韵尝试（图3.4）。

"卡尔，"我大致读了读后说，"你为什么要写这个？"

"因为，你知道的，因为我的角色，"他解释，"我参演过好多部校园戏剧——大家都知道。"

"所以，如果你和其他人都已经知道了，你为什么还要写呢？"卡尔耸了耸肩。我继续说道："你是否认为你选择这个话题是因为它很明显？这首诗只罗列一串关于校园戏剧的事物，并不能让你看见或感受到什么。作为读者，我也不能看见或感受到什么。我想这可能只是一个稳妥的选择，你知道的，因为这是开学第一周。你介意放弃这个话题，转而写一个你真的怀有强烈情感的话题吗？"

此次谈话使卡尔明白了该怎么选题。我们一起在他的创作版图里寻找一

3

校　园　戏　剧

校园戏剧大不同。
演戏让我
乐陶陶。
做好准备很重要。
虽然没什么
大不了。
导演记得
我姓名。
这可真是
要出名。
百老汇、好莱坞
我们的戏可
不一样。
小小戏剧
知我心
让我走向
大舞台。

图3.4　卡尔第一首诗作第一稿

个有个人特色的话题，他选择了一个他热爱的、有书写冲动的话题：写他的宠物狗汉斯。然而我还有另一个问题等着他。

"你能不能告诉我，你为什么要押韵呢？这次作业是一首无韵诗。"

"哦，我写的诗都是押韵的，"他回答道，"我以前写过一些无韵诗，但不知不觉最后都变押韵诗了。"

"卡尔，你是想告诉我你得了韵诗综合征吗？是这样的，无韵诗是在人们平时讲话的基础上形成的。如果你能不押韵地讲话，就能不押韵地写诗。和我讲讲汉斯——你最爱它什么或者喜欢和它做什么，用你给我讲的素材，由我来开这个无韵诗的头。"

根据卡尔的叙述，我写了两三行，刚好够让他开头。然后我向他承诺："我知道许多诗人在押韵以外可以做的有意思的事，在以后的微型课上我会讲到。我保证你会有一套无韵诗创作技巧，来帮助你完成这首写汉斯的诗。"

虽然时间稍长，但这次谈话使我们不必一次次就《校园戏剧》对谈。那首诗没有好的文骨，我能看得出来，也帮助卡尔认识到了。他从一次失败的话题选择中吸取教训，然后继续前进。这是写作工作坊中教师逐步放手的例子。的确，我读过许多好诗，也能将所学应用到给学生的建议中。我也读过许多不好的诗，能认出学生的诗作可能误入的歧途。我不愿意让卡尔乱写一气，最后写出二流作品。

《宝贝》，一首关于宠物狗汉斯的诗，也是卡尔的第一首无韵诗。我从中看到了他从微型课中学来的写作技巧。诗中用邀请读者一路同行的第一人称叙述，既有简单、有色彩感的名词，也有生动、催生读者想象力的动词，它有一个不是标签的题目，还有形象的语言，能够创造出节奏的重复、一个意味深长的结尾，甚至还有自然的韵律。下面这首诗写活了卡尔、他童年的宠物狗，以及他们一起游戏时最爱的玩具。

宝　　贝

我走出房间
到汉斯
安坐的地方，
它的嘴里
叼着一个又旧又皱的网球。

绿色的双眼
凝望着我。
他多想要我
把网球掷得
又高又远，
只有他那锐利的
双眼才能找到
黄色的小球。

"坐。"我命令说。
我想撬开
他的嘴
取出网球。
他转过头去，
不愿松开
他那皱巴巴的宝贝。

最后我抓住了

网球。

猛拉出来，

然后传到我

发球的手中。

汉斯盯着我手中的

黄色小球。

他想要它。

他需要它。

所以我伸开手

让它起飞。

——卡尔·约翰森

  我与另一位7年级男生帕特里克就他的第一篇作文的谈话，展示了"逐步放手"的另一种方式。这一次，读到的草稿看起来完全不像是一首诗（图3.5），另外，他在每个字母s前面都加了撇号，而在单数所有格，也就是需要加的地方反而没有加。一些句子不成意思，文章还有大量错字和不明原因的漏字。当晚在家，我读了帕特里克在学年初填的写作调查问卷，得知他并不认为自己是一个写作者。若是30年前，鉴于帕特里克文中严重的语法和写作规范问题，我会无从下手。恐怕那时的我可能会用红色笔标出所有撇号，让他重写。

9/9   怕特里克

第 一 稿

  我飞身跳跃下码头/粉碎，颠簸不平的老码头吱呀作响/时光转慢/熟悉的/失重感/又朝我袭来/过去跳水的记忆/历历在目/刹那间/华莱士那双快乐的眼睛和我的视线交汇/然后温暖的海水吞下，冰冷的我/我显现水面/艳阳当头，我的祖父传下来的家族传统被我完成。

图3.5　帕特里克第一首诗作第一稿

  然而现在我重读了一遍帕特里克的作文，发现他已经是一位写作者了。他使用的动词、名词和形容词都鲜活有力：跳跃、码头、粉碎、颠簸不平的、熟悉的失重感、华莱士那双快乐的眼睛、温暖的海水、吞下、冰冷、显现、我的祖父、传统。叙述角度是直接的第一人称，主动语态，紧紧抓住了我的注意。我能猜得出为何这个主题对他来说很重要。

我看出了帕特里克是在写作过程的某些方面，比如书写清晰、校订和检查方面需要帮助。我今天的首要任务是帮他把意思尽可能有力地呈现出来，给予他作为写作者的自豪感和成就感。下面是我们第一次坐在一起交流时的对话。

"嗨，写得怎么样？"

"还行吧。我不太确定。我无法确定每句话之后的意义，"他顿了顿，"这些斜线代表分行。"

我意识到帕特里克听到了我和他的同学格雷登刚才的对话，格雷登也用了散文的形式写诗的草稿。我很欣赏帕特里克用斜线标出分行，"我想说，你理解得不错，虽然我刚才并不是就你的诗作出的点评。这么做很聪明——谢谢你提到这一点"。

"是呀。"他同意道，垂下了头。

我读了读他的草稿。"哦，天哪……写得真棒…… '华莱士那双快乐的眼睛'……动词用得真好……真好……噢，这首诗真美。"我笑着说。

"可能我还需要更多的动词？"帕特里克不确定地说。

"嗯，我不太确定，"我答道，"你可以继续写作第二稿，把它当作一首诗来处理。嗯，我不知道能不能说一项传统被'完成'了。你知道我的意思吗？"

"圆满完成？"帕特里克又提出了一个新词。

"传承？"我建议说。

我认识帕特里克的祖父埃尔登，他在几年前去世了。"是你们的家族传统吗？"在得到他肯定的答复之后，我追问道，"你想把妈妈感动到哭吗？"帕特里克笑了。"你可否以一句写你祖父的诗结尾？比如，'如果埃尔登还在，会很喜欢的'。这样诗就回到你的家族上，结尾点题了。"

"好的。"他表示同意，又垂下了头。

"这首诗有成为好诗的潜力，"我热情赞扬，"20年后仍值得你读一读，你就又能想起当时的一切了。所以，想不想按照诗歌分行的形式继续修改它，然后再补写埃尔登的结尾？"

"好的。"他同意了。

几天以后，和我一起编辑修订了这篇诗稿之后，帕特里克在自我校对清单上写下以下两项："撇号只用在两种词上：名词所有格（比如，Patrick's dog）和缩略形式（比如，don't）"和"慢下来，找出影响读者理解的漏字"。与此同时，他进行了第二次修改，并用红笔校对好，我也已经用黑笔进行了批改，选定了要教的一项写作规范。这之后，他打印了一份终稿，我想，他一定能在将来的某个日子带着怀念和愉悦重温这首诗。

老 码 头

我飞身跃起，
时光转慢，
熟悉的失重感
朝我袭来，
还有所有的第一次
从这老码头跃下
的记忆。
悠长夏日
刹那间
华莱士那双快乐的眼睛和我视线交汇。
清凉的海水
浸没了我。
我浮上水面，
艳阳当空，
自祖父年幼起就有的
我们的家族传统
得以传承。
埃尔登一定喜欢这里
如果他还在。

——帕特里克·杰克逊

在这次逐步放手中，我把教学重点放在帕特里克的创作目的及想要表达的意思上，我帮他理清思路，并在具体语境中引导他掌握必要的写作规范。他未能在下一次的作文里完全掌握这些规范用法——复数名词加撇号是一个形成已久的坏习惯——但我和他一起学习了正确的用法，并把在日后作文中找到和改正错误用法的责任交给了他。学年尾声，他的作文在语言规范用法方面已大有改观。

阅读工作坊扬帆起航

编写教与学中心教师手册的时候，我以弗兰克·史密斯[1]（Frank Smith）的一句格言开始阅读教学这一节："儿童通过阅读学习如何阅读。因此，帮助他们学习阅读的唯一办法就是让他们可以轻松地阅读。"如果可以，我还想加上"投入"二字。开学头几天的一个大目标是帮助每个学生找到并进入一个他喜欢的故事中，不带任何附加条件。这意味着教师要准备大量好书、精彩的好书分享会、给学生时间去浏览和阅读。此外，还要让他们懂得为什么要开展阅读工作坊，以及如何共同营造一个安静、舒适的阅读环境。

学生应当对阅读研究的主要发现有所了解。阅读造就好读者，有规律、持续、大量的阅读是唯一和阅读修养有关的活动。我告诉新生去年他们学长学姐的平均阅读数量，激励他们超过这个数字。然后我分发荧光笔、阅读工作坊守则和要求。我和学生一起学习，特别强调和读书相关的要求：放弃不能让你快乐的书，保持安静，当我走过来和你交流的时候，轻声耳语，这样就不会打扰沉浸在他们所爱的作者为他们营造的世界中的其他读者们。我的首要目的是让所有人每天都能够进入并保持阅读状态。

我向学生承认："即使班级很安静，同学都体贴友爱，你还是可能要花一些时间才能适应在人群中读书。"学生把守则和要求放入文件夹，然后我们的第一次好书分享会就开始了——由我热情、简短地介绍10本左右我暑假期间发现的好书。

我从一位青少年文学学者特丽·莱森斯（Teri Lesense）那里领略到了好书分享会的魅力。在一次全国语文教师联合会的学术会议上，这位学者愉悦、热情、有要点地向中学教师介绍了优秀的青少年文学作品。我受其感染，一口气买了她推荐的所有图书。正如特丽燃起了我的热情一样，我也想用我的热情感染我的学生。

效率是另一个让我把好书分享会引进工作坊的原因。我发现在过去的每日阅读随堂检查时，我会多次向不同的学生重复概述同一本近期出版的青少年小说的情节。与其这样一对一地推荐，不如向全班统一介绍好书。

所以我开始了好书分享会，它的确节省了时间，但它最大的好处是在学生的图书选择上。学年结束时，那些深受学生欢迎的图书大约有90%都来自热情洋溢的好书分享会，我和学生的分享给教室图书角书架上的书带来了生

1　弗兰克·史密斯：西方当代著名心理语言学家，在阅读过程和阅读教学研究方面卓有建树。——译者注

机和色彩。

好书分享会没有规定形式，不需要道具、海报、报告或文稿。我总是在小卡片上记下我暑假所读的青少年文学作品的书名，好在9月的时候提醒自己都读过什么。好书分享会是非正式的，在气氛和内容上，它与成年读者和朋友们聊起喜爱的图书的情形类似：聊读书感受，介绍主要角色和冲突，简单介绍情节但不破坏惊喜，提及书的主题、风格或体裁，讲自己和这本书的故事——我们是如何读到它的。在好书分享会的最后，主讲人要回答问题。但如果有人追问具体故事情节，我就会跳出来，告诉他读者要学会耐住性子，带着疑问，自己去书中寻找答案。

学生在小卡片上写上自己的名字，夹在他们准备和全班分享的书里，然后放在我摇椅旁边的书架上。这本书的得分必须是9分或以上。如果低于9分，那对于一本书来说就是死神之吻，意味着整个学年剩下的时间都不会有人愿意读它。同一本书不能被重复推荐。我的目的是向全班推广好的作品，而不是让学生把他所爱的每一本书都讲一遍。

不得重复推荐的规则有一个例外，那就是当我是首推者时，一些学生对我评为9分、10分的好书有所怀疑，这种精神值得表扬，但如果另一位同学也对这本书给出9分或10分，那它就是"学生认证"过的了，这样的推荐就有了不同的分量。

假如一本书我还没有机会读，我则会解释我的购买原因——有可能这本书被文学奖项承认、被文学评论推荐，或是我之前读过该作家不错的作品——解释完之后，我会朗读封面介绍和国家图书馆对这本书的简介。然后我会问班上有谁想试读，如果发现这书有可取之处的话，介绍分享给大家。我也简单介绍那些我看不下去的题材作品，比如科幻小说和幻想小说，然后分给感兴趣的学生来试读。

个别时候，当我读到一本让我困惑、失望或愤怒的书时，我会打破不得低于9分的规矩。我告诉学生："这本书让我吃惊/愤怒/困惑，因为…… 我不知道该怎么解读它，有没有人愿意试读，看看你会对它有什么感受？"

当学生争相要求读同一本被分享的书时，我会使用历史悠久、公平公正的办法来裁决：所有竞争者都举起手来，然后推荐人心里想一个数字让竞争者来猜。猜的数字最接近的人就能如愿以偿。要是举手的人有很多，我会考虑多买一本。

在我进行学年第一次好书分享会之前，我让学生翻开读写手册，接着给右手边的每一页标页，直到第19页，然后我会解释：

你们刚才标的1—17页，是手册中的创作版图部分。接下来的一年，我会启发你们探索不同的文体和主题。你要在这里把你的灵感记下来，1—17页是你的灵感银行。相信我，你们在明年6月的时候都会是灵感的富翁。

现在请翻到第18页和第19页，然后把这个标题抄在上面：我的未来书单。这两页是记录你想要留待未来阅读的书目，我想让大家担负起规划自己阅读的责任。当我或者一个同学介绍一本书的时候，打开你的手册，听

目　　录

创作版图部分

创作版图	1—2
来自其他诗人的灵感和想法	3
我的心灵地图	4
潜在话题：尚需个性化	5
隐藏在我生活中的诗歌	6
我的讽刺杂文主题	7
值得写成回忆性散文的经历	8
我想要写评论来讨论的图书、电影和电视剧	9
我的微小说：如果……会怎样？	10
颂歌灵感	11
如何给家人朋友写节日礼物	12
痒了就要挠：议论文主题	13
诗歌：《我眼中的美国》中我可能会提到的地方	14
母亲节给母亲的一封信的不同写法	15
人物小传：本地传奇女子	16
可以用十四行诗歌颂的主题	17
我的未来书單	18—19
课堂笔记	
作家如何创作？	20
“意义何在”	21
无韵诗创作技巧：无韵诗的定义	22
开发自己的潜能	22
诗歌分行、分节	22
單刀直入	23
带着目的去结尾	23
重复的使用	23
寻找生动的词语	24
对比和比较	24—25
作文形式实验	25
写出思想与情感	26
我们为什么开展阅读工作坊	27
诗歌鉴赏术语表	28—29

图3.6　一个学生的读写手册目录第1页

到感兴趣的书名就记在这里。当你的一个朋友正在狂热地阅读某一本书，引得你也想记下书名时，为了防止忘记，也请在这里记下来。（图3.6是一个学生读写手册的目录，方便读者了解其内容结构；图3.7是一个8年级女生的未来书单。）

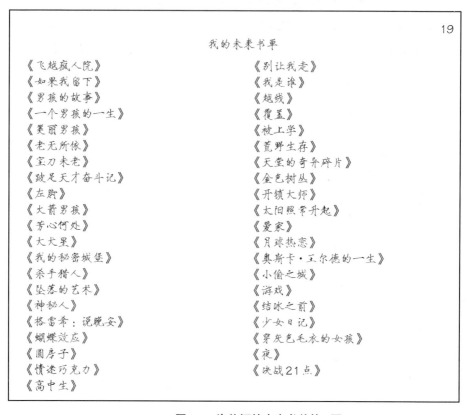

19

我的未来书单

《飞越疯人院》	《别让我走》
《如果我留下》	《我是谁》
《男孩的故事》	《越线》
《一个男孩的一生》	《覆盖》
《美丽男孩》	《被上学》
《老无所依》	《荒野生存》
《宝刀未老》	《天堂的奇异碎片》
《跛足天才奋斗记》	《金色树丛》
《左腿》	《开锁大师》
《大萧男孩》	《太阳照常升起》
《芳心何处》	《爱家》
《大犬星》	《月球热恋》
《我的秘密城堡》	《奥斯卡·王尔德的一生》
《杀手猎人》	《小偷之城》
《坠落的艺术》	《游戏》
《神秘人》	《结冰之前》
《格雷希：说晚安》	《少女日记》
《蝴蝶效应》	《穿灰色毛衣的女孩》
《圆房子》	《夜》
《情迷巧克力》	《决战21点》
《高中生》	

图3.7　海伦娜的未来书单第2页

成为独立、有目标的读者是非常重要的，也就是说，我们要做有计划的读者。未来书单就是一个轻松便捷的办法：你可以安排自己的阅读，享受选择给你带来的安全感——一种让人精神放松的办法，你能够自信地说"等我读完手上这一本，看看还有这些好书等着我去读呢"。

现在，我们开始好书分享会。

在我主讲的好书分享会上，我会同时推荐好几本书。有时我会按照作者、题材或体裁分类：自由体叙事诗、反战小说、反乌托邦小说、幽默小说、回忆性散文；有时按话题分类：同辈压力、审查制度、友谊、初恋、体育。我努力在新作品和公认的优秀作品之间找到平衡。在一次好书分享会上，我就介绍了两本书：一本学生一直很喜欢，另一本则是新出版的图书。

尼尔·盖曼（Neil Gaiman）的《无有乡》（*Neverwhere*）出版于1996年。他的另一部作品《墓园里的男孩》（*The Graveyard Book*）是第一本同时获得纽伯瑞儿童文学奖和卡耐基文学奖双料大奖的作品。我不得不说，我给《墓园里的男孩》打8分，我很喜欢它，但谈不上爱它。我更爱《无有乡》，在我看来这是盖曼最好的书，我给它打10分。

故事的主人公是理查德·梅休，一个离开苏格兰乡村来到大城市的年轻人。在伦敦他当了上班族，交了朋友，融入了伦敦的节奏，开始了朝九晚五的成人生活。直到一天晚上，他在街上救了一个身受重伤的女孩，她的名字叫门，理查德也因此发现了另一个伦敦。

伦敦的地铁系统被称为地下世界。盖曼则用这个词虚构出了一个神奇的伦敦地下世界。这是一个和理查德所见的伦敦平行的宇宙，一个被忽略的人们生活的地方，到处是难忘的故事角色。有些角色还有魔法，其中包括我在书中读到的最可怕的两个恶棍，葛璐普先生和范德茂先生。他们可把我吓坏了。

这是一本充满惊险的书，同时又激动人心、有趣而且充满惊喜。当理查德来到地下世界迷失了自己时，我想到了《爱丽丝漫游奇境记》。然而理查德不是爱丽丝——他的经历改变了他。故事开始时，他是一个墨守成规的人，想要安全、稳定的生活，接着他进入地下世界，找到了真我。

《无有乡》的主题很宏大：写出了对他人的同情、忠诚、信任，更写出了善与恶的对抗。此外，它还是一个非常有趣的探险故事。我认为它值10分。有问题或其他评论吗？

在今年夏天我所读的新书中，我将要介绍的是我最爱的一本。这本书的作者是E. 洛克哈特（E. Lockhart），也是"鲁比·奥利弗"（Ruby Oliver）三部曲的作者。我把这本《弗兰基·朗多-班克斯艳名远播史》（*The Disreputable History of Frankie Landau-Banks*）评为"贝拉"。我最好先解释一下"贝拉"是什么意思。

有一年，一个8年级的女生问我："如果一本书比10分还要好，我该怎么给它打分呢？"这个女生的名字叫贝拉，在意大利语中是漂亮、美好的意思。以她的名义，我决定将所有写得漂亮、美好、比10分还要好的书都评为"贝拉"。

E. 洛克哈特的这本书棒极了。弗兰基是故事的主人公，她聪明、勇敢、独立和有趣。她上学的地方是一个被作者称为阿拉巴斯特学院的精英私立学校。高一暑假，一些神奇的事情发生了——用作者的话说，她"从一个平庸单纯的小姑娘长成了一个成熟迷人的女郎"。就这样，弗兰基成了高三学生马修·黎文斯敦的女朋友，她可早就对他一见钟情了。马修是全校公认最帅气的男生，也是一群出身高贵富有的男生的头儿。但弗兰基发现这群男生并不只是一起玩那么简单，他们还组成了一个男生的秘密社团：巴塞皇家军团。她的父亲过去在阿拉巴斯特学院上学的时候也曾是其中一员。弗兰基的好奇心被激起，后来又被激怒。她不甘于做马修美丽的附属品。她的勇气、智慧和想象力不允许她安于在学校权力结构中处于一个被削弱的女性的地位。此时，故事变得厚重了起来。

我不能告诉你弗兰基做了什么。但我可以告诉你她的行为很酷，很合情合理。由于作者如此生动地描述了弗兰基的思绪、感受和动机，故事的每一步都吸引着我。作者下笔如梦：好玩的对话、合理难忘的细节和非常棒的人物发展。不只是主人公弗兰基，还有大量生动、立得住的配角，这些配角帮助读者更好地理解弗兰基这个人物。

在我以后的生活中，我希望可以像弗兰基一样勇敢。我认为把《弗兰基·朗多-班克斯艳名远播史》评为"贝拉"当之无愧。有问题和意见吗？有人想读这本书吗？

我和每个班的学生每年平均会分享大约250本我们认为不容错过的好书。这是最有效的"推销策略"，简单有效。我把它们比作即将上映的电影宣传预告片。它们是学生进入阅读状态的第一催化剂，因为它解决了美国学生为什么读书少的头号难题：学生找不到想读的书。好书分享会创造了频繁的分享机会，让学生意识到还有那么多好书等着他们，它使好书变得随处可见、引人入胜且随手可得。如果某个学生在第一个学期结束前都没有分享过，我会鼓励他把这作为下个学期的目标——打破坚冰，负起帮助同学的责任，像其他同学一样为读者推荐好的故事。

主讲几次好书分享会之后，我会向全班解释储存借书卡的地方，说明如何借书还书，警告他们绝不可以不经借书手续把书带离教室，然后让他们自由浏览教室图书角、交谈并选书。因为我希望每个人在下课前都有一本书在手，我会四处走动，提供帮助——拿出以前学生喜爱的书，介绍角色，总结情节，解释体裁，然后鼓励学生向其他人推荐他们熟悉的好书。

然后学生会按程序借出他们选好的书，在懒人沙发上蜷起来，趴在桌子上或者干脆躺在地上，自己找舒服的地方开始阅读。我的目的是让他们轻松、舒适地阅读。我从前的一位校长对学生四仰八叉地躺在地上看书的场景非常愤怒，我后来学会了如何应对：我指一指教室门上的窗户，上面贴着"请勿打扰，读者在阅读"的提醒。

学生都安顿好了，我拿起写字板，上面写着这个班级的阅读进度，然后在每人身边停下，记下书名。"你找到了什么书？"我轻声问，"为什么是这本？"今天和以后的每一天，我的主要责任是确保没有学生在读他不喜欢的书。一个不快乐的读者只会学到一件事：阅读是无聊的，我可不想让他们这么想。我鼓励学生放弃不感兴趣的书。他们需要强大的鼓励，有时甚至是命令。所以我会陪着不快乐的读者回到书架旁，拿出三四本男生或女生公认的好书。每本都简单介绍，让学生读读封面、封底和前言来看看这些书是否能与他产生共鸣。

这样做一般是有用的。如果没有，我就重复这个过程。阅读工作坊中最重要的"应该"就是让每个小读者快乐。一旦培养起学生的阅读习惯，读过的书自然会塑造其阅读品位。阅读者和写作者一样，需要带着参与感和成就感开始一年的学习。第一周我把力气花在选书和计划上，这样每个人都能在晚餐桌旁尽快找到自己的位置，理解和相信自己能在书中得到乐趣、练习阅读，并作为阅读者获得成长。这是阅读工作坊中"逐步放手"的关键。

每个学生都有家庭作业：阅读半个小时，并记得第二天一早把书带回学校。当然会有人忘记。这个时候我会低声咆哮，"你用掉了自己的作业豁免权"，然后让这个学生从我的短篇小说选集中挑一本，选一两篇小说来读。我不希望他开始读新的书，或者让任何人同时读两本书。他们需要在一段时间内有一个愉悦、完整、持续、有收获的文学阅读体验。

在第二天的阅读工作坊中，在我或几个8年级老生分享了好书之后，我会带着我的写字板巡视，这次是记下学生正在阅读的页数。如果他们完成了阅读作业，他们应该比前一天前进20页左右。如果没有，他们刚刚用掉了阅读工作坊作业豁免权；下次再犯，我就会写信给家长。如果我的课程表不支持每天都开展阅读工作坊，我会用20乘以没有阅读工作坊的天数。每个学生的阅读至少要超过这些页数。

然后我会轻声继续昨天开始的谈话。有时，在我检查了每个学生的进度之后，我有一点时间坐回我的摇椅上，读自己的书，或看着学生读书。这是同一群少年，在昨天放学的时候他们交换游戏机、闹腾着玩游戏、歌唱、尖叫和嬉闹；现在他们就在这安安静静地阅读——每个人都沉浸在书中，生活在某个故事里。这场景总能让我感动不已。

我不想打扰他们，但下课时间到了。"孩子们，请轻轻从书中走出来，站起来呼吸新鲜空气。让我重复一下：明天上课你们需要你读的书、读写手册、黄色的作业文件夹、绿色的诗歌文件夹和蓝色的创作文件夹。我很享受和你们一起的这3天。迫切地期待接下来的日子——我将见证你们不断努力，不断进步，就像真正的写作者和阅读者那样。我被你们打动了，也很兴奋。能做你们的老师，我感到非常荣幸。"

4

给小作者的必备课程

光忙碌并不够，问题是，我们在忙什么？
——亨利·大卫·梭罗（Henry David Thoreau）

我喜欢收集东西，尤其喜爱维多利亚风格的古董——陶瓷做的斯塔福德郡犬、雕刻贝壳、红宝石玻璃杯、陶瓷首饰盒和海鲜食谱。最后一样是在缅因州沿海地区生活的必备技能，也是为了解决掉3月本地渔民捕捞上来的小虾。

这种虾体型极小，就我的小拇指指尖那么大，下锅即熟。一种做法是几千克一起下锅煮熟，在餐桌上边剥边蘸融化的黄油吃。另一种做法是取一千克去壳的虾、一杯奶油蘑菇汤、一杯美乃滋酱料，青椒切碎，搅匀，撒上苏打饼干碎，在163摄氏度的烤箱里烤半个小时。上菜！

我还常在跳蚤市场上搜寻有收藏价值又增进食欲的缅因小虾食谱。一次，我花一美元买了一本破破烂烂的本地农场出版的海鲜食谱，倒不是因为它打破了美乃滋奶油蘑菇汤加饼干碎的传统，而是因为我被它的引言所吸引。

> 人说，好厨子源自天生，而非后天练成。
> 此言差矣。
> 努力尝试加上这些食谱
> 会成就一个好厨子。
>
> ——佚名

作为一个只能勉强及格的厨师和一个年近30岁才开始写作的人，我非常欣赏这个观点。好厨师和好作者经常被归为一类：有天赋的人。从教之初，我也思考过这个问题。优秀的学生写作者是否有所谓的天赋——对语言的天资，抑或是任何人都能通过学习写出佳作？随着我在写作工作坊中教授写作，积累经验，我找到了答案：每个学生都能通过学习写出佳作。

正如食谱上的诗所说，是努力尝试——练习——和这些食谱——经验丰富的建议——能成就一个好厨师或一个好的写作者。厨师和写作者都在受激励而努力，花时间练习和反思，然后从导师的经验中获益，得到指点。在写作工作坊中，微型课是教师向学生展示如何做的重要方式。

讲到主要的教学方法，每次揭开写作工作坊序幕的微型课和我与每个学生的单独交流同样重要。好的微型课简明实用又影响深远，它就写作中的问题、解决办法和有效的写作技巧展开全班性的对话。作为一名语文教师，我在把课堂转变为工作坊前就对自己所教的学科很有研究，微型课既是一个传授知识的机会，也是学生发现和按照自己的意愿行动的平台。作为一名教师学者，我的研究关注全班整体教学在写作工作坊中所扮演的角色，以及如何使教学发挥最大的效力。我和每位语文教师都知道任务紧急，时间紧迫，我们只有180天的教学时间给一个学生的未来奠定基础。

起初，我的微型课都是根据学生的学习情况而定的。每晚我会反思一天中学生的成果和不足，根据这个来备课以解决我发现的问题。但是一段时间后，规律显现了：有些课可以用在学年的前两个月、学期中或是第二个学期，以便及时满足学生的需求；有些建议能帮助他们写出符合写作规范的佳作、研究不同的文学体裁。我的微型课更加灵活广泛，不局限于固定的教学范围和顺序，而是在值得教的写作知识和恰当的教学瞬间之间找到了平衡点。

同时，我努力寻找值得教学的微型课内容，搜集能够帮助学生理解的话语方式。十二三岁的学生一听我说起诸如连贯性、用细节表现主题、生动的意象、抑扬顿挫、转折、排比、闪回、压缩、赘言，还有最让人头疼的主题等抽象的概念时，他们就一个头两个大。故而我发明了一套术语，帮助不那么成熟的小作者们初步理解文学要点的微妙内涵："意义何在""只写这颗鹅卵石""写出画面感""单刀直入""思想与情感的规则""三的魔力"，等等。从学生的作品和他们对所读文学作品的反馈来看，这些微型课效果显著并持久。

我们的术语也给微型课后的师生单独交流带来了变化。这套术语给学生解读自己的作文草稿，以及阅读其他文章提供了滤镜。我们的交流变得更加内涵丰富，也更有效率。在每次写作前，我和学生都不是毫无准备的，因为我们有一套观察文本特点、求助和提供建议的专用语言。

这意味着当我停在一位小作者身旁询问"进行得如何"时，他可能会回答："我无法确定每句话之后的意义""你可以在这里写出画面感吗""我认为这个开头很夺人眼球""我仍处在书面构思阶段""你认为我的思想与情感写得够不够""我在试验有效的重复""我在追求单刀直入""这篇作文给我感觉像写了鹅卵石，不是这颗鹅卵石。我该怎么修改"……我们的用词可能很古怪，但这套话语是学生能接受和消化理解的。

教师也可以学习这套术语——在我们自己计划、起草、修改、润饰和校订自己的作品时，当我们拒斥千篇一律的作文评价标准时，当我们阅读和思考不同类型佳作的特点时，还有当我们从值得信赖的作家和评论家那里获取精当而有意义的见解时。对我来说，我的精神导师有拉夫·弗莱彻、唐纳德·格雷夫斯、乔治亚·赫德、X. J. 肯尼迪、肯·麦克罗里、唐纳德·莫瑞、玛丽·奥利弗、罗恩·帕吉特、凯特·图拉比安、罗伯特·华莱士、E. B. 怀特、威廉·卡洛斯·威廉姆斯和威廉·津塞。从他们关于寻找写作话题和打磨出有个人风格的作品的忠告中，我学会了许多在个人写作阅读中，以及在课堂读写教学中能够用得到的技巧和评价标准。

期末时，我会回顾过去的教学计划，创建一个按时间顺序排列的过去13周的微型课清单。作为我们教与学中心期末考核的一部分，家长们除了会收到我对学生的评语，也会收到学生所学的微型课清单。他们可以大致掌握全班的教学状况、他们的孩子应该学到的知识，以及我为学生的成就和自主学习所做出的努力。因为我的班是混合班级，同时有7、8年级的学生，我设计了两年为周期的微型课计划。每年我都重复关于写作技巧、话题和写作规范的重要课程，用新鲜的例子来说明讲解，也教一些新的知识。我和学生一起涉猎了广泛的知识领域。我认为我们的努力是值得的——是直接的、有趣的、实用的，甚至是有启发性的。

我最近最爱的食谱也是从跳蚤市场上发现的：《玛莎·斯图尔特的便捷食谱》。这是玛莎早期的食谱——不是后来烹全猪的那种浮夸风格，而是收集了一些简单直接、十分优雅的菜品。按照这本食谱，我可以烹制黄油果醋鱼、青葱爆炒扇贝和藏红花烤鸡。我开拓了新的食材和做法，而不用承受对我来说高级烹饪带来的紧张不安。有了玛莎提供的小建议，成品都非常成功。她使我渴望再次烹饪，同时发明自己的食谱。

作为一名写作教师，我们需要时刻寻求有效的小建议——能够化难为易，化无形为有形。深刻、渊博的教学和单独交流能给每个学生带来知识、技巧、自信和成功的机会。

教学程序

9月末10月初，在准备微型课的时候，我脑海中的两个大目标是讲解或复习写作工作坊的教学程序，介绍或复习帮助学生写出好作文的主要技法。两者我都依托无韵诗教学来进行。

虽然每年我的班上都有新入学的学生，他们对写作没什么经验，但我的大多数学生都已经对写作工作坊有一定的经验了。在我一对一地帮助新生熟悉掌握课堂程序的同时，我也提醒老生们在工作坊中如何、为何做某事，并邀请他们承担起新生顾问的责任。

当我开始用工作坊的形式教写作时，我是布斯贝湾地区小学唯一这样做的老师。后来，我有了来自中小学的同仁，我们自称为"布斯贝湾写作中心"。然而即使是那个时候，我也不能指望班级所有的学生都了解课堂程序，因为工作坊模式并未在全校范围内推广。我知道每年秋季开学，我都需要在讲解工作坊课堂程序的微型课上投入大量精力。

学生不会自己熟悉写作工作坊的运作方式。他们需要教师不断地讲解和强调工作坊的程序，直到他们能将之内化，直到他们能够自然而然地在听微型课前记得取一支铅笔，当我在分发课堂笔记的时候取四条不干胶，把笔记贴到读写手册上，并把胶带传给别人，记得用红色的笔来校对作文，给每篇作文都填写一份自我校对表，集齐写作过程中所有的草稿并放入作品文件夹，还有每天上课记着带需要的文件夹和笔记本。

规律是写作工作坊第一个月要强调的重点。一旦学生知道了下一步要怎么做，他们就能够自己调整时间，我也能集中精力向他们展示如何提高写作水平，而不是每节课回答20次"我接下来该做什么"。开学前几天，我的教学内容会涉及下列几个方面，其余的会在接下来的两周中逐渐开展。

关于写作工作坊教学程序的微型课

- 写作工作坊要求
- 写作工作坊守则
- 教室布置，学习用具和材料在何处存放
- 如何创建、保持记录和使用个人化的创作版图

- 课堂程序：每日一诗、微型课、写作进度随堂检查、独立写作
- 如何回答老师的随堂检查
- 每天上课都要带什么、准备好什么
- 创作文件夹及其目的、组织
- 作品文件夹及其目的、组织和存放地点
- 作业文件夹和每周家庭作业单
- 100页的读写手册，它的五个部分及其各自目的：创作版图、未来书单、课堂笔记、文学术语和读后感
- 如何取四条不干胶，粘到手背上，把胶带传给下一位同学，然后把老师下发的微型课笔记粘贴到读写手册课堂笔记部分的空白页上
- 电脑登录密码（我用著名诗人的名字来做密码）
- 为什么独立写作时间教室需要保持安静
- 如何与老师或同学交流创作中的草稿，包括如何轻声耳语：朝着听话人讲话，尽量不让第三个人听见
- 一个有效率的同学写作交流会是什么样的
- 作家都做些什么，以及他们是如何称呼这些活动的
- 当完成一篇作文时需要如何做
- 准备好给老师评改的作文要在哪里上交
- 准备好给老师再一次审改遗留错误的作文在哪里上交，如果作文篇幅很长，老师可能要带回家看
- 如何创造一篇完美的终稿

在9月探讨课堂程序的微型课上，我和学生一起学习写作过程，以及作家都做些什么。经验告诉我不要僵化地谈论所谓的写作过程，这个概念会引起误解，让学生以为写作过程是全班整齐划一的活动。作为一名写作者，我知道每次创作草稿都包含了增补、替换、删减、重读、记录、调整语序和校订等一系列过程。

准确、详尽的行为指导给小作者们指明了方向，也在新学年开始的时候，引导每个学生认识到一条写作必备原则：写作就是纸面上的不断思考。这一课，我借助投影仪，以"写作者都做些什么"来进行讲解。

请把这个问题抄写在读写手册第20页的最上面。这是你的读写手册中

课堂笔记部分的第一次笔记。写作者都做些什么？这个问题将由我们一起合作回答。

我先以我对写作的定义开始作答。请抄在笔记本上，等会大家的发言我也会写下来，也请大家一一抄录。你可以假设我的拼写和标点符号用法是正确的，所以，尽量准确、工整地抄写。我的定义：写作是纸面上的不断思考。这其中包含了许多不同的活动。写作者都做些什么呢？

作为一名写作者，我学到了写作是在纸上进行的思考。我写下初步的想法，阅读和反思纸上的内容，或多或少地修改思路，再思考和写下新的内容。写作并不总是文思泉涌、下笔如有神的。相反，我们通过写作来拓展思路，寻找意义。作家的活动是混乱、复杂而又非常有趣的。任何人，只要他能够思考，肯投入足够的时间，那他就能写作。现在请大家集思广益，积极发言，我来记录，同时大家也要记笔记：你能想到的写作者的活动都有哪些？

表4.1显示了某班学生的回答。讨论结束，我告诉学生："这是一个全面、符合实际情况的清单。写作是有趣的、耗时耗力的、非线性的活动。写作者

表4.1 样例：写作者都做些什么？

写作者都做些什么？		
写作是纸面上的不断思考，这其中包含了许多不同的活动，写作者都做些什么呢？他们……		
寻找写作话题 确定写作话题 计划 书面构思 确定文体 创作开头 定下文章基调 打草稿 修改内容 修改语言 查阅资料、做研究 权衡选择 想出新方案 一次次重读写好的句子 列表 空下某处，回头再写	用修正带修改 用补注号添加漏字 划掉不需要的词句 修改混乱的表述 不断改变主意 推敲词句 询问他人对文章的反应 用数字或箭头等符号帮助 　自己整理思路和信息 有读者意识 写好后，沉淀一阵子 带着新鲜的想法和观点重 　回写作 创作结尾 润饰语言 检查动词 查询类属词典	手写 打字 拼写正确 规范地使用标点符号 正确大小写 散文分段 诗歌分行 诗分节 冥思苦想一个好题目 校对 制作终稿 发表文章

的活动围绕这些展开，直到某个时间点，我们不得不停下来——我们不得不对一篇作品放手，让它和读者见面。我的工作就是教会你如何做好清单上的所有活动，为你提供你所需要的时间。库尔特·冯内古特曾说过类似的话，作家并不一定是聪明人，但他们都学会了如何在纸上进行思考，如何利用时间，以及保持耐心。"

除了这节建立理论基础的微型课和在第一周回顾工作坊守则要求的微型课之外，关于课堂程序的微型课都很简短。这些课起到了引导入门的作用。如果我的课堂教学能够及时满足学生的需求——比如一个小作者正要修改他的第一首诗的时候，正好这一天我要讲如何修改作文——此时教学效果会是最好的。我知道，等到了哥伦布日的时候，我仍要不断地提醒学生工作坊的运转方式。然而这些时间投资是值得的。它使得我们能在接下来8个月的时间专心投入到文体、语言规范用法和写作技巧当中去。

写作技法

好作品有作者的专属文风。写作工作坊中的学生作为话语者，有各自的讲话方式，但是文风不仅是一个人讲话方式的记录，也是写作者为表达自我而作出的所有选择的总和。

文风从炼字开始：选字是否新奇？每个字是不是最佳选择？是否有具体的名词给作品带来生气，有动词传递感觉，有形容词引起共鸣？是否有表现主题的细节描写让人过目难忘？作者的反思回顾能否把读者领入他的思维宫殿，直抵内心？文章的观点是什么？语气——作者对写作对象的态度是怎样的？语言是否流畅，有韵律？作者的意思得到了重点强调，还是微妙地传递？描写部分是否多余，枝蔓太多？

好作品不是轻松愉快的意外产物。它是某种以特殊方式在纸上进行思考的结果——选择、拒斥、替代、阐明。正如威廉·津塞所说："美妙而不庞杂。写作是工艺，不是艺术。"

无论我在9月里对学生的拼写、标点错误和错误的大写有多失望，我都把语言规范用法的整体授课推迟到写作技法之后。我提醒自己，一对一的文字修改能为我提供许多机会，在具体语境中纠正学生的语言错误，要比全班整体授课有效得多。开学之初，写作技法课程督促学生开始培养自己的个人特点，尽快地帮助他们创造出好作品。等他们感受到了创作优秀之作带来的成就感，他们将有动力来继续努力学习写作。再加上他们开始关心自己作品的可读性，自然会努力学习如何校订自己的作文。

有时在写作技法微型课上，我会邀请学生和我合作，一起定义一个写作技巧或方法。有时我会介绍一个原则，然后用例文来阐释其含义。有时，一些课堂内容是我自己写作时的思考和选择。比如，我在全班学生面前用幻灯片现场创作，介绍我那时的想法；更为常见的方式是，在家写一篇文章，然后发给学生研究讨论。也有一些课是学生在我的协助下讲的。当某个学生接受了我的建议解决了一个难题，或是自己想出了解决办法，我邀请他们通过幻灯片的形式向全班展示。每一堂写作技法微型课要实现以下两个目标之一：向学生展示如何用写作来拓展思路，或是介绍有利于培养个人特点、创造佳作的做法。

每年第一周结束后，我脑子里会有一系列想要立刻传授给学生的写作技法微型课。我曾发现自己的一个旧计划本上写着：从哪里开始呢？隔行书

主要写作技法的微型课

- 诗人如何创作诗歌
- 题目最后决定
- "意义何在"或主题
- 写出思想与情感
- 只写这颗鹅卵石
- 书面构思
- 为何要隔行书写或两倍行距打印
- 读者是否能看到、听到、感受到
- 写出画面感
- 为何明智的作者会慎用副词
- 生动的动词，如何利用类属词典
- 重要的修改符号及技巧（补注号、箭头、星号、数字、图表、修补）
- 把文章静置两天
- 三的魔力
- 文体研究，例如润饰或斟酌诗歌、故事和说明文；不同的记叙型开头；记叙文中时间顺序的处理；诗歌中的象征性语言和声韵规律；散文的开头结尾；在写人物小传之前如何进行采访；说明文中如何组织和安排信息；格言的运用；如何写序言和后记

写？意义何在？鹅卵石的规则？诗歌分行分节？第一人称写诗？书面构思？每项都如此重要，我想一下子把一切都讲了。但是只能在一节课上讲讲基本概念，为其他所有的微型课铺路。

为了邀请学生像真正的写作者一样思考和创作，最有效、最让人信服的办法就是展示一个成年写作者是如何思考和创作的。观察写作中的成年人可以让学生看到无限可能。写作教师不必成为美国最伟大的小说家，也能教出有价值的内容。我们只需做得比学生好一点，他们就可以从我们的示范中学到东西，并在此基础上进步。

我开始以写作工作坊教写作的同时，全国写作培训中心鼓励语文教师以身作则，积极写作，这能帮助学生认识到写作是一个值得投入的活动。当时我会在课上某个时间选一张空着的课桌，拉开椅子坐下，装模作样示范写作：看看啊，孩子们，这有一个老师在写作……诸如此类。其实我当时只是在写等会买菜要买些什么。这是表演，不是教学示范。

有一阵子，我参加全国语文教师的研讨会时，都会去听唐纳德·莫瑞的每一次讲座。作为普利策新闻奖得主和写作教师，他的著作对写作理论和教学领域产生了重大影响。莫瑞经常在讲座时当堂构思，并在幻灯片上展示。这些示范揭开了"创造力"的神秘面纱，挑战了严整的提纲和一稿即成等陈旧观念。我总是能从他的讲座中获益。我最大的收获是明白了莫瑞的写作大多来自辛勤耕耘。我从未见过他作品的一字一句乘着白鸽的翅膀从天而降。作为一个初入文坛的写作者，我备受鼓舞。

回到学校，我深吸一口气，打开投影仪，开诚布公地邀请学生来参观和倾听一个正在努力写作的成年人脑海中的所思所想。他们见到了一个混乱的思考过程，一个人努力想要想出点东西——任何东西——把它们付诸纸上；这个人想要确定话题，驱赶不相关的想法，选择、调整、尝试不同的开头和结尾，列出或充实新的想法；尝试不同标点符号，每字每句都不厌其烦地斟酌修改，不断地重读；一次次回到前文中，想要找到感觉，激发下一句的灵感。在这个过程中，我发现了许多自己从前没有意识到的事，最明显的一件是我花在重读自己的草稿上的时间比我写草稿的时间还要多。

这一系列的活动是当教师坐在课桌旁写东西时学生看不到的：写作作为一个过程是如此纷乱复杂，如果我们不示范写作，不把它具体展示出来，学生甚至教师仍会被蒙在鼓里。如果学生不是亲眼看见或亲耳听过文章修改的过程，语文教师如何能让他们自己承担起这项重任？

现在，我会在家写好一篇文章，保存所有材料，复印出来，要求学生以写作研究者的身份研究它。这样他们就能从头到尾对整体的写作过程有所了解。接下来我们讨论我的做法及其背后的原因。我们的讨论对学生来说是具体、实用和有启发性的。

对于那些不常写作、对自己的写作过程不太了解的教师来说，他们可以向学生解释清楚，然后自己尝试一下我推荐的写作技法，例如隔行书写和书面构思，再向学生展示自己的实验结果。这样做的目的在于让小作者们看到一个比他们稍有经验的人是如何在纸上思考、修改、审视自己对好作品的理解的，还有如何培养文风，创造出有意义的作品的。

由于诗歌是我们学习的第一种文体，每年劳动节假期，我会从自己最新的创作版图上选择一个话题创作一首诗。下面一首诗记录了某天我的英国斯宾格猎犬罗琪找到一片四叶草的趣事。在和托比玩了一会扔球游戏后，她小跑回到厨房，我喂了她一块饼干，她吐出了塞在嘴里的两个网球。一片四叶草正好粘在了其中一个球上。这件事让我开始思考罗琪和好运的关系——我们和她的好运气。我花了5天时间创作和修改了这样一首诗。

福 星 高 照

小狗轻快地跳进厨房
把她嘴里的宝贝
放在红色地毯上：
两个网球
一片四叶草。
我惊喜地拾起。

时光倒流。
我搜肠刮肚
搜检自己童年的草坪
寻找一片一样的四叶草。
我的手指从未有此幸运
摘下这样一个奖品。

我家好吃懒做的小魔术师
摘取了我无缘得到的珍宝。
我又笑又叹——

一只幸运的狗——
想起那年时光
我们和她共同度过。

她躺在棕色毛毯上
我们无数次爱抚拥抱。
她半岁那年，
经历了尾骨分离手术。
如果不做，便是生命短暂、充满痛苦。
接受手术——也许是多年的戏球为乐。

我们孩子的牙齿矫正可以等待
钱先用来付她的钛合金腿骨。
兽医说遇见我们是她的幸运——
一个有能力医治她的家庭。
春天来了，我们收起毛毯
和罗琪一起在长满三叶草的草地上打滚。

她是最棒的宠物狗，
带来了无数亲吻、嬉笑和趣事。
现在的她，蹭人的鼻尖已经变灰，双眼已经模糊发红，
在我写这首诗时，正依偎在我的书桌下。
我伸出手抚摸它脸上的斑点
如同摘取了一片幸运。

这首诗耗费了我12页的篇幅来构思和打草稿。我按时间顺序整理好草稿纸，给每个学生复印一份，要求他们带回家去研究，至少寻找5个他们感兴趣的、我在写作过程中作出的变动或选择，并在旁边写下想问的问题。

第二天的微型课上，学生对我进行采访。我以诗作者的身份回答问题，解释我创作时的想法和原因。我的目标是让学生意识到一个成年人想要写出一首好诗的时候是如何思考、如何行动的。

图4.1是我当时书面构思、第一稿和选定题目的过程。学生的采访问题包括：

厨房　　　　红色的

四叶草躺在地毯上
我搜肠刮肚
寻找一片蓝天
那年冬天我们住在厨房——
地毯
医生说："你们是幸运的一家，能付得起这笔手术费。"

安妮的牙套——
现在老了——在我写作的此时，正在我身边沉睡，像贾斯汀说的那样
蹭人的鼻尖已经变灰，双眼已经模糊发红

你创造了自己的幸运

她的性格——
好吃懒做
狂野
爱调皮捣蛋

她给我们一家带来了好运

第一稿
9/2

轻快地跳进厨房
（小）我的狗 V 把她嘴里的宝贝放在
厨房 红色地毯上：
两个发了霉的网球
和一片四叶草。
我惊喜地拾起，

光影流转，回到一百个（一千个？）小时前
我搜肠刮肚
搜检不知名的草坪
【在艳阳蓝天下，】
搜检自己童年的草坪社区的
寻找一片（一样的）四叶草？
寻找一片不寻常的四叶草。
我的手指从未（能？）摘下这样一个奖品。

我家好吃懒做的小疯狗
摘取了我无缘得到的珍宝
找到了奖品
我又笑又叹——
　一只带来好运的狗
　一只幸运的狗

标题：头脑风暴
幸运
我们的幸运
好运
我们的福星
吉祥
我的福星
福星
幸运的生活
福星高照

图4.1　微型课教案：我的书面构思、第一稿和标题创作

- 第一行，你为什么要添加"轻快地跳进厨房"？
- 第二节，你为什么删掉了"在艳阳蓝天下"？
- 第二节，你为什么要把"一样的"放在括号里？
- 你为什么既写了"一只带来好运的狗"，又写了"一只幸运的狗"？
- 你为什么要强调地毯是红色的，毛毯是棕色的——有重要意义吗？
- 我无意冒犯，但你的第一个结尾很不好。你在写结尾的时候是如何思考的？
- 为什么每个诗节有六个诗行？

采访结束后，我分发小卡片，给学生5分钟的时间记下以这些文本和我的回答为基础，我在努力写好一首诗的时候到底都做了什么？想了什么？从书面构思到最后给诗寻找一个最好的标题，这其中有多少他们能够叫出名字来的具体的活动或思考方式？

然后我收齐学生的小卡片，汇集大家的观察结果，再加上我自己的，创建一个清单。第二天的微型课上，我要求学生把我打印好的这份清单粘在读写手册的第21页上，这是他们课堂笔记的第二部分。然后，手中拿着彩色记号笔，他们轮流朗读自己创建的这个清单。

诗人创作诗歌时都做些什么

- 寻找一个有意义的、有个人特点的写作话题
- 用书面构思来搜集灵感、细节、表现形式、生动的动词、一个主题，等等，另外还要为自己创造出足够多的动力来开始诗歌的创作
- 隔行书写，留出修改和构思的空间
- 以诗行和诗节的形式打草稿
- 实验不同的表现形式——每节有几行诗，或诗节如何开始和结束
- 重点关注动词：是否生动？特别是是否有画面感？
- 打草稿文思不畅的时候先画一条线，然后跳过这段继续写，一会再回来
- 查类属词典可以找到生动或能够押韵的字词
- 尽量避免使用副词，专注于写出有力的动词
- 在脑海中想象生动的形象，然后找出那个对的词
- 借助重复的手法使诗歌有动感，制造抑扬顿挫
- 把草稿读给自己听，删除没用的重复

- 在打草稿期间，不断重读整首诗、每一节和每一行

- 尝试不同的标点符号，体会它带来的语气、语调和情绪上的变化

- 删除不够好的字词

- 列举一系列好的字词，选出最好的一个来替代不够好的表达

- 在表述笨拙的地方画波浪线

- 在打草稿的时候就圈出不确定拼写的单词

- 用"//"表示分节，"/"表示分行

- 写一个新想法的时候重起一个诗节

- 朗读给自己听，修改以追求美好的音律

- 在打草稿和修改的时候想着主题

- 语言单刀直入：删掉聪明读者不需要的、不能使诗歌更有力的和不够具体的词句

- 逐字逐句地检查：是否每个字都是最佳选择？

- 在结尾处下功夫：尝试不同的写法，因为此处是一首诗最重要的地方，最深刻的思想或诗歌的主题一般在这里出现

- 在非写作时间思考——静待两天，酝酿思绪

- 在休息一阵子之后带着新鲜的观点回来

- 在诗已经或者快要写好的时候，考虑题目的选择，要找一个不是标签、能够引起读者兴趣、适合整首诗的题目

- 理解一首好诗来之不易。写作是在纸上不断地思考：搜集想法、作出选择并拥抱过程中出现的惊喜

　　这节课的积极影响不胜枚举。整个学年，我都能看到学生在创作修改诗歌的时候参考这份清单。11月的时候，多数学生会把这节课选为一学期中最重要的三节课之一。

　　这份清单对写作教学启发很多。它简明有效：它给学生提供了即刻就能尝试的写作技法，在开学的第六天，写作技法和无韵诗歌文体研究随即开始。它为一整年引导学生成为主动写作者的教学打下基础。它展示了隔行书写的方便之处。它为接下来的微型课和师生交流建立了一个可参考的框架。它也树立了教师的权威地位。我并不只是告诉学生他们应该如何写作，而是我亲自使用过这些有效的技巧方法，证明了它们的有效性。在写作工作坊中，这

是知识移交的终极形式——语文教师在学生心中奠定了写作向导的地位。

我对《福星高照》并无幻想。要不是这本书，它永远也不会有机会发表。但我本人对它很满意，很高兴写了它，因为我记下了我和家人是多么爱罗琪。作为一个写作教师，我在几个重要的时刻为我的学生展示了我的创作，解释和举例说明了某个文体或写作技法。这并不意味着我需要写出完整的文章。有时一页或是一段就足够展示一个问题及其解决办法。我对第二年重复利用同一篇文章也不会感到良心不安。

尽管我发表过文章，也出过书，但在我的教室里，我的权威地位是靠像写我的宠物狗这样的诗歌而树立起来的。7、8年级的学生，非常专注于自我感受。如果我在学校每天都拿着一本《在中学》，宣称这本书已经卖了50万本，获得了大奖什么的，我能预料到他们的反应将会是"我舅舅写过一本书""我见过斯蒂芬·金本人""图片里你的头发看起来好怪"。相反，让学生观察我努力写作的过程，让他们理解一个成年人是如何重视写作和在纸上进行思考的，这才是最有价值的。

另一节重要的写作技法课的题目是由一位名叫乔·博恩宁的学生在20世纪90年代提出的。我当时正尝试向学生讲解主题，和平时一样，学生遇到了理解困难的问题。在征得一个学生的同意后，我尝试着用她的一篇回忆性散文来理清这个概念。

"好的，"我说，"洛雷尔这篇作文讲述了她父亲告诉她并没有圣诞老人的故事。那么问题来了，她是如何面对的呢？她的感受如何？背叛？被欺骗？失望？她未来会不会代表小孩子们来守护圣诞老人的神话？洛雷尔的反应——她如何处理这个信息——这就是这篇回忆性散文的主题。"

乔此时突然开口："噢，好吧，所以现在洛雷尔知道没有圣诞老人了，但这意义何在?"意义何在？这成了一系列写作术语，主旨、目的、中心思想、写作动机的简化说法。太过专业的术语有时并不能引起中学生的认同。学生和我都学会了追问自己和他人："好吧，这件事发生了，意义何在呢？"自那以后，每年9月的第二周，我都会把下面这份笔记发给学生，让他们粘贴到读写手册上。

意义何在，即主旨

无论什么文体，好的作品都回答了"意义何在"这个问题。它们都有一个目的、观点和写作的原因。

好的写作者寻找他所选择的话题的意义、重要性或启示。

文章的"意义何在"有时是很微妙含蓄的，有时是明确地在文中表述出来的。但好的作者思考总能引起读者的思考。

罗伯特·弗罗斯特这样写道："作者不感动自己，就别想感动读者。"如果你不能发现自己生活中的意义，你的读者也就不能受你启发，去发现他们生活中的意义。你对事物的思想与情感是"意义何在"最好的来源。

写作者总是要通过努力写作和思考才能找到文章的主旨。但即使你认真思考，一些话题可能也没有一个主题思想。这种情况下你可以弃稿或暂停这篇作文的写作。

下面这位8年级学生泽菲的两首诗显示出了这一节课的效果。第一首是在我讲解"意义何在"这一课之前写的，是一个典型的"我只是为了写而写，并非真的要表达什么"类型的校园写作。它没有回答出我多次追问的问题："泽菲，你为什么要写一株枯萎的植物？"

它很有可能是干涸而死

我的房间里有一株枯萎的植物。

它看起来不缺水，所以我从不给它浇水。
它其实不是我的；不知道怎么就到了我的房间。

很快它落满灰尘，变黄变干。
枝蔓在我的触碰下突然折断。

我为何要写一株枯萎的植物？

因为我未能给它浇水？
因为它属于我的母亲？

我不清楚。

至少它还有种子，
我明年可以重新开始。

当我在泽菲的班级讲解"意义何在"的规则时，我采用了同一主题的两个不同版本来做例子。这两首诗都是写我的宠物狗罗琪，第一首我故意写得没有主题思想，另一首我几经修改，写出了主题，捕捉到了罗琪的外形特征，理清了我的思想情感，并写出了我对她和自我的发现。通过修改，我一系列无聊的抱怨变成了一首爱的诗篇。泽菲的第二首诗作也以他的宠物狗为题。他用这首诗来记录雅典娜的外形特征，理清自己的思想情感，写出了他关于雅典娜和自我的发现。这也是一首爱的诗篇。

女王雅典娜

她是一只狮子狗
她有两种截然不同的状态：
有人惹她烦恼时会发狂，
暖和的时候又懒得像没骨头。

当另一只狗与她正面交锋
为了一只袜子或者一个掉皮的排球，
她只想着一爪子
打向敌人的下巴。

当她坐在窗前
在一个朦胧夏日，懒懒地伏在地上
直到她的褶皱都融化成了
她睡在上面的毯子。

她是一只狮子狗。
她行动似乎很缓慢
但又让人觉得如此
高高在上。

当她累了，
尾巴懒洋洋地晃着，
但一旦有人打扰到她

就会发出不满的哼声。

可一旦听到犬吠，

她会飞速起身，

朝着门口怒吼。

她如斯芬克斯女神，端坐椅上。

又如一个富有而漫不经心的模特——

直到有事发生，

一只狗需要被管教斥责，

或是她需要被食物抚慰。

她是（但不只是）一只狮子狗。

——泽菲·韦瑟比

　　"意义何在"的规则在学生选择写作话题的时候就向他们发出挑战——好像内心深处有一个力量在推动着他们，让他们心痒难耐，提醒着他们这个话题很重要——突破事物的表面，用写作来寻找原因。我的学生认为这一课是对他们的写作认识改变最深的一节课。它帮助他们成长为目的明确、头脑清晰的写作者。

　　思想与情感的规则是和"意义何在"的规则相伴而生的。当小作者们挖掘自己的内心和思想中的矿藏，当他们写下自己的想法或是在写小说时写下主要人物的想法，此时他们就为找到主矿脉——主旨创造了条件。

　　多年以来，我常读到一些学生的作文，这些诗歌和回忆性散文记录着他们的经历，本来可以成为很好的作品：日出登山、与童年好友告别、迎接新生的弟弟或妹妹、转学，等等。但是这些故事是死的。过去，因为我搞不清楚为什么它们这么平淡无趣，我给出过错误的建议，告诉学生增加更多的描写和细节。结果他们写出了篇幅更长的无趣作品，记录自己在一个亮粉色的日出攀登了一座非常高的山，和一个非常亲密的朋友告别，见到了新生的粉色的宝宝，从一个一层楼的学校转到了一个两层楼的学校。我很羞于承认自己用了非常长的一段时间来理解这些故事的问题在于：作者没有给读者提供一个寄托情感的对象。

由于小作者们并没有解释他们的思想与情感，我无法走进他们的经历，或是与他们产生共鸣。可一旦我开始推动着他们插入个人感受，他们的诗歌、回忆性散文和短篇小说就有了生命。通过发掘学生的所思所想，主题自然就随之显现。思想与情感的规则就此诞生。

思想与情感的规则

在一篇有故事的文章中，读者需要一个寄托情感的对象。如果你写的是一首抒情叙事诗或一篇回忆性散文，那这个对象就是你。如果是一篇小说，那这个对象就是主人公。

如果想让读者进入你的故事，了解你或者主人公的思想与情感是非常重要的。个人感受使一个故事吸引人、有意思，让读者能够身临其境。写好个人感受，就能写出文章的主旨。

从现在开始，打草稿的时候把思想与情感写进去。但如果你发现自己需要在第一稿里先把情节和细节写好，你可以在修改的时候记下你或者主人公的思想与情感，以展开故事情节。

当你回来补写思想与情感的时候，你可以在读者可能会好奇此时你脑海中正想着什么的地方标注一个星号，或在另一张纸上按数字顺序写下初步的想法，或是撕几张小纸条在上面记录。

你要记住的重点是，思想与情感给一个故事带来生命，赋予它意义。它们邀请读者进入故事，经历、理解，并与之共鸣。

科迪，一个没有写作工作坊经验的新生，在班上写的第一首诗是关于一场棒球赛。这类写体育活动的作文很有可能会让写作教师哀叹不已——"他们得分了""比分追平了""他带球过人了""我得分了"……这样没完没了。我在科迪的桌旁停下，大致读了读他的草稿，我发现这的的确确就是一篇动作记录，完全没有个人感受来吸引读者，也没有暗示一个主题（图4.2）。

"科迪，"我说道，"我猜这一定是一个对你来说很重要的时刻。"

"是的，我当时感觉棒极了。"他肯定了我的猜测。

"但作为一个读者，我不能理解为什么。"我在第一诗节的第三和第四行之间画了一个星号。"比如这里，当你正要击球，此时比分持平时，我很想知道你当时的感受。"

他说："我感到不舒服，我的胃都搅在了一起。"

"这很生动。你能在这把它写下来吗，就在星号旁？"

第 二 稿	我在击球员准备区等待着 一位跑垒员在三垒出局 ※ 比分是11比11 我前方的击球手三击出局 *我真想要解开胃里打的结，它让我恶心、难受* 我上前一步喊停，想要看清 三垒教练的指示 ※ "击球！"他下令道 我用脚在击球员区标注了一个点 *我的耳膜砰砰直震* *我只模模糊糊地听到了他的指示* 我错过了第一次投掷 ※ "一击！"裁判员咆哮着 对方第二次投掷犯规 球的落点太低，我任它落到了界外 *我把球棒握得更紧* 我倒数着：一球两次击球 "只要沾边就击球！"三垒教练喊道 接下来的投掷正好朝垒板中心飞去 这是投球手的过失 *砰！* 在尖叫声中穿过一垒和二垒之间 飞入了好球区，一个安打 跑垒员跑回本垒，我们赢得了比赛 ※ 正是我的精准打点使得胜利成为可能 *我胃里的结都舒展开了* *胜利的喜悦占据了我* 我们全队简短地庆祝 下一场比赛10分钟后开始

图4.2　科迪在草稿上添加的"思想与情感"

"好的。"

"就这么继续。读读后面的部分，在你认为读者可能好奇你当时的思想与情感的地方画一个星号。然后再回过头来加上你的个人感受。让你的读者身临其境。"

他做到了。这首诗的终稿，一首题为《安打》的诗，成为科迪的第一首诗，为他两年的写作工作坊学习打下了坚实基础，也成功地描绘了他击球的英姿。

安　打

我在击球员准备区等待着
一位跑垒员在三垒出局。
比分是 11 比 11。
我真想要解开胃里打的结——
它让我恶心、难受。
我前方的击球手三击出局。

我上前一步喊停，想要看清
三垒教练的指示。
"击球！"他下令道。
我只模模糊糊地听到了他的指示，
我的耳膜砰砰直震。
我用脚在击球员区标注了一个点。

我错过了第一次投掷。
"一击！"裁判员咆哮着。
我把球棒握得更紧。
对方第二次投掷犯规。

我倒数着：一球两次击球，
心跳得飞快，直要爆炸。
"只要沾边就击球！"三垒教练喊道。
接下来的投掷正好朝垒板中心飞去——
这是投球手的过失。

砰！

铝撞击皮革的声音在球场上回响。
球被球棒击飞，
在尖叫声中穿过一垒和二垒之间。
飞入了好球区，一个安打。
跑垒员跑回本垒，我们赢了。

我胃里的节都舒展开了，
胜利的喜悦占据了我，
我们全队庆祝——简短地。
下一场比赛
10分钟后开始。

——科迪·格雷夫斯

"只写这颗鹅卵石"的规则是在我和7年级学生内森的一次谈话的基础上形成的。一天，当我坐在他身旁阅读他的诗歌草稿时，一种熟悉的不祥预感油然而生。他的诗《鹅卵石》（图4.3）让我想起了过去学生以"狗""猫""篮球""雪""夏天"和"巧克力"为题的诗歌作品。这些诗算不上成功，因为小诗人写的都是泛指的事物，而非具体的观察和体验。

"内森，你为什么要写这首诗呢？"我追问他，他给了我一个好答案。

"因为我认为那些我们平时不会多想、理所当然的事物，像是鹅卵石和小草或者其他小东西，都很酷。"

"这是一个有趣的主旨，"我表示赞同，"作为读者，我有一个问题：这篇草稿说服不了我。我看不到、听不到也感受不到鹅卵石。帮我一个忙，到停车场去，选一颗鹅卵石，把它带回来，然后就写这一颗鹅卵石。"

尽管他花了相当长的时间用来寻找那颗完美的鹅卵石，然而这是值得的。内森这首诗的终稿，单数形式的"鹅卵石"是一个小小的奇迹。

鹅 卵 石

一种矿物
一种岩石
小小一块小玩意
形状各异大小不一

你能在沙滩见到它
也可能在户外或地板上找到它

你以为它只是另一样平淡无奇的东西
但如果你仔细想想它其实很特别。

如果没有这些寂静无声平淡无奇的鹅卵石，
就不会有沙滩、沙场和小路了。

图4.3　内森的《鹅卵石》第一稿

一颗鹅卵石

现在我不是在写

随便哪颗

鹅卵石——

我是在写这一颗——

这颗多边形的

有着

粗糙

但温柔的

表面,

它

能在我

的掌心

旋转,

我

能

朝天

扔去

然后

在

半空中

抓住,

它

掉落

在

桌上

发出

滴答,

又

4

给小作者的

必备课程

127

滴答
的声音，

它
如此轻巧
我能
用
拇指
顶住。

现在
我希望
我
没有
要求
太
多
但
你
能
看
得
像我一样仔细
看着这颗
鹅卵石，
然后
找到
在
这个
世界上
属于
你的
特别

之物吗？

我本可以把这项规则称为用细节表现主题，或者引用威廉·卡洛斯·威廉姆斯的话，命名为"要具体事物，不要抽象概念"的规则，但"只写这颗鹅卵石"这种说法具体而能引起共鸣：它直接向学生解释了这条规则要他们怎么做。

给小作者的
必备课程

只写这颗鹅卵石

不要写抽象宽泛的想法或话题。要写具体的，看得见摸得着的人、地点、场合、时间、事物、动物或经历。这样你的文章将能激起读者心中生动的形象：看得见摸得着的，关于声、光、味道、触感、口感的细节描写和强有力的动词会给这些细节带来生命。

不要泛写鹅卵石。只写这颗鹅卵石。

不要写秋天。写秋季的一天。走到窗前，拿着纸笔走出去感受。

不要写日落或者彩虹。写你昨晚见到的美丽的日落或者当你需要一道彩虹的时候出现的那一道彩虹。

不要写小狗或者小猫。观察描写你的狗、你的猫。

不要歌颂友谊。写你的朋友，你们一起做的事，写活你的友谊。

不要写足球。记住并写下对你有不同意义的踢球的那一刻。

不要写读书。写你读某一本书的经历。

不要写万圣节南瓜。写那个你昨天晚上雕刻的南瓜、那个你种出来的南瓜、那个讨厌的高中男孩在街上摔破的南瓜灯。

129

学生莎拉接受了最后一项挑战。她笔下的南瓜甚至有名字。

南瓜特维拉

我亲爱的特维拉，
噢，你这可爱的橙色圆球——
我真后悔
我过早地
画好了你的微笑，
给你美丽的睫毛涂了睫毛膏，

还给你按了一个纽扣鼻子。

现在你在寒风中茕茕孑立。
那些毛茸茸的真菌
被你新鲜的秋天气息吸引
爬上了你的内壁。

我真害怕，特维拉。
你是否只剩一个躯壳？
我多希望你活着
见到你的节日，
亲眼见证怪兽、
仙女和矮人
瞠目赞叹你光鲜的美丽。

但现在你静静地坐在那
带着空洞的表情，
你的笑容不再像
你新鲜时那样灿烂。
你看着叶子一片片掉光，
如小鹿斑比的大眼睛愈加空洞
疾病占据了你
无助的身体。
我不知道你还能否撑得住。

特维拉，我真
抱歉。

——莎拉·乔丹

我能立刻从学生的草稿中看出另一节写作技法课的应用。这一课包含了我自己在写作时的做法，我也鼓励学生在打草稿前也尝试一下。虽然我已经当了30年的职业写作者，但我开始一个新的写作任务时的焦虑感并不因此减轻。我仍然会被一张白纸吓住。但如果我能在别处开始创作，在旁边的一张纸上、在另一处、反正和一张真正的草稿纸完全不像的地方，我就能够压抑住那个存在在我脑中的暴君，放下语言的包袱开始创作。我学会了通过写作来创造写作，让自己不确定的模糊的东西变得清晰且可以理解。

举个例子，我用阿特金斯节食法[1]减肥的那个冬天，我觉得自己是全美国最快乐的女人。我无肉不欢。被聂鲁达非常规的颂诗激发了灵感，我决定为培根唱一首赞歌。但我并没有直接从打草稿开始。相反，我大致记下了自己的想法：我吃培根的习惯、各类培根的名称和我冰箱里培根包装上那治愈人心的配料表（图4.4）。这些凌乱的想法给了我细节和写作动力，直到我准

书面构思（培根）

粉色纹理的脂肪
密封在了
塑料包装里

盐
唇齿间的酥脆

蜂蜜般的色泽
胡桃木熏制

让人愉悦的食物
在我手中得到完美烤制

油油的肉香
香气整天
在我的发间徘徊

我的早餐——8片培根
　　　　　　（7片给我，1片给罗琪）

我的烧烤仪式：
双层厨房用纸
蓝色烤盘
一杯橙汁
11:00——11点左右——周末上午

以水、盐、糖、钠、
磷酸盐和硝酸钠腌
制而成

在奶油芝士汤中
在培根生菜番茄三明治中
在法式咸味派里
在意大利面 奶油培根天使面中

图4.4　南希《培根颂》的书面构思

1 阿特金斯节食法：一种提倡以高蛋白、低碳水化合物的饮食来减肥的方法。——译者注

备好了迫不及待要开始写这首诗。我并没有用到我所列出的所有想法，总有新的灵感和表达在我写草稿的时候给我惊喜，然而不拘形式却目标明确的构思方法启发、支持了这首颂诗的创作。

培　根　颂

哦，培根，
你是食肉动物的
美梦成真。
你那红褐色的
鲜咸酥脆
就是肉类的
典范。
你那粉色纹理的脂肪，
被密封在了
塑料包装里
以水、盐和糖，
还有可怕的
带石字旁和金字旁的化学物质加工
达到完美的口感。
在任何一个厨师的煎锅里，
从一个农夫的培根生菜番茄三明治，
到晚餐桌上的
培根加蛋，
再到美食家的
奶油培根意大利面。
你是我最爱的
周末上午茶：
8片胡桃木熏制的
培根，
7片给我
1片给我的狗。
我享受整个过程，
培根，

从剪开
透明的包装
到把每片分开，
把烤箱的温度调高，
用双层厨房用纸
铺在烤盘上
来收集你滴落的油脂，
然后倒上一大玻璃杯的
冰橙汁。
我爱
你的油花四溅、噼里啪啦
随着你对我歌唱，
随着你弯曲变小
你的香气
弥漫整个厨房
还在我的头发上
徘徊，
烟熏味的纪念品。
狗和我
将你狼吞虎咽后，
我依依不舍地吃掉残存的肉渣
真希望我
再多烤一片。
火是因为你
才被发明的，培根。
手指也是，
邦迪牌厨房用纸更是。
你是人类文明
的皇冠
和我在周末早上
把自己从床上
拉起来的
理由。

我每次写作都会先在纸上构思：它是我写作过程必不可少的一部分。当我在每学期期末给学生写评语时，对每个学生阅读和写作的进步都会先稍加整理记录。当我进行个人创作时，我从收集记录生动的想象和细节开始我的创作。在写这本书的时候，我无数次地用这种方式构思——收集思路、故事、例子、观点、好词好句和格言，然后把它们编入我的草稿中。书面构思使我放松而不忽视写作中的细节。

在微型课上，我向全班展示我自己和过去学生的书面构思样例，解释它是如何使我们的写作过程和成果更好的。我要求学生把这张清单贴在读写手册上，上面有这种唐纳德·莫瑞称为"在创作前的写作"能给我和学生带来的种种好处。

书 面 构 思

书面构思，意味着你在一张草稿纸上涂涂写写，但那并非你作文的初稿。书面构思打开了你的思路——收集词语、意象和观点，抓住和收集你可能会丢掉或忘记的，在你文思阻塞的时候帮你理清思路，通过写作来创造写作。

书面构思能够：

- 减轻空白草稿带来的压力
- 帮助你开始创作
- 收集好词、观点和意象
- 试验不同的开头
- 收集生动的细节
- 在你突然想起某个字或词的时候记下来
- 在打草稿的时候捉住并储藏一个突然想到的灵感
- 每一稿解决一个问题
- 尝试同一事物的不同表达
- 简略地描述一个新点子
- 推敲选词
- 为你文章的信息寻找顺序或结构
- 理清时间线索
- 探索接下来发生的可能性
- 写出好标题
- 获得或重新获得写作动力
- 收集相关的引用语或数据

- 寻找文章主旨或追问"意义何在"
- 试验不同的结尾

我让班上每个人都试一试，看看书面构思能否让创作和修改更简单有效。后来，半数以上的学生都会在每次写作前进行书面构思。随着他们写作的文体越来越复杂，随着我们开始写评论文章、小小说、散文和原创论文，几乎所有人都用书面构思来计划自己的写作。

这一课我教了20年，其间遇到过3个从不书面构思的学生。他们不需要书面构思，他们可以在心里计划好，把做好的选择和想好的解决方案直接应用在第一稿上，写出非常棒的作文。强行要求他们进行书面构思会浪费他们的时间。另一件需要引起重视的事是书面构思并非网状、图标状、四格、六格或其他任何千篇一律的图表。重要的是让学生知道他们可以在创作前和创作时，在另一张纸上试探、思考、计划和预想他们的作品。

琥珀用书面构思帮助自己构思了一篇回忆性散文《不可征服的激流》。在创作过程中，她发现了真正想写的话题。图4.5展示了琥珀思路的转变过程，开始她想要写她与单核细胞增多症的对抗，后来转变到对比反思她的疾病与她父母遭受的永久残疾。

在索菲亚写一篇关于第一次用自己的钱购物的回忆性散文时，她对文

文章开头：
- 回忆/动作＝妈妈的头痛
- 医院诊室（闪回）
- ~~在家待了好几周——瘦得都能摸到骨头子（闪回）~~
- ~~上学迟到，别人的评价（闪回）~~
- ~~一些和游泳相关的场景（闪回）~~
- 现在——结尾（时间线跳回现在）

新题目：我的爸爸和他的义肢
爸爸的义肢靠在五斗橱旁，有塑料材质的足部，脚踝以上都有衣服包裹着，这段塑料支撑着我爸爸的身躯。它的颜色是棕色的，但膝盖处的孔出卖了它的伪装，让人发现其实是闪闪发亮的金属连接着关节。

"意义何在"
     ~~联系   回忆性散文的意义   主旨~~
    现在是：我的父母
    单核细胞增多症让我必须手术，而爸爸却在（手术中）失去了一条腿，妈妈失去了一根脚趾。这件事让我意识到，随着时间的推移，没有什么疾病是不能战胜/痊愈的。爸爸妈妈的所作所为好勇敢。对我来说，他们不是残缺的。

图4.5 琥珀对一篇回忆性散文的书面构思

章主旨犹豫不决，导致写不下去。她把草稿放到一旁，随手在纸上涂涂写写（图4.6），以此寻找和发掘这段经历"意义何在"。

安娜也用此策略解决了创作过程中出现的一个难题，写出了一篇短篇小说。她停下打草稿的笔，大致构思了一段对话，后来这段对话成为故事的高潮部分（图4.7）。

回忆性散文的"意义何在"
① 而我： ● 努力工作？ ● 省钱？ ● 珍惜每一分钱，因为我知道它很珍贵？
② 她是我最爱的娃娃——比所有的都爱——因为她是我努力得来的，每次看到她，我就觉得自己长大了，能负责了，成熟了。

图4.6 索菲亚用书面构思来确定主旨

妈妈："滑冰以前对你那么重要，你现在要放弃吗？"
莱斯利："我知道，我不会放弃滑冰的，它是我生命的一部分。我只是不想让它占据我生命的全部。"

图4.7 安娜对一篇短篇小说的高潮部分的书面构思

在内特写下对马克思·苏萨克《传信人》的书信体读后感之前，他先写下小说的特点及他的解读（图4.8）。他搜集的关于人物、情节、主题和作者风格的细节后来成为他评价这本书的依据。

1月的第一周，当学生寒假归来，我给他们讲了手写感谢卡的艺术。我买了一些便宜的空白卡片，做了幻灯片，用我从亲朋好友那里收到的感谢卡做例子，和他们推心置腹地讲道：

> 我能理解人们为何觉得写感谢卡很难，并不是他们不知感恩或是懒惰，只是他们不知道在谢谢你之外还能写些什么，这就意味着一张感谢卡可能永远也写不下去。

> 我的秘诀呢？先书面构思。说说你喜欢这个礼物的地方，你会用它做些什么，它为什么很特殊。然后把这些写到卡片上。

> 我保证，书面构思能够把这个成熟体贴的成年人的重要责任变得更轻松快捷。那个送你礼物的人一定会感谢和记住你的贴心之举。下面请看看海蒂为了写一张感谢她叔叔婶婶的卡片而写的书面构思（图4.9）。

	开头：非常棒 文字顺畅 第一个任务立即就能吸引住你	
	猜不到他的新任务会是什么	• 对现场的描写非常生动形象，写出了画面感
书的封面好像和他（爱德）是一个爱开玩笑的人这一点相呼应？	**人物形象发展** 许许多多让人印象深刻的可爱人物	
	10/10分 • 诗意盎然 • 贯串全书的谜团，让你保持兴奋 • 文字的节奏 • 许多的情节翻转 • 棒极了的故事情节 • 喜欢书的许多地方，希望自己也能写得这么好 • 书中的人物描写非常有效	
	我最喜欢的人物： • 看门人 • 爱德 • 米拉 爱德＝最完美的主人公：有趣、可爱、有时有点笨手笨脚、普通（但又）善良	主题：每个人身上都有潜能，每个人都可以为这个世界做贡献

图4.8 内特对一篇书信体读后感的书面构思

137

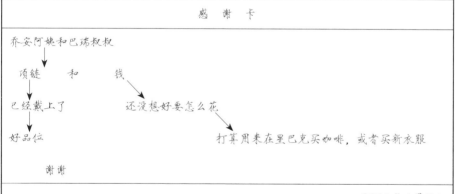

感谢卡

乔安阿姨和巴瑞叔叔

项链 和 钱

已经戴上了 还没想好要怎么花

好品位 打算用来在星巴克买咖啡，或者买新衣服

谢谢

2011年1月5日

亲爱的乔安阿姨和巴瑞叔叔：
我太喜欢你们为我做的项链了。我已经戴了好多次；实际上，现在我就戴着它呢！我走到哪都戴着，我想说你们的品位真好。我还没有想好要怎么花你们给我的现金卡。它可以让我买好多东西，真好。现在，我想我要买些衣服，因为如果你问我妈妈的话，我可以肯定她会说我应该多买几件衣服。
非常感谢。

爱你的，
海蒂

图4.9 海蒂的感谢卡及其书面构思

有时，当我的学生写下自己的思路和脑海中的形象时，他们并不确切地明白自己在做什么。我对这种有“生产力”的游戏非常赞赏，因为我能看出这种游戏的潜力。如图4.10，纸上方标题显示莎拉当时并不确定这到底是一首诗的草稿，还是只是写诗的计划。这不重要，重要的是她学会了如何在纸上进行思考。她没有望着空白的草稿纸发呆，不是空想如何开始，而是用了书面构思的方式，让她在这首写她与母亲两人在纽约的一天的诗上取得了很大的进展。下面是她的书面构思及其带来的成果。

10/16 第一稿　或者　一首诗的写作计划	
~~我们在人潮拥挤的~~街上徜徉，手里紧紧抓着背包，我们在排列在街旁的店铺里穿梭。（用在别处） ~~我们停在小摊前，想把东西卖给我们的叫卖人把东西塞到我们手中。你耸了耸肩，没有理会他们的请求，走开了。~~	• 许许多多的人和车 • ~~母亲的保护欲让你总把我紧紧拉在身旁~~ • 我们扎进一家家店铺，手里拿着购物袋 • 我们随心所欲，想进哪家店，想试哪件衣服都可以 • 糖果和坚果的香气 • 结账 • 小摊 • 徜徉：游荡 　　　漫步 　　　散步
拥挤的街道	第一诗节可以是： 我们徜徉在拥挤的街道，无处不在的汽车尾气味道混合着香甜的糖衣坚果还有热狗的味道

图4.10　莎拉的诗歌草稿

最好的纪念

我们在拥挤的大街上徜徉
肩并着肩，
手臂在人群中挥舞
不时摩擦。

空气里弥漫着臭气
从汽车排气管飘出的有毒的烟雾
混合着甜甜的香气
来自糖衣坚果和热狗。

我们在排列在街旁的
店铺里穿梭，
包里装满了新衣服
抓在手中。

此时，我们随心所愿
漫无目的
徘徊在这拥挤的街道
一起。

此时，你和我。

——莎拉·乔丹

　　我也目睹了学生在书面构思的帮助下免去了自己在没有意义的话题上白受折磨。艾德里安已经把回忆性散文的备选话题缩小到了两个：在她新泽西州的姑姑家过感恩节，去年夏天露营时的最后一次出海。她尝试对两者进行书面构思（图4.11），发现虽然日落出海能激发一些美好的意象，但写感恩节的回忆性散文更能表达她想写的主旨，这个过程节省了她的时间精力。她创作了一篇回忆性散文，追忆和她疯狂但充满爱的大家庭共同度过的时光。

139

感　恩　节？

- 去朱莉超市买冰激凌
- 彼得叔叔带我去他的高级俱乐部玩板球，我打错了，他还冲我喊
- 和兄弟姐妹一起在泳池打水仗＋爸爸帮我
- 和奶奶一起去小山购物中心购物
- 帮贝蒂阿姨做饭＋摆桌子
- 买感恩节的新衣服
- 主旨：总是吵吵闹闹，总有人生气吵架，但晚餐已做好，大家又都高兴地在一起了。

傍　晚　出　海？

- 全身湿透
- 船上太滑了，莎拉从船头滑了下来，用手抓住了桅杆
- 我们撞了一艘美国人的船，贝蒂生气了，于是我们就撒谎说没有撞到
- 有一个瞬间，大家都停下不说话了，望着那美丽的日落
- 主旨？

图4.11　艾德里安用书面构思的方式选择写作话题

学生向我反映书面构思能帮助他们在写散文的时候，尝试不同的开篇。他们借此找寻那种引入一篇记叙文、散文或评论文章的方式。这种找寻使他们感到快乐，鼓励他们继续创作，预示了他们文章的走向。图4.12再现了布兰登在写一篇回忆性散文时，对不同的开头进行的尝试。布兰登想要再现他和父亲第一次去打猎的经历：两段不同的对话、布兰登在这段经历中某一瞬间的思想与情感，以及布兰登父子的动作描写。他对第三个开头感到满意，受其推动，写下了这个故事和那一天对他的意义。

开 头 段	10/21

★ 我们溜进树林，小心地隐藏着行踪。每一步我都把脚抬得高高的，避免踩到刚从地里长出来的小树苗。脚底下的落叶沙沙作响，很难保持安静。

★ 我走进树林，走向倾颓的石墙，心里激动不已！这是我第一次打猎。我抱着猎枪，匀速地行动。这么多年的射击训练，我终于可以大显身手了。

★ "我们就要进树林了。现在要保持安静和警觉。"
他敏捷地走过田间小径，我紧随其后，脚踩在落叶上，每一步都沙沙作响。
"嘘，"他笑着愤声道，"想要没有脚步声，就要脚跟先着地，脚掌和脚尖再落下。"
我按照他说的做了，这让我走路的声音小了那么一点。

图4.12　布兰登的书面构思：一篇回忆性散文的开头段

唐纳德·莫瑞把这种正式写作前的写作称为"感知和理解事物，同时形成计划和思路"的行为。成功的作文建立在学生对记忆的感知理解，以及纸片涂鸦带来思路的基础上。我向他们展示我的书面构思，解释它对我的帮助。如果一个学生的做法很好，我会征求其同意，给全班复印，并邀请这位小作者向全班展示。对于用写作激发创作，唐纳德·莫瑞有段话讲得非常好：我们语文教师需要"理解这个过程是真实发生、意义重大的，也是可以让我们的学生领会到的。对于不爱写作文、写不好作文的学生来说，如果他们能够采纳好作者的经验和建议，在创作前写作的话，他们就还有机会"。

经常有老师问我如何引导那些拒绝写作的学生爱上写作。我的回答先是，"帮他们从自我意识中解脱出来：向他们展示如何书面构思，让他们的文思自然流畅起来"。接着我会警示我的同仁。正如好的数学教师不会说某个学生就是学不好数学。写作也是一门学科。写作教师永远也不应该暗示一个学生可能不会写作，或接受这种说法。说穿了，这是那种认为写作是一种创造性艺术而并非熟能生巧的技艺的谬论。

另一节重要的写作技法微型课是要说服学生接受隔行书写的益处。我给全班复印了一份手写的草稿，供他们研究，让他们讨论回答"隔行书写给写作者带来了哪些方便"这个问题。学生小组讨论，记下笔记，列举我的写作活动，然后按小组汇报，我制作一张汇总清单如下。

为什么严肃的写作者要隔行书写

它让你能够：

- 添加新的词语和观点
- 添加一整行的新内容
- 划掉某些字句，代之以更有力、更准确的表达
- 在一个灵感飞逝之前留住它
- 计划接下来的写作
- 用箭头和星号调整语序
- 为惊喜提供空间
- 留出呼吸的空间：给草稿留出足够的空白，这样你就不会迷失其中
- 把草稿纸当成一块任你施展的画布，你可以反复斟酌，让表述更清晰、更有力和更让人满意
- 简短地说，额外的留白给了写作者严肃、有趣的思考，从而写出好作文

我复印这份清单，第二天发给学生，让他们粘贴到读写手册上。然后我们一起阅读、画出重点并全班讨论。

下面介绍的这一节简单的写作技法课是关于作文标题的。它可以被刚入门的写作者直接应用到写作中去。虽然标题是一篇文章最简短的部分，但一个好的标题能让人对一篇文章产生深刻的印象。它能给读者提示，激起我们的好奇心并打开一篇文章的大门。给一篇文章起标题是任何学生都要仔细对待的，尤其是对刚入门的写作者，他们写的许多标题其实都是标签。艾利克斯，一个没有经验的小作者，就用标签给他的第一首诗命名。

开　船

我在河上减慢速度，

小心避开礁石

和其他危险。

拂面的清风

那样凉爽清新。

一只海豹突然探出头来

在浮着泡沫的波浪间。

马达隆隆作响

在我的脑海中

盘旋。

我调转船头

在岛的一角

驶回

浮台。

准备好接受

最后的挑战：靠岸。

——艾利克斯·格雷夫斯

在单独辅导艾利克斯的时候，我给了他一些提示："你知道，我会把'开船'称为暂时的标题，它用来替代之后正式的标题。'开船'是诗的内容，当然没错，但作为一个读者，这个标题太过直白，缺乏吸引力，而你需要让读者印象深刻对不对？"

"没错。"他表示赞同。

"唐纳德·莫瑞教导我要一直等到一篇作品完成之后——直到我弄清楚这首诗的内容——再思考标题的问题：可以打开思路，多想几个备选。你能否另找一张纸，读读你的诗，然后也尝试一下这种做法？"

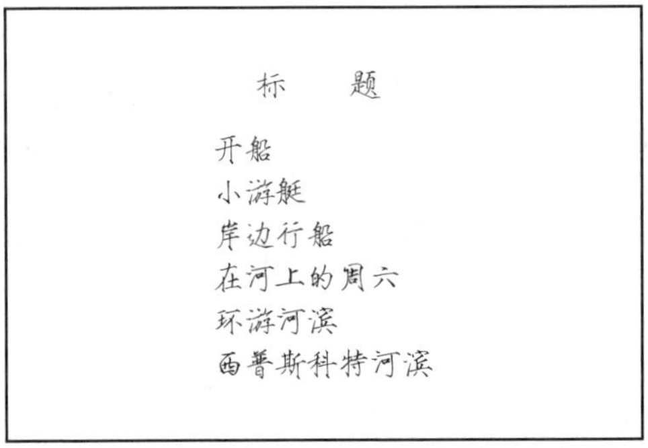

标　题

开船
小游艇
岸边行船
在河上的周六
环游河滨
西普斯科特河滨

图4.13　艾利克斯诗歌的标题头脑风暴

艾利克斯对标题进行的头脑风暴最终帮助他得到了一个强有力、有文学色彩的标题。"西普斯科特河滨"这个标题点出了地点，并用押头韵的方式创造了韵律。艾利克斯和我一起给同学们讲解了他想出这个标题的过程（图4.13），然后全班和我一起合作总结了拟定标题的规则。

一个好的标题……

- 不是标签

- 勾起读者的阅读兴趣

- 让人难忘

- 奠定作品的基调或与作品的基调相符

- 具体

- 精雕细琢

- 可能来自作文中

- 可以是作品的第一行或第一句

- 能取代作者暂时取的标题

- 和全文一致

- 和主旨一致或呼应

- 是思考选择的结果：先列出你能想出来的所有备选方案，大胆尝试，让已经捕捉到的想法激发出新的灵感

- 通常最后才考虑，在作者掌握了这部作品的全部内容——作品的重点和意义

143

　　艾利克斯和其他我教过的写作新手一样，通过简单推敲作文标题，敲开了文学创作的大门。

　　聚焦用词的写作技法课向学生展示了如何把语言打磨得鲜明、生动、直接。我给学生讲解平淡的动词与生动的动词、被动语态和主动语态的区别；什么时候、如何用肯·麦克罗里所著的类属词典《糟糕透顶的字和词》、简单的颜色词有大效果，以及烂俗与新鲜的意象的区别。

　　我注意到学生的短篇小说里充斥着副词，故而准备了下面这节课讲解选词的技巧。那天，在我和学生交流的时候，我发现学生作品中生动的动词被不必要的副词弱化了，他们在作品中掺杂了太多表示程度的副词。作为斯特伦克和怀特的追随者，以及平实语言的提倡者，我采取了如下行动。

为什么明智的写作者要慎用副词

　　什么是副词？副词是用来形容动词的词——它描述某人如何做某事或想某事：例如，我疯狂地爱我的狗，我严厉地对她说。大家知道，副词还

可以用来修饰形容词或者另一个副词。

那么用副词有什么问题呢？副词会浪费你和读者的精力，掩盖动词的光芒并让你的作文有气无力。没经验的作者会为了不必要的效果（下文例一），或者徒劳地想要支撑平淡的动词（下文例二）而使用副词。

（一）她轻声呜咽着。（不然能如何呜咽？大声地？）

他慢慢地缓步下山。（有快速地缓步吗？）

她快乐地微笑。（哈哈哈哈！）

（二）她轻轻地走进我的房间。（换一个生动的动词，如踮着脚、放轻脚步、蹑手蹑脚？）

他大声地说话。（他是在叫喊、尖叫，还是怒吼？）

她不客气地看着我。（她是在瞪你、怒视你、皱眉看着你，还是眯着眼睛看你？）

那么这些问题怎么解决呢？第一组例子，删除不必要的副词。第二组例子，删除平淡的动词和它无力的朋友，代之以生动的动词，一个读者能够看到、听到、感受到、品尝到或闻到的动词。此时类属词典就是你的好朋友了。罗杰的词典中生动有趣的动词随处可见。

下面这句话就是一个不生动的例子：我饥饿地吃下了杯状蛋糕。副词"饥饿地"，想要支撑不生动的动词"吃"。如果我们在类属词典中查找吃，我们在食物类下会发现两个好动词："吞"和"狼吞虎咽"，这本词典还写着"见暴饮暴食"。在这一类下，我发现了另外一个词：囫囵吞下。这些词中的哪一个都能够创造出一个饥饿的吃东西的人的形象。现在我要从中选择最符合我的预想的词。

在接下来的一节课上，我和学生就他们作品中最常见的两个平淡的动词："看"和"走"，寻找生动的动词替换。学生把这些近义词粘贴到他们的读写手册上，修改和润饰作品的时候拿出来参考。

写作技法课程帮助我的学生像真正的写作者那样思考。他们创建了一套自己的方法来创作、反思、疏通思路、描写细节、营造意象、发现自己的创作目的并将之实现，让作品更具有文学性，更有个人特色，主旨更为鲜明。

语言规范

英语中规范（convention）一词来源于拉丁语的"契约"。相比技能、技巧、用法或语法这些说法，我更喜欢规范，因为它包括了以上所有的含义，也因为它更准确地描述了语言标准的规则。

规范或契约指导着我们的日常生活。我们在接起电话的时候会说"你好"、靠右通行、左叉右刀、右手握手、寄信的时候在信封右上角贴邮票，并在结婚仪式上说"我愿意"。语文教师应当记住，也应当让学生知道，写作者们发明了我们现在所见的语言规范——从左向右、自上而下书写、词间句间空格、首字母大写、句终要加句号、如何引用，以及段首缩进，这对我们的教学很有好处。

过去的写作者们发明了这些规则，方便他人轻松地阅读，更好地理解他们的意思。语言规范的重要性在于读者需要它。试想你在读一本书的时候遇到了一个打印错误，比如说，the被错印成了hte。现在设想这本书每一页都有三个类似的错误，任何读者都不太可能继续阅读这本书了。学生要认识到文本的规范性使阅读成为可能，变得可预测。除非学生能够满足契约要求，不然他们的作品不会被欣赏，至少从长远来讲是这样。

讲解语言规范的时候，我不会把它当作需要掌握的琐碎小事，我教语言规范是为了帮助学生学会如何尊重契约。他们的作品需要在视觉和听觉上忠实地表达作者原意，吸引读者并支持他们投入阅读，确保他们所写的东西被严肃对待。满足这些标准的语言规范课程为学生提供了准确的信息、简明的例子，以及把规范应用到实际学习中的机会。

我把大多数语言规范课都安排在冬季和春季，以此反馈我在修改学生作品时发现的典型错误，以及学生的知识断层——错误地省略逗号、撇号、破折号、双破折号、冒号和分号。一个例外是破折号和连字符的区别，我会在秋天就进行讲解。因为如果我在编辑修改学生作品的时候插入了破折号，学生总是在终稿里错打成连字符。

语言规范的微型课应该让学生公开发表作品之前，懂得不断打磨自己的作品，承担作为一名写作者的责任。教师需要注意不要把相关课程建立在所谓的技巧上，例如五种句子类型、写作六大方面[1]、词性分类、众多的从句和短语、主题思想及支持性细节、段落发展规则、主题提纲或者主旨句。作为阅读者和写作者，我们的个人经验告诉我们，这类信息与创造出好作品并不相关，甚至是一种障碍。

---

1 写作六大方面：主题、结构、基调、选词、语句流畅度和语法规范。——译者注

语言规范的微型课

- 写作语言规范是什么，以及它们如何使阅读成为可能

- 如何记录自我校对清单上的前三项，如何修改一篇作文、使用标准的校订符号、在填写自我校对表的时候参考自我校对清单，以及为什么要用红色笔来完成这个过程：这样教师就能看到你发现和改正的错误

- 如何及为何要自我校对

- 如何使用字典和电子词典

- 散文的页边空白，其用途及读者对此的预想

- 分段创作，如何在编辑修改的时候标出新段落

- 诗歌的跨诗行要缩进

- 叙述人称全文保持一致：我、他或她、你

- 保持动词时态一致：过去时或现在时

- 字母大写：基本的规范和常见的错误

- 如何处理标题：何时使用引号、下画线，何时只要大写

- 常见标点符号的起源，它们产生的希腊文化演变过程

- 逗号的用法和常见的漏用

- 连字符及其标注语气和文意的功能

- 为何要慎用惊叹号和括号

- 用双破折号来分开信息

- 用冒号来引出举例或解释

- 逗号连接句及连写句是错误的

- 分号可以用来表明逗号连接句，当你想连接两个独立的从句来表示两者关系，并在句中已有逗号的情况下避免歧义

- 用撇号来表示缩写

- 用撇号和单数名词来表示所有格，在复数名词后表示所有格，在把字母、符号、数字或单词当成一个词使用的时候如何表示复数

- 引号：如何引用人物的话语、在引号前后使用标点符号、用单引号表示引语中的引语，以及在对话描写时，对话人的转换要用分段来表示

- 数字：何时使用阿拉伯数字、何时使用文字

- 冠词 an 和 a 的区别用法

- Dad 和 dad 的区别，及类似情况的正确用法

- 容易混淆的词：lie 和 lay、take 和 bring、affect 和 effect，等等
- 写给亲友的信件和公文信件的格式
- 信封的书写：如何折叠公文信件并装进信封，国家邮局官方缩写，地址的书写格式
- 主语人称代词和宾语人称代词，以及当主语或宾语是复合形式时判断使用什么代词
- 国家通用的文本缩写符号
- 过长或过短的段落
- 一个我总结的学生作文中出现的语言用法错误。题目是"克服这些错误"

开学第二周，一些学生会开始编辑修改他们的诗歌作品。我的第一堂语言规范微型课讲解如何创建和保持一份自我校对清单，以及如何完成每篇作品的自我校对表。我要求每个人都以同样的三项校对规则开始创建其清单：

1. 检查那些最基本的规则。
2. 圈出每个我不能百分之百确定拼写的字，并查阅字典。
3. 文章标题的第一个、最后一个和重要的字词要大写。

以学生目前的写作经验，他们已经掌握了一些"最基本的规则"了。他们能否写好名字、句首字母和人名大写、引用话语要用引号，并在句末使用句号？ 7、8 年级的学生不应该在小学就掌握了的语言规范上浪费时间，故而我们把所有现有的知识都统称为"最基本的规则"。

找出并修改错别字。学生需要学会放慢速度，集中注意力在作文的每一个字上，把不确定的字词圈出来，哪怕只是稍有不确定。然后，在通篇检查完潜在的错别字之后，他们应该查阅字典、电子词典，或者电脑软件。这个过程需要一些时间，但我觉得很值得。找出错别字并学习如何正确书写，任何年龄的写作者都应该确立这个目标。

自我校对清单上的第三项解释了如何大写标题。所谓"重要的字词"是指一个标题中有意义的字词：名词、代词、动词、副词和形容词。不重要的词是表示关系的词：冠词、连接词和介词。

以上三项之后，每个学生的自我校对清单就各不相同了。虽然我曾

尝试标准化清单，但发现除了上面我讲的那些，全班统一要求完全是浪费时间。对于那些已经熟练掌握语言规范的学生来说，一个标准化的清单只是无谓的机械重复。对于那些还未完全掌握的学生来说，这些规则又有不知所云之嫌：没有自身作品具体语境的支持，它们无法让学生留下深刻的印象。我也学会提醒学生，不要自作主张添加诸如正确使用标点或者留出页边空白的规则。类似的规则太过宽泛、含糊，对规范的写作没有帮助。

图4.14展示了学生克莱尔8年级时的自我校对清单。这份清单对她来说是个人的、具体的，是她在修改一篇作文之前需要关注并抄写在自我校对表上的各项目标。如果我发现克莱尔已经掌握了某一项规范用法后，我会在相应的规则旁画一个钩，表示她不再需要把这一项抄写在自我校对表上了。

克莱尔 的自我校对清单

1. 检查那些最基本的规则。
2. 圈出每个我不能百分之百确定拼写的字，并查阅字典。
3. 文章标题的第一个、最后一个和重要的字词要大写。✓
4. 形容词在名词前：多个形容词并列的时候，最后一个形容词和名词前没有逗号。
5. 注意不要用逗号连接句子。
6. 朗读自己的作品并修改那些不够有力的重复。
7. 保持动词时态一致：全文保持过去时或现在时。
8. 段落避免过长，以减少读者阅读负担。
9. 避免使用"你"，除非"你"是写作对象。✓
10. 用关联词表示叙述语气的转变。
11. 新段落开头缩进。
12. 回顾标题的写法规则。✓
13. 检查所有格名词是否用了撇号。

图4.14 克莱尔的自我校对清单

图4.15是附在克莱尔某年5月一篇作文上的自我校对表。她略掉了我已经画钩的项目，然后抄写了与该篇作文相关的项目。她从教室材料角借了一只红笔，认真地逐项检查。然后她把自我校对表夹在修改好的作文上，把它们一起放进收作文的文件盒中。

当晚，在我修改学生的作文时，我用一支黑笔修改了每一个克莱尔没有发现的错误：加上我的修改，学生应当能够创造出完美的、供读者阅读的终稿。但我不会把每个错误都给学生讲解——每次一两个即可，这样小作者才能记住并应用。在克莱尔的校对表上，我写下了一个需要讲解的规范用法和我发现的三个错别字。这些将是我第二天与其进行一对一交流时的主要内容。我修改时用到的符号，我会在每年秋季学期向学生说明讲解。

发给学生贴在读写手册上的小知识；然后我会在微型课中充实内容，进行讲解。

你是否曾经对标点符号产生过好奇——这些点和线是从哪儿来的呢？我热爱英文，所以也很喜欢这类知识。同时我也是一名写作者，所以我对这些用来引导读者阅读的符号的历史很好奇。

我发现引号是从古希腊人所画的张开的两片嘴唇演变而来。当人们想要表示他们所写的内容是直接引语——某人说的话——他们就会用这些弧形的符号代表说话者的嘴。慢慢地，两片嘴唇演变成了我们今天所用的小小的双片嘴唇。很有趣吧？

问号源自古罗马文本中的拉丁语quaestio，意思是"问题"。人们用quaestio来表示他们在向读者提问。慢慢地，quaestio被简写成了Qo，后来变成了一个字母Q。罗马字母中的Q看起来和阿拉伯数字2很像，这样问号就诞生了。

我很喜欢惊叹号的历史。Io这个词在古希腊语中表示惊叹，和我们现在的"哇"类似。人们用来表示强烈的情绪。慢慢地，学者们用一点代替o，后来，这个点挪到了I下面。结果惊叹号就出现了。Io！

英语中"句号"一词来自古希腊语peri，意思是"圆"。人们在一段话之后画上一个圆圈以示他们已经全面地讨论了这个话题，他们已经写出了全面的、完整的论断。也许先人们觉得每次都要画圆圈很麻烦，或者他们只是想节省羊皮纸。不论是哪种情况，O最后演变成了我们现在用的小点。

最后，英语中"逗号"一词来自古希腊语komma，意为"小刀"或"切断"。人们用弯曲的刀片来表示他们想在此处制造停顿，或是稍微把一些词从句子的主干中分开一些，但不是完全分开。

这些表示声音或语调的符号从形成之初就如此具体和实用。我认为它们的演变过程精彩极了，我也受此启发，向大家发起一项挑战。

如果古希腊的作家和学者能够发明符号来引导读者阅读他们的作品，现在我们是不是又可以创造新的符号呢？你们今晚的作业就是发明一两个21世纪的新型标点符号。符号表达的情绪、音调、目的和形状都由你来决定。重点是你的标点要有意义，能够帮助写作者引导读者阅读。还有，是的，你可以发明有意思的符号。我们从明天起收集大家的发明。

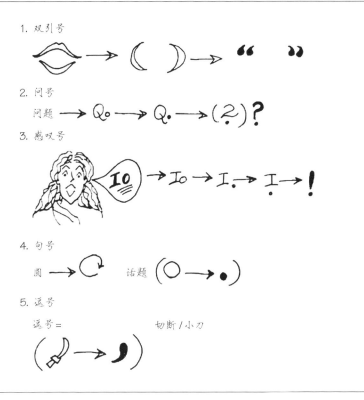

1. 双引号

2. 问号
   问题

3. 感叹号

4. 句号
   圆   话题

5. 逗号
   逗号 =   切断 / 小刀

图4.16   关于标点符号有趣的小知识

　　如果你翻开一本语言规范使用手册，它的篇幅会让你怀疑你需要花费一整个学年在错综复杂的国家标点符号规范用法上。所以，我会一如既往地把我的关注点集中在学生作文中常见的错误和漏用上。在我向学生讲解他们经常漏用的逗号时，我从以下几点开始。

逗号的一些用法

1. 列举时（包括在"和"之前，按照牛津大学出版社和哈佛大学出版社的规定，以减少歧义）

2. 逗号可用在可以交换位置，并能用"和"连接的形容词之间

3. 还可用在两个有连接词的并列句之间

4. 连接那些即使删去也不会影响句意的附加信息

5. 用在语气轻柔的感叹词后

6. 称呼某人名字时

7. 在日期中

8. 在市、州之间

9. 在"例如"和"等等"的之后或之前

10. 引出对话

11. 在对话描写中，放在直接引语和介绍说话人的短语之间

为了让学生能按照这些规则来练习和讨论，我制作了练习题：人手一份，还有一份在幻灯片上展示。图4.17是一个有点幼稚的小练习，是我虚构的一系列幼儿园教师海伦娜和她的学生的故事。学生读得有趣，放声大笑，同时按照读写手册中的逗号用法规则，轮流上台在幻灯片上添加逗号，解释原因。

逗号练习

还有一点句号练习

或

海伦娜的小朋友们和感恩节小兔

"可别忘了我们的小宝宝们呀"海伦娜老师对她班上的小天使们说道"你们一定超级乖 感恩节小兔兔就要来啦"

"海伦娜 别傻啦"卡登说。

"就是啦 海伦娜。你难道不知道吗 感恩节兔子是对美洲印第安人的恶意抹黑，是一帮愤世嫉俗的大人编出来骗小孩子的 他们想用好听的童话让我们变乖变笨。"贾斯伯质问道。

"我同意贾兄弟的话"山姆发了言 他太兴奋了 还指了指海伦娜的眼睛。

内莉接着说："行吧，俺只知道俺星期天的时候可能捞着好些巧克力 不然俺礼拜一可就要翻脸啦 你们这些小屁孩可得当点儿心哟。"

"我可不怕你们"海伦娜的声音从橱柜里传了出来。雷克希咧了咧嘴 拿起钥匙 她把钥匙插进锁眼里 然后上了锁 小淘气捣蛋鬼们欢呼雀跃。

然后他们升起了一团篝火 出发去寻找复活节小兔。

图4.17　逗号练习

在为学生提供逗号用法的技巧性知识之外，我也鼓励他们两人一组，走到学生讨论区去轻声阅读对方的草稿，然后倾听。当小读者们把文章按照正常的语调变化读出来时，他们能够听出许多漏用的逗号。

教到分号和冒号时，我会分发描述这两种标点符号的功能说明，然后在微型课上讲解，并在当晚留作业，要求学生翻阅正在阅读的书籍，找

到作者用到冒号或者分号的地方，把这些句子抄在一张名片大小的卡片上。第二天我收集卡片，把它们修剪粘贴成一份例句集合，给每个学生复印一份，主持大家讨论："好的，依据我们之前学习的冒号（或分号）的作用，请大家讨论为什么这些作家用到了冒号，在每个例子中它表示什么意思。"

有时我会放宽关注范围，给每个学生发一份发表的文章来读。我会选用《波士顿环球报》的专栏《城市杂谈》或者《纽约客》里的某篇文章、我给朋友写的前言或者每周五为校报撰写的本周热点。作业要求就是学习其中的标点符号用法。学生用两种颜色的笔，一种表示他们能够理解此处标点的作用，另一种画出他们不理解的标点。在第二天的微型课上，小组讨论，探讨他们的困惑，并在我经过他们小组的时候向我请教。[1]

当我的学生从教与学中心毕业，他们可能会被不同学校录取：当地的公立高中、独立全日制高中和私立寄宿学校。无论他们去的是哪种高中，他们未来的高中教师会要求他们理解如何符合规范地书写。换言之，高中语文教师不会专门讲解语言规范，但会给学生的相关错误扣分。我希望我的学生能在未来的学习中取得成功，让他们以后的老师不被他们的语言错误所干扰，而关注于他们作文的思想。所以我会教会写作工作坊中的小作者们如何编辑和校对，让他们掌握我传授的规则和要求。这不仅是我作为一个语文教师，也作为一个关心学生、学生的写作和学生的未来的人所应尽的责任。

我的另一本书《改变小作者的写作课例》囊括了我的语言规范及拼写微型课程，还有所有的配套练习题和解析。以下是语言规范用法和拼写方面我最准确可靠的信息来源：《专为写作者而生：学生写作和学习手册》（帕特里克·赛博内克、大卫·坎伯和薇恩·迈尔，2001），《在语境中教语法》（康斯坦斯·韦弗，1996），《如何写出大学论文》（凯特·图拉比安，1976），《就餐，射击和离开》[2]（林恩·特鲁斯，2006），以及《语法女孩的提高作文水平小贴士》（米尼翁·福格蒂，2008）。

1　原书此段之后的pp.152—153是英语代词主格宾格使用的微型课，因为内容都是英文语法，故此处省去未译。pp.154—pp.163"拼写"一节涉及英文单词的拼写，故此处省去未译。——译者注

2　《就餐，射击和离开》（Eats, Shoots & Leaves）：英文单词射击"shoot"也有嫩叶一意；离开"leave"一词的单词复数形式（leaves）的拼写与叶子（leaf）一词的复数形式相同，本书题源自一则熊猫的幽默故事，意在说明标点符号的错误使用，再加上英文中同形异义词，会造成句子的歧义。——译者注

我希望学生在离开我的课堂以后能够成为受人尊重的写作者。我希望学生的作品能被读者阅读与欣赏。所以我向学生揭示了读者的期望值，以及他们对错误容忍的底线，并努力提供准确的信息、实用的练习、相关的例子、足够的时间和严格的要求，帮助学生写出让读者有阅读欲望的作品。

第5章

给小读者的必备课程

好读者成就好书。
——拉尔夫·沃尔多·爱默生（Ralph Waldo Emerson）

至少在我自己眼中，我是一个保守派的语文教师。我阅读并热爱文学作品。虽然我承认近半个世纪以来创作的许多作品也可以称为文学，但作为班级的图书管理者，我仍坚持着自己的标准，为学生设定的目标也很高。我希望学生能够追求沉浸式的阅读体验，磨炼毅力，广泛地接触尝试不同的文学体裁和作家；我希望他们能从阅读中学习作家的写作技巧，培养自己的文学品位并能清晰地表达和为之辩护，成为有见地的文学评论者；我也希望学生能运用文学评论术语来组织和表达观点，基于文本作出推断；我更希望阅读欣赏诗歌和故事让我的学生成为更好、更明智的人。

我的阅读教学始于20世纪70年代初，这么多年来，我见证了许多流行的教学方法和运动。在这个过程中，我发现尽管辅助课程、教学方法、批评理论种类繁多且层出不穷，还有所谓的"特效药""捷径"和闪闪发光的新科技信誓旦旦保证能提高所有人的阅读水平，可语文课上的阅读比其他任何学科都更容易浪费学生的时间。我坚持给我的学生指出唯一能够把自己培养成终身阅读者的办法：频繁、大量的阅读，自主选择书目，配合创造机会，用口头和书面方式探讨作者选择的语言、表达的效果和发展的主题。我努力不把课堂时间浪费在不准确的信息、不实用的建议上，如果某些课堂活动既无法丰富学生的经验，又不能将其培养成有阅读习惯的读者和有洞见的文学评论者，我不会在课堂上浪费时间。

微型阅读课的教学内容意义重大。当我们教学生如何阅读文学作品时，也就是教他们如何确立自己选书的标准、解读诗歌、观察并评论小说的特点、了解自己的阅读兴趣及其背后的原因、辨别文学形式、识别隐喻和象征、区分娱乐和学习这两大阅读功能、在一学年里规划和管理自己的阅读。

与此同时，我们也在为提升阅读工作坊的地位，付出真诚的努力。

教学程序

开学前两周，除了向学生讲解写作工作坊的各项程序，我还会介绍阅读工作坊的课堂活动及其原因。第一天的寻宝游戏初步涉及了接下来我会在课程中展开的一些话题——教室图书角收录的图书，每类题材所在的书架，借书和还书的流程，如何报名预约好书分享会，在何处记录、如何记录读完和中断阅读的书目，以及我对每位小读者的要求。越早完成这些基本工作，并安顿好大多数小读者，让他们开始阅读，我就越能够把注意力集中在那些对阅读不知所措的学生身上。

关于阅读工作坊教学程序的微型课

- 阅读工作坊要求
- 阅读工作坊守则
- 教室图书角的布置
- 如何判断一本书的题材和体裁
- 如何用个人借书卡借书，如何在我的监督下还书
- 每位学生家庭阅读作业怎样完成，我又怎样跟进检查：每天检查学生是否至少比昨天前进了20页
- 为何阅读工作坊需要保持安静
- 如何在阅读文件夹内的表格上记录完成和中断阅读的书目
- 如何及为何要把书按照1—10分打分，此外如果图书精彩绝伦我们还会加个"贝拉"
- 如何报名和主讲好书分享会
- 如何及何时要寄送出一篇书信体读后感；如何给同学回信，以及在写好回信之后如何归还同学的笔记本
- 把一本书加到本校"孩子们的推荐"网页上之前要考虑的事
- 如何在一个学期结束前评价自己的阅读经历、标准、优点、挑战和目标
- 如何利用暑假读书，并在9月初归还图书

为了帮助学生理解为什么阅读工作坊需要安静的环境，我以讲解沉浸式阅读开启第一周的工作坊教学。

整个夏天，我都一个人在房间里阅读小说，只有狗在我身旁的一张椅子上四仰八叉地睡着。我的精神过度集中，以至于我的丈夫托比走进房间时，我被吓得跳了起来。因为周遭如此安静，没有干扰，我很快便深陷、迷失在书里，爱上其中的故事。

我希望每天都给大家提供这样的可能——在深度阅读境界中遨游，和吸引你的人物生活在一起。所以我会要求阅读工作坊保持安静。即使你抑制不住自己的冲动想要给一个朋友朗读或分享精彩的片段——我知道那一定非常精彩——但请你抑制住自己的冲动，等待大家从阅读忘我境界中走出来。换言之，请不要干扰其他小读者。

当我在你们中间走过，检查阅读进度——记录你阅读的页数，确认你是否在快乐地阅读，并和你就所读的书交流的时候——我会尽可能地低声，也请你轻声地回答。记住，耳语使用口腔的前部肌肉和你喉咙的后半部分发声。努力把你的声音范围控制在你我之间。

如我所说，在过去的两个半月里我都在独自阅读。今天，如果我有机会能够拿起一本书，会和你们在阅读忘我境界中相聚。我知道这个感觉一定有点怪，因为我们是在一群正在呼吸、打喷嚏、咳嗽、叹息、大笑、翻页、在懒人沙发上转身的群体中阅读。今明两天，在独立阅读时间结束后，我们将会探讨如何适应这种集体的沉浸式阅读。

在另一节关于阅读程序的微型课上，我介绍了给图书打分的机制，并解释了这个机制对每个小读者的作用。

每次你读完或者中断阅读一本书，我会要求你给这本书按照1—10分打分。你会看到在你的阅读文件夹中有一份记录表，上面有一栏记录的是你对每本书的评分。10分或"贝拉"代表高分，表明那是一个你最喜爱的精彩故事；与之相反，1分很明显是低分。如果一本书只有1分，就不值得读完，除非你有其他目的。2—6分也是一样。这样的低分暗示着这本书不值得读完，除非你决定要写文章批驳它而去读，也就是写一篇书信体读后感或者一篇评论文章，来批评作者糟糕的写作。

如果你想把一本书介绍给全班，主讲好书分享会，这本书至少要有9、10分或者"贝拉"，不然就没有意义了。好书分享会是热烈赞扬一本书，并向大家推荐这本书的机会。你给这本书的评分决定了你是否要推荐它。

你的评分在期末时也很有用，在完成自我评价的时候，选择你这学期读过的最好的一本书，描述作者究竟哪里写得好。你的评分会帮助你认知自己的阅读轨迹，注意到哪些作者和题材能得到你的青睐，并思考其中的原因。

最后，你对一本书的评分能够帮助我们学校以外的小读者们。在每个学期期末，我会要求大家充实我们学校网站上"孩子们的推荐"书单。这份书单平均每周有上千的点击率，它们来自全国的教师、学生和家长。你需要确保所有你评为10分和"贝拉"的书都位列其中，这样其他的学生就能够分享你们选出的这些有趣、有意义的好书了。

阅读练习

遇到符合其阅读水平又感兴趣的书，学生会自然而然地理解消化。他们会利用自己掌握的语音知识、句法知识和语义学知识来预测文本，模块化处理，推测或者略过自己不认识的少数词语，理解文本的意思。当读者阅读吸引他们的故事，或者这本书的难度在他们的阅读能力之内时，阅读即理解。这就是我们的目的。即使身为一个保守的语文教师，我也无法认同语文课上强求学生读不喜欢或无法理解的文本的做法。

但作为一名历史教师，在学科阅读要求的范畴中，我也会把阅读和理解分开，也会考虑如何帮助我的学生抽取和留存事实、观点、原因、结果。在本章后面，我会简单介绍我在历史课上的教学方法。但作为一名语文教师，我的关注点是帮助学生养成独立、自主和有批判精神的读者应具有的阅读习惯。

阅读练习的微型课

- 我们为何要举办阅读工作坊
- 在阅读的忘我境界中漫游
- 为何学生要阅读故事，而非指南、手册、名人轶事、乡野奇谈或者杂志
- 选书的方法，如何培养自己选书的标准
- 如何及何时决定放弃一本书的阅读：提高自己的标准
- 丹尼尔·贝纳克（Daniel Pennac）的"读者权利法案"（Reader's Bill of Rights, 1992）

- 有计划是一个好读者的标志：知道自己接下来要读哪一本书，了解哪些作家和题材吸引自己
- 为何及如何保留一份"我的未来书单"
- 为什么重读自己喜欢的书是好读者会做的事情
- 个人阅读习惯：你会在何时、何地、如何进入忘我阅读中去
- 了解自己的喜好——图书、作家、题材、体裁、诗歌、诗人——如何能够创造自己的文学身份
- 读者阅读时不同的出发点：审美欣赏——当我们阅读故事和诗歌是为了"体味他人生活经验"的乐趣；摄取信息——为了获取信息而阅读
- 好读者如何在阅读不同的文本时切换出发点
- 好读者为何、何时及如何考虑阅读步调的问题：何时要略读、跳读、慢读、重读，以及翻看后文或者决定只读结尾
- 在遇到不认识的字词时怎么办
- 心理语言学阅读理论，一个熟练的读者的眼和脑是如何处理文字的
- 不好的阅读习惯：读出声音、逐字逐句地用笔或书签指着读
- 猜词游戏、完形填空和隐藏假设测验能够帮助我们探索文本的规律、无关信息和内在框架
- 如何朗读
- 如何读诗集
- 为何要背诵诗歌
- 如何应对标准化阅读考试
- 如何避免暑假阅读断档

9月，一节重要的阅读课解释了我为什么要求学生自主选择图书。我提出这样一个问题："我们为何要举办阅读工作坊？列出所有你能想到的原因"，并记录下学生的回答。下面是最近的一份全班学生的答案汇总。

我们为什么要举办阅读工作坊

- 像真正的成年读者一样阅读
- 学习如何选择图书

- 找到自己喜欢的书
- 找到自己喜欢的作家
- 找到自己喜爱的文学体裁和题材
- 学会如何及何时放弃从头到尾读完一本书
- 学习新的词汇和思想
- 见识不同的作品人物
- 向作家学习如何写出好作品
- 同学间互相分享好的图书、作家和题材
- 帮我们弄清我们想成为什么样的人
- 体验在真实生活中体验不到的经历和感受
- 逃离凡俗
- 学习

作为阅读教师，我加上了一条关键的原则：

- 练习、练习、练习——频繁、大量地阅读，积累有关文本的直接和间接经验，把知识储存到长期记忆中，并养成终身阅读者具有的良好阅读习惯

然后我会讲到进入忘我境界的阅读感受：

几年前，我和那时的学生读到了汤姆·纽柯克的一篇文章，很是喜欢。文章讲的是"阅读的国度"。纽柯克很担心那些因为从未有过沉迷在一个好故事中的经验而不爱阅读的学生，这些学生从未感受过读书人经常享受的"最高级别的快乐"。

杰德，一个7年级学生，开玩笑说这更像是一种境界，而非国度，"境界"这个说法得到了保留。这就是为什么当小读者们离开教室，进入故事中时被称为进入阅读忘我境界的原因。

我希望大家在每次的阅读工作坊中都能达到这样的境界——沉迷其中、感受快乐，不知不觉地积累练习的量，完成从一个合格的读者到一个非常棒的读者的转变。

阅读是人类历史上的几大奇迹之一，有众多理由可证明，但我最喜欢

的一个理由是，你读得越多，阅读起来也就愈发得心应手。当你沉浸在阅读中，爱上一个好故事的同时，你也提高了自己阅读的流畅度、加深了对文字功用的理解、增长了对世界的了解、积累了词汇量和阅读经验。我们将在未来讨论这个过程是如何实现的——你的大脑如何收集知识，在你阅读的同时储藏知识，然后帮助你在下次阅读时应用这些知识。在此之前，让我们多读书，快乐地读书吧。

在《比生活更美好》这本书中，作者丹尼尔·贝纳克在对阅读的赞歌中，宣布了"读者权利法案"：

1. 拒绝阅读的权利
2. 跳读的权利
3. 不读完的权利
4. 重读的权利
5. 读任何想读之物的权利
6. 通过阅读逃离凡俗的权利
7. 选择阅读地点的权利
8. 浏览的权利
9. 大声朗读的权利
10. 不必为自己的阅读品味辩护的权利

在一次微型课上，我让学生回顾讨论贝纳克的清单，赞同或反对哪些权利，是否有未囊括的其他权利。学生赞同以上所有的权利，有些学生会在贝纳克的"不读完的权利"后增加"只读结尾的权利"，另外，每次我教这一课时，学生都会增加第十一条："读好书的权利"，或类似的其他说法。

中断某本书的阅读也是微型课的主题之一，学生在此之前从不敢这么做。他们要么曾被教导不要半途而废，要么就是相信自己应该在读书过程中忍耐那些写得无聊、让人困惑或糟糕的内容。

我把中断阅读当成一个明智、有批判精神的读者遇到一本不能取悦自己的书时会做的事。我介绍自己的读书经验：有些书开始节奏缓慢，但我坚持读下去会发现自己入了迷；有些书读了20页，就能很明显地发现作者的风格会把我逼疯，我完全读不下去；也有些书的故事情节设定无法使我信服，主人公得不到我的信任或关心，或者我需要很努力才能理解一本书，整个过程不再是乐趣，而是任务。在我家的书柜上，书签还留在最后一类的书里，标志着我在哪里中断了阅读，转向了另一本能够给我带来快乐的书。

我给学生布置了一个长期的任务：发展自己中断阅读的标准，包括在把书放回书架另找一本之前，你会给作者最多多少页的机会。学生把他们的标准写在读写手册中，我们会在一个月左右之后回来讨论他们最初的想法，进行调整。

在课上，大家就为什么人们会重读一本书进行了很棒的对话。为什么重读一本喜欢的书是一个有良好阅读习惯的阅读者的标志？因为此时，我们阅读的目的不再是情节，而是想要和书中的人物一起生活，再一次品味作者的写作技巧，并再次思考作者的思想。我热爱《到灯塔去》《法国中尉的女人》《此情可问天》《纯真年代》《傲慢与偏见》《幸运的吉姆》《赎罪》《米德尔马契》《毒木圣经》《了不起的盖茨比》《博物馆背后的故事》《哈姆雷特》《新生》《时时刻刻》《使女的故事》，以及艾丽丝·门罗的短篇小说。我确信当自己重新回顾以上每个故事及人物时，都会心满意足。对于作品的写法我会有新的发现，我内心深处也会期盼那些悲剧结尾的故事这一次会有一个美好的结局。

弗兰克·史密斯与路易斯·罗森布莱特（Louise Rosenblatt）两位阅读理论家对我的阅读教学影响最大，阅读工作坊也是在这两位的影响下发展起来的。罗森布莱特帮我理解了读者是如何处理和反馈不同种类的文本的。史密斯，尤其是他的著作《理解阅读》让我学到了心理语言学理论。

心理语言学理论认为熟练的阅读者不会阅读文本中的每一个词。因为我们不需要。相反地，我们会靠预测来阅读理解。在我们过去获得的阅读经验的基础上，或是通过文本结构和意义带来的重复，我们能够排除其他的可能性。我们的眼睛摄取纸上的视觉信息，然后我们的大脑排除不相关的可能性。

此理论对阅读教师的启示是，我们的学生需要大量阅读有趣的、符合其阅读水平的图书，才能成为熟练、有技巧的读者。只有投入数以千计的时间阅读书中提供的丰富的大量的例子、对比和证据，才能成为熟练的阅读者。史密斯是一个建构主义者，他强调学生的大脑一直都在学习，但是只有当他们认为手头的任务是有意义和值得做的时候，他们的学习效果才最大、最好。他的《有意义的阅读》是一本深入浅出表达他思想的著作，书中他的观点是，只有通过阅读——通过持续、愉快、轻松、有意义的阅读经历——儿童才能学会阅读，青少年才能读得更好。

秋季学期，我会给学生简单地讲解史密斯的心理语言学理论。我画图解释眼睛和大脑是如何处理文字的（图5.1），示范为何大量的阅读才是达到流畅阅读的途径，帮助学生设定合适的阅读目标，用揭示我们思维盲区的问题让他们大开眼界、开怀一笑，这些问题说明了有经验的阅读者的大脑会自动补充信息的特点。每个学生都收到一份材料，随着我的朗读一起画出重点。

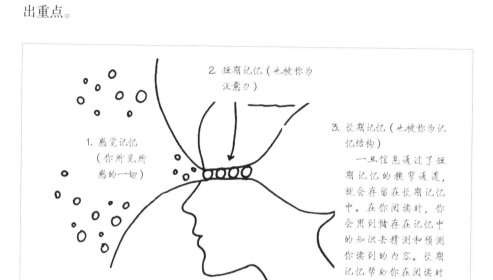

图5.1　人类记忆分类说明图

阅读：心理语言学模式

　　每个读者都会经历这个过程。我的双眼从眼前的画面中选择一些"元素"，这也叫作你的视觉储存。每次你只能集中注意力在4个左右的元素上；注意力也被称为短期记忆。每5秒左右，4个元素中的一个能够进入你的长期记忆，并留存在那里。例如，在你的婴儿时期，你最早储存的少数信息中就有你妈妈的脸。只要你把她的脸从你的视觉储存中提取出来，放入你的短期记忆中，然后存到你的长期记忆里，你就再也不需要学习她的长相而能认出她来了。

　　很久以前，你在阅读的时候会把像"和""这"这类的元素存入长期记忆。一旦储存完成，你就不需要再次学习它们了。长期记忆就像是一个文件柜。你的文件柜比一个刚开始学习阅读的人要满得多，他可能正在储存类似字母b和d的区别一类的信息。现在，你正在储存像"谐音"和"挽歌"一类的词了。

一个好读者可以用扩大短期记忆容量的方式，通过狭窄通道进入长期记忆来储存更多的信息。其中关键是元素的大小。一个没经验的读者正在努力把4个字母或者单词通过短期记忆储存到长期记忆中，但是一个熟练的读者能够把4个单位的意义——通常是短语或者是整个句子——推过短期记忆的狭窄通道。我再说一次，一次只能通过4个左右的元素，但是每个元素可以大到短语或者句子的程度。

所以当一个刚起步的读者正在把4个词或者字母存入长期记忆，一个有经验的读者却在储存4块意义。熟练的读者还会充分利用他已经放进长期记忆中的信息，即对于文字的规律的理解，来预测正在穿过通道的新信息。弗兰克·史密斯将之称为"信息猜测"——从相对较少的可能性中进行合理猜测。实际上，研究显示流畅的读者会跳过一篇文本中超过30%的字词，因为他们已经"预测"到了它们的内容。

流畅的读者会依赖自己对于字母规律和声音规律的记忆。例如，好读者会知道，无论他们自己是否意识到，在识别单词时，辅音比元音更重要，单词开头的几个字母比中间或后面的更重要，最后的字母比中间的要重要。不成熟的读者还没有积累足够的经验，学会看单词中包含最多信息的部分。不管你是否意识到了，你在阅读一个短语时脑海中出现的是"on_ _ p_ n a ti_e"

短期记忆和长期记忆的区别可以用一个词来总结：结构。短期记忆保留不相关的图像，而长期记忆是一个网络，一个知识结构，一种理解方式。康斯坦斯·韦弗（Constance Weaver）认为长期记忆是一系列的抽象框架。只有当我们有足够的框架，并且激活适当的框架，我们才能理解或记起我们所读的信息。

举例来说，阅读韦弗的著作《曾经》中的一段话，然后用你自己的话复述一遍。

成本或其他成本基础
（资本损益的话题）

一般，成本或其他成本基础是物价加上代购佣金、浮价再减去折旧费、分期贷款和损耗。如果你继承了一项资产或者这项资产是一件礼物，在免税的交换条件下，强迫交换或股票虚假交易，你就不能把实际的现金成本作为成本基础。如果你没有用到现金成本，请附上一份说明介绍你的成本。

——国内收入署，《1989年度1040联邦所得税表填写说明》

由于我们没有资本损益方面的知识，我们不能理解或者复述所读的段落。我们的长期记忆文件夹中没有足够的信息支持我们理解——我们没有相关话题的认知框架。

现在尝试一下韦弗书中的另一段话，你能复述它吗？

过程其实很简单。先分组，当然取决于东西的数量，可能一组就足够了。如果你因为缺少机器而要去别的地方，这就是你的下一步；如果没有，那你就差不多完成了。重要的是不要同时做过多的事情，也就是不要太分心。这样做可能暂时没什么问题，但事情可能会轻易地复杂起来，错误也可能要付出很高的代价。开始整个过程可能似乎很复杂，然而很快就会成为生活中熟悉的一部分。我们很难在不远的将来预见这项工作的必要性，但也说不定。在这个过程结束之后，你又会把东西分成不同组，然后把它们放在合适的地方。它们最终可能会被再次用到，整个过程就会再循环一遍。但这就是生活。

——约翰·D.布兰思福特与南希·S.麦克雷尔，1974，
《认知学中的理解概论》

如果你提前知道这段话讲的是洗衣服，你的复述会是怎样的呢？这个练习告诉我们，即使我们具有某个话题的认知框架，如果这个框架没有被激活，那对我们来说也就没有用。

现在，我们转变话题，思考一下阅读时我们的生理特性。

如果你能在人们阅读的时候仔细地观察，就会发现他们的眼睛会做出许多简短、突然的停顿。这是因为眼睛不能在移动的同时工作，只有在停下的时候，你才能看见。下面我会向大家展示这些停顿——它们被称为凝视——在不同的阅读者身上的情况。文本上方的点表示读者的眼睛可能停顿的地方。记住——阅读在停顿的时候发生。凝视基本上会持续四分之一秒。

慢速阅读

· · · · · · ·

换言之，有只需读其部分者，
有只需大体涉猎者

尝试着在每个字上都停顿：
这很困难，你会觉得永远也读
不完。

中速阅读

·　　·　　·　　·　　·

换言之，有只需读其部分者，　　　试试这个节奏，

有只需大体涉猎者　　　　　　　　还是太慢吗？

快读阅读

·　　·　　·

换言之，有只需读其部分者，　　　这个速度如何？

有只需大体涉猎者

　　一个阅读者能够快速阅读的秘诀在于他能够在每次停顿时读到更多的信息，故而停顿次数很少。请回头来看"人类记忆分类说明图"。这幅插图描绘了一次凝视。在一次正常大约持续四分之一秒的凝视中，我们能够认出4个没有关联的字母，或者大约10至12个字母组成的2个或3个没有关联的词，或者约25个字母组成的一组4个有关联的词。

　　这意味着在一次正常的凝视中，我们应该能够认出一串没有规则的字母，例如hgibl，或者一串，例如"会把她惹哭"（will make her cry），又或者一个长短语，例如"他家很好，有许多玩具"（he lives in a nice house filled with nice toys）。我们的感知范围随着各元素单位之间的相关性扩大。如果字母组成单词，或者单词组成有意义的短语或句子，我们一次就能认出更多的内容。

　　语境——话外之音和话外之意——帮助我们在阅读的时候认出单词。语境、认知框架有两种，储藏在长期记忆中，能够帮助我们理解文本。句法语境是我们从有语法含义的屈折词缀及英语句子语序中得到的信号。语义语境则描绘了词与词之间的语义关系。简单地说，句法就是语法，语义就是词意、句意，两者都能在阅读时辅助你进行猜测。

　　为了说明语法和语意如何帮助我们阅读，请看韦弗书中这4行字。哪行字读起来最轻松？哪行最难？为什么？

1. 狂怒的野猫打起架来很凶。（最易懂：这行字符合语法、有意义）
2. 珠宝商伪造了古董珠宝上狂怒的锈斑。（只符合语法）
3. 凶狠的打架，野猫的狂怒。（有意义，不符合语法）
4. 狂怒地伪造古董珠宝商锈斑。（最难懂：既不符合语法也没有意义）

根据心理语言学理论的学习，对小读者提出的目标

1. 大量、频繁地阅读。在你的长期记忆中储存许许多多的认知框架。阅读与其他技能一样，需要积累经验，才能成为专家——根据马尔科姆·格拉德威尔的说法，投入一万小时方能达成此目标。

2. 把文字按语义模块化，不要一个字一个字地读。

3. 把注意力集中在关键词、那些蕴含语义的词上。科学家把它们称为实意词。研究证明好读者更关注一个句子中的实意词，注意力在实意词上停留时间也更久。

4. 克服不好的阅读习惯，例如在阅读时默默跟读，或者不断重新回去读你已经读过的内容。这些行为会拖慢你的速度，使短期记忆负担过重，让你不能组块阅读。全速前进：速度能够提高你对文本的理解，因为它能消除干扰。运用文本中的语境帮助你猜测文意。

5. 在阅读时，不要拿着笔或卡片逐字逐句地读。这样会影响阅读的整体性。

我要求学生在读写手册上独立续写这份目标清单。我的提示：基于今天学到的新知识，我的新阅读目标是什么？过后学生会在小组中轮流阅读同学的回答，然后我在黑板上记下来。下面是某个班级同学的回答。

6. 涉猎更多的题材：在长期记忆中创建更多的认知框架。

7. 抽出时间专门练习阅读：你的视线在哪里停顿？每个停顿你都读取了多少信息？

8. 以字形识字。

9. 在独立阅读时间计时阅读：本月你在半个小时里能读多少页？下个月呢？6月呢？

10. 当遇到一个你没有充足的认知框架储备的文本时，例如，一个历史或者科学作业是一首艰深的诗歌时，你需要放慢阅读速度。

11. 当某本书很简单，或是当你对此类文本有充足的认知储备时，可以加快阅读速度。

在课上，我们会以游戏的形式强化心理语言学理论。我把从不同的书中抽出的段落，例如，乔伊·哈金的一篇历史文本、一本青少年小说或者《纽约时

报》上的一篇评论文章，但是每五个字就设一个填空。学生在这些完形填空练习中推测空格中该填什么词，完成练习后，我问他们是如何及何时能够利用句法语境、语义语境和知识储备来进行推测的，而无法做到的情形又是怎样的。

我们也会玩香农游戏。与其他的猜单词游戏一样，香农游戏建立在词序的可预测性上。香农游戏激活那些储存在长期记忆中关于语序的认知框架。玩游戏的时候，我想出一个句子，然后用一条横线代表一个词。从第一条横线起，学生说出他们的猜想，然后我画正字记下他们一共猜了多少次才猜对。如果次数超过15次，我会直接说出这个词，然后继续猜下一个词。猜完一整句话，我们会讨论这个过程中被激活的认知框架，它们是何时及如何被激活的。一些句子比别的句子更好猜，但一般在前几个词之后，学生就能轻而易举地用自己的长期记忆完成句子的猜测了。

香 农 游 戏

我	很		期待	哥伦布纪念日	假期。
正	正	一	丁		
正	下				
一					

波帕姆	殖民地	被	称为	詹姆斯敦	失落的	同胞兄弟。
	丁	正		一	正	

我还收集了许多脑筋急转弯问题，这些问题利用了经验丰富读者的思维盲区。对于这些问题，人们的长期记忆会自动补充文本中不存在或不符合实际情况的信息，造成误读。接下来是13个我最爱的脑筋急转弯问题。答案及我对于每个问题是如何蒙蔽了熟练阅读者的解读，请见本章最后。

十三个问题

1. 在喜马拉雅山被发现以前，地球上最高的山峰是什么？
2. 在5秒之内快速回答下面的问题，不可以回头检查答案：摩西每种动物带了多少只一起登上他的方舟？（提示：问题不是问有多少对动物，而是多少只动物。）

3. 一个考古学家声称他在耶路撒冷沙漠附近发现了两枚上面刻着"公元前430年"的金币。其他考古学家拒绝相信他。这是为什么？

4. 如果你只有一根火柴，你走进一个房间需要点燃一盏煤油灯、一个热油器和一个燃烧木头的壁炉，你会先点燃哪一个？为什么？

5. 这是国际法中的一个问题：如果一架国际航班正好在美墨边境坠毁，按照法律规定应该在哪里埋葬生还者？

6. 有些月份有30天，有些月份有31天，有多少个月有28天？

7. 一个农夫养了17只羊，除了9只，其他的羊都死了。还剩多少只羊？

8. 一个10美分的硬币被放入了空红酒瓶中。瓶子被瓶塞封住。你要在不拔出瓶塞的情况下取出硬币，但不能损坏瓶子。你会怎么做？

9. 戳破这个人的自吹自擂："我的卧室中，我经常打开的最近的台灯距离我的床有3米的距离。独自一个人在房间中，不用电线或其他任何辅助手段，我能够把灯关上，并在房间变黑之前躺到床上。"

10. 如果两个硬币一共价值35美分。其中一个不是*25美分*（请记住这一条），这两个硬币的面值各是多少？

11. 对于那些对英语语法很有研究的人，下面哪个句子是对的："The yolk of the egg are white"还是"The yoke of the egg is white"？

12. 大声读出下面一段话，

FINISHED FILES ARE THE RE-

SUIT OF YEARS OF SCIENTIF-

IC STUDY COMBINED WITH

THE EXPERIENCE OF YEARS.

现在，数数句子中有多少个F。只可以数一次，不能返回重数。

13. 记住下列短语。记好之后把这张纸翻过去，在背面默写出来。一旦翻页，就不能再回来看。

PARIS	ONCE
IN THE	IN A
THE SPRING	A LIFETIME
BIRD	SLOW
IN THE	MEN AT
THE HAND	AT WORK

再说说路易斯·罗森布莱特对我的影响。在《文学即探索》（*Literature as Exploration*），也就是她关于读者反应批评的经典著作中，罗森布莱特描述了阅读的两种模式：摄取式的（efferent）和审美式的（aesthetic）。其理论前提是人思想中存在并行不悖的平行结构。我们在处理文本的时候会同时启用两者，帮助我们理解。

efferent一词来自拉丁语 effere，意为拿走、取走。当我们在进行摄取式阅读时，我们阅读的目的是获取信息，关注点在我们即将要学习的内容上。比如某晚我重新阅读了罗森布莱特的《这首诗教会了你什么知识？》，这篇文章是我的最爱。另一个摄取式阅读的例子是我阅读今天《纽约时报》的一篇文章，讲的是一种新药潜在的副作用，或者约翰·艾博特的《缅因历史》中讲到佩马奎德殖民根据地的一章。我们班将会一起去进行历史实地考察。在以上的阅读中，我的关注点是摄取文本中的信息和思想，为自己所用。

审美式阅读和摄取式阅读是平行的。此时，阅读者把情感和认知元素融入罗森布莱特描述为"一个个人化的阅读诗歌或故事的经历"中去。审美式阅读的目的即阅读这一行为本身，是在其他人的文学世界中享受多姿多彩生活的愉悦与乐趣。我的学生都很了解并喜爱这种与文本互动的方式，就是他们所说的"沉浸境界"。他们不是在搜寻知识或信息，也并非想要构建联系、进行预测、把文字视觉化，或是追求恍然大悟的瞬间。他们是生活在一段叙事中，并经历"这段旅程的吸引人之处"。

审美式阅读是阅读工作坊带来的自然而然的效果。学生沉迷在自己选择的故事中，享受阅读并理解消化。正如罗森布莱特曾提醒教师们的，"为审美式语言行为正名并不需要我们先发明新的教学技巧"。它只需要好故事和了解沉浸式阅读，并能把学生邀请进来的教师。

由于我也在我的读写工作坊中教历史，我的责任也包括帮助学生认识到"理解"在不同题材文本中的不同含义。当我的学生在工作坊中进行审美式阅读时，我的目标是让他们沉浸在故事中；当他们在历史课上进行摄取式阅读时，我教导他们如何把注意力放在信息上，也就是如何不在文本中迷失。

我借助史蒂芬·哈维（Stephanie Harvey）与安妮·古蒂维斯（Anne Goudvis）的研究，加上一些老式的学习技能和一些新的技巧，来进行摄取式阅读的技巧教学，并和教与学中心的科学教师合作，引进推广一种帮助学生阅读历史和科学文本以获取理解和留存信息的教学方法。

在其他学科中，学生的确会受益于技巧化的阅读教学。由于我们学校的学生阅读的文本都是有实际意义的——图书、图表、时间表、总结、杂志和报纸文章，以及我和科学教师从书中精选出来的与课程相关、值得一读的文章，学生更要练习阅读技巧，作为学习知识和概念的辅助。

如何以理解和掌握知识为目标来阅读历史和科学文本

1. 通读文本、所有的插图、标题和文本旁信息框中的补充内容。在脑海中画出阅读材料的"地图"，点亮大脑中的小灯泡并激活你的长期记忆。

2. 不要使用记号笔，而使用一支能书写的笔。阅读过程中，在你认为重要的地方画线。

3. 读完一段后，停下来再读一遍。在页边画下一两个记号。

   记号*

   √ = 我以前就了解

   ★ = 重要

   ? = 有问题或困惑

   ! = 吃惊或有趣

   L = 学到了新知识

173

4. 除了标记之外，尽量多地在页边留下你的笔记，这样能够促进你思考并为回过头来寻找信息提供线索。通过记录你思考的路径，对重要的信息进行深入思考。

5. 掌控自己的注意力。读书不知其意时，要重新把自己带回到文本中，并重读错过的部分。

6. 历史和科学文本要读两次。读完第一遍先休息一下，让你的长期记忆开始工作，然后在第二遍阅读的时候，换一个阅读地点。研究证明更换阅读背景能够提高记忆力。这一次也要读你上次阅读的思考记录。

7. 接下来是最重要的。读完两遍之后，放下书本，口头复述。测试自己是否能够记住那些你标记了星号和L的段落。也就是我是否能记住那些时间、名字、词语、现象和文章大意？如果你复述不出来，就意味着要重新读一读文本和你的笔记，特别是标记星号和L的段落。然后再次测试自己。

我不支持各学科融合的课程设置。这个概念在现实中经常意味着语文教师要额外做其他学科同事的工作，例如，负责"学术论文"的教学。可是学术论文并不是一个文学体裁，况且科学家写科学论文、历史学家写历史报告也各不相同。科学和历史教师应当向学生解释其学科的写作特点，布置相关的写作作业并给学生提供反馈。

学科融合会危害读写教育。它侵占传授基本技能的课程和练习的时间。没有人会要求数学老师在课堂上融合历史或科学的内容——数学教学的自主性是众所周知的事实。语文教师需要站出来维护我们学科的自主性。学生需要我们来介绍进而掌握重要的写作和文学知识。这是一个重大的任务和义务。我们只有珍贵的180天时间，一天也不能也不应花费在其他学科上。

文学阅读

文学课程是我阅读课的主要部分——体裁、题材、文学特点、作家和诗人、文学术语、文学分析和文学评论。就像我在写作工作坊中讲授的写作技法课程，文学课既能指导学生的写作，又能启发学生的阅读，让阅读为他们的写作提供支持。"意义何在"的规则是写作工作坊中的规则，要求学生创作有意义的作品，也为他们提供解读文学作品的滤镜，让他们找出所读作品的目的和主题。当我们在阅读工作坊中讨论诗歌形式，或是复习诗歌术语时，学生经常也会受其启发，在写作工作坊中实验新的写法——尝试不同的诗体、声韵规律和修辞手法。

熟练掌握文学术语能够帮助学生以内行人的身份解读文学作品，正如那些文学家和有文学修养的读者一样。我认为阅读—写作重要的连接点是当教师把一个文学术语教授给学生，并创造机会让他们从自己的阅读经验中学习写作技巧，创造出自己的文学作品，这样小作者们在文学作品中就可学到综合的写作技巧。

文学阅读的微型课

- 教室图书角中涉及的题材和分支题材
- 如何像一名文学评论家一样读诗
- 无韵诗的写作方法：语音规律和效果、修辞、语调、简练、象征性语言、意象、诗行和诗节的划分
- 诗歌术语表

- 诗体：无韵诗、六节诗、对句、日本俳句、根据马来诗体改编的隔行同韵四行诗、维拉内拉诗、十四行诗、按字母顺序编写的藏头诗、聂鲁达首创的平凡事物颂诗、华莱士·史蒂文斯所创的脱离传统的史诗、对仗、散文改编诗、视觉派诗，等等。

- 修辞性语言：暗喻、明喻、拟人、夸张

- 诗歌声韵规律：头韵、尾韵、拟声词（声喻法）

- 诗歌韵律：强调、停顿、节拍、重复、节奏和三句排比

- 诗歌按照主题或话题分类可分为：自我认知、诗歌话题的多样性、威廉·卡洛斯·威廉姆斯一类的平凡事物中的新发现、体育和体育比赛、宠物、人的五官、成长、语言游戏、大自然、童年记忆、性别、政治和社会时事、战争与反战、偏见、阅读和写作、冬季、圣诞节和犹太教光明节、母亲节、父亲节，等等。

- 以下诗人的生平、风格、写作技巧、写作话题、作品主题和作品：格温多林·布鲁克斯、比利·柯林斯、E.E.卡明斯、艾米莉·狄金森、罗伯特·弗罗斯特、艾伦·金斯堡、吉姆·哈里森、托尼·霍格兰、朗斯顿·休斯、泰德·库瑟、聂鲁达、内奥米·谢哈布·伊奈、玛丽·奥利弗、玛吉·皮尔斯、埃德温·阿灵顿·鲁滨逊、威廉·莎士比亚、威廉·斯塔福德、华莱士·史蒂文斯、沃尔特·惠特曼和威廉·卡洛斯·威廉姆斯

- 如何选择一首诗向他人介绍、做讲解准备、设计互动活动，并精心安排集体讨论

- 文学术语

- 那些为青少年写作的优秀作家

- 以好书分享会的形式介绍自己喜欢的书

- 优秀的书信体读后感的特点：如何写书评

- 写作中如何处理不同的文学作品的题目：引用、斜体，或只是大写，以及如何大写

- 朗读讨论写作工作坊中学习的体裁：诗歌、回忆性散文、戏仿和幽默小品、微型小说和闪小说、评论文章、散文、鼓动性的新闻、人物小传

- 小说类型：微型小说、闪小说、短篇小说、中篇小说、长篇小说、小说续写、前传、三部曲、四部曲、系列小说

- 小说元素：问题、矛盾、主要人物、人物发展、主人公、反面人物、情

175

节、结构、节奏、合理性、叙述角度、语调、开头、结局、意象、选词、转折、高潮、问题的解决、主题

- 丰富塑造人物的方法：反思、对话、行为、历史、倒叙、应对、品位和偏好、怪癖、爱好、熟悉的现场、财产、宠物、信件、电子邮件和日记
- 青少年文学简史
- 流行小说和文学小说的区别，以及畅销书的问题
- 出版界术语：笔名或化名、初版、印刷、滞销书、出版前的试印版、版税、编辑、从精装书到平装书、封面、护封、订口、字体、打印错误、封面设计
- 图书版权页包含的信息；如何用国会图书馆出版目录数据库来找书
- 图书出版界的发展和争议
- 全国阅读禁书周（每年9月的最后一周）
- 全国非裔美国文学阅读月（每年2月）
- 图书批注：受比利·柯林斯那首诗的影响，学生在学校图书上写出有创意的批注，留待未来的学生去发现
- 文学奖项及每年的得主：纽伯瑞儿童文学奖、凯迪克奖、普利策文学奖、艾利克斯文学奖，等等
- 青年读物及其作者：那些给即将成年的青少年所写的作品及其作者，将他们引向成人的文学世界
- 文学经典的经典之处
- 每个学生在学期末选出自己喜欢的诗歌和图书，并作出分析
- 校园之外，去何处及如何找到好书

　　每次工作坊开始的时候我们都会读一两首诗，我很希望学生能够努力提高自己的文学修养，如同有鉴赏力的读者一样阅读并能对每首诗形成自己的看法。第二周的微型课传递了我对学生作为诗歌解读者和批评者的期望。这是一堂充实的课，学生把发放的笔记粘贴在自己的读写手册中，在我朗读时强调重点，让学生课后回答以下问题，来加深学生的理解。我的问题有：你对这首诗的理解是什么？有何困惑？何处赞同或何处反对？有什么新发现？在接下来的课上，学生讨论他们的回答，最后我再强调一下我的解读方法。

像文学评论家一样读诗

我会邀请大家在每天课程开始的时候一起进入一首诗歌中，我们将像文学评论家一样阅读讨论它。我所说的文学评论家，并非那种只会说一首诗好或不好、能打几分的人。所谓的评论，也不是你过去可能阅读评价一首诗的方式。学生容易以一首诗能否联系个人生活而对其做出反应，这在他们的年纪很正常，比如过去你可能因为自己也有一只狗而喜欢一首写狗的诗。

我说我们将会像文学评论家一样读诗，意思是我们要讨论阅读诗歌的经验——你注意到的或欣赏的诗人的写法、给你带来的感受、帮你理解了什么，以及诗人如何激发你的感情和共鸣。这种文本细读就是文学评论家读诗的方式。

全班一起阅读诗歌的一个原因是为了提高你们自己体验诗歌的能力——独立走进诗歌、发现文学特点、理解或解读它并把它带进你的生活。另一个原因就是为了学习文学评论的语言——体验下列术语的真正含义：寓言、头韵、用典、半谐音、节奏、节律停顿、特定的语言、选词、诗句的跨行连续、形式、夸张、意象、讽刺、诗行和诗节的划分、暗喻、拟人、格律、生动传神的描述、明喻、象征、语气和转折。

由于不同的读者对同一首诗可能有不同的反应，我们将会讨论什么样的反应是有文本支持的、什么样的反应只是个体反应，比如，这首描写狗的诗是一首好诗，因为我也养了一只狗。我们对诗歌的客观评价会受到我们以往经验的影响。我们读得越多，就越能更好地理解它、做出反应，也理解我们自己的反应。

但是没有哪位读者的反应能够和诗歌本身媲美，也不能传递出诗歌的真谛。无论某人能够多么完善地分析词句、画面，引经据典地解析罗伯特·弗罗斯特的《黄金事物不久全》（Nothing Gold Can Stay），我对这首诗有讲不完的话，这首诗的意义都只有在诗中得到完满。

表达形式和内容是两个同等重要的问题。一首好诗的表达形式和内容本身一样有趣和重要。由于诗歌的含蓄性，一些诗需要多次阅读才能读懂其内容和表达方式。写作和交流能够帮助文学评论家更好地解读一首诗，词典也可以。伟大的诗歌能够无限次地被读下去，每次阅读都有新的快乐和惊喜。我现在仍能在《黄金事物不久全》中读出新东西。

在解读一首诗的时候，它的字字句句，它的意象比喻都需要放在语境中来思考——在与诗中其他的词句、意象和比喻关系中来思考。这就意味

给小读者的
必备课程

着一个文学评论家不会把他对一首诗的理论建立在一行诗上，如果这理论和其他的诗行相违背。

诗中的某些字词、诗句、意象和暗喻较为重要和有意义。品味一首诗的一个快速方法就是去寻找这些重要的元素。此外转折和结尾也是特别有效的关键点。

我们读诗也为了启发自己写出有关自己生活并能引起他人共鸣的诗歌。读过的诗会帮助你写作，帮助你品鉴一个足够好的词和一个完美的词的区别。

最后，诗歌能引导我们去读更多的诗歌和所有的文学作品。没有一首诗是完全原创的。如果真的有，我们也不能阅读或理解它。这不是剽窃的问题，是提醒文学评论家们在考量一首诗的时候要和其他的诗歌和诗人联系起来。

接下来两节9月份的微型课是关于术语表的。第一节课是诗歌术语表（表5.1）。我会给每个学生印上两份。第一份存入诗歌文件夹，方便我们在今后的一年里解读诗歌的时候查阅。另一份粘贴在学生的读写手册中，要求学生回家阅读并做笔记——加号表示他们已经能够运用自如的术语，减号表示新的或是不确定的术语。第二天，我们讨论已有的知识、新的发现，以及需要澄清的不确定之处。

表5.1　诗歌术语表

诗歌术语表
头韵：相邻词之间词首音位重复，通常是辅音 用典：在诗歌中提到诗歌以外的历史或文学作品、时间、人物或地点，通常是很简短的 诗歌合集：一本书中选录不同诗人的作品 尾韵：相邻词中重复使用相同的元音 素体诗：以抑扬格五音步写成，每行有五个音步，每音步两个音节，前音轻而后音重。不押韵。例如《哈姆雷特》或叶芝的《第二次降临》。不要和无韵诗混淆（见下文）。 节奏：一种基于重复和强调创造出来的韵律节奏 节律停顿：一行诗中一个轻微但明确的停顿，由语言的韵律或者标点符号造成，例如一行诗中的句号、破折号或者冒号 封闭型诗歌：受固定形式制约的诗歌，例如十四行诗、五行打油诗、维拉内拉诗、隔行同韵四行诗、三节诗、六节诗、十四行回旋诗 诗歌选集：一位诗人的诗歌组成的一本书

对仗：两行诗歌，通常以同样的形式写成

选词：词语的选用

挽歌：一首表达哀悼或者忧郁的沉思的诗歌

整句诗行：以整句为终结的诗行。在话语正常断句、一般要插入标点符号之处分行

断句诗行：一行诗的感觉与语法一直延续到下一行诗；也叫连写诗句

引言：诗歌正文前引用的格言，让作品更加意味深长

修辞性语言（修辞格）：本不相关的事物或观点之间的对比。暗喻、明喻、拟人、用典都属于修辞性语言，有把熟悉的事物陌生化的作用，带来惊喜的阅读效果

无韵诗：没有固定的格律要求；相反，依靠语言的自然韵律

夸张：诗人为了写作效果而夸大或缩小事物的某些特质

意象：诗歌语言在读者脑海中创造出来的生动的形象感受；不只是视觉上的，而且是被语言激起的全方位的听觉、触觉、味觉

讽刺：诗人正话反说

诗行：一行语句；诗歌的单位

分行：一行诗中最重要的点，标志着诗行的长度和停顿

抒情诗：篇幅短小（少于16诗行），表达个人经历和情感（与记叙公众事件的叙事诗或史诗，例如《贝奥武甫》或《伊利亚特》不同）。当代人们书写和发表的诗歌大多是抒情诗

比喻：来自古希腊语，原意是传输、转移；诗人把一物比作另一物：A=B，B的某种特质转移给了A

叙事诗：一首长诗（多于60诗行），以一种舒缓的节奏讲故事，诗歌形式的短篇小说

自由体诗：见无韵诗

拟人：源自希腊语prosopa，意为脸或面具。一种把人类的特征赋予物品、动物、思想或现象的比较

散文诗：一篇作品具有诗歌的特点——韵律、意象、凝练——但不押韵或分诗行

格律：诗歌韵律的规律；一般为了押韵，不同诗行会采用相同的字母（元音或辅音）以达到押韵的效果

生动的动词：能够激发读者五官感受的动词

明喻：来自拉丁语similes，意思是相似。一种用"像""是"等词比较两件事物的比喻手法，A就像B

叙述人：诗中的声音代表的身份；不一定是诗人本人

诗节：一首诗中的一行或多行诗和另一行或多行诗被空行分隔开来；诗歌在此处有自然的暂停，或是诗人想在此处调整诗的速度、转变语气、改变设定，或介绍新的观点或人物

象征：事物或行为在其本身的含义之外暗示的另外含义

语气：叙述人或作者对诗中描写对象的态度

转折：诗歌进行到某一点，语义有新的、重要的转向，或是主旨即将显现

第二份术语表随着班级讨论、好书分享会、微型课中遇到的文学术语不断更新。我要求学生把读写手册翻到最后，在最后的4页标上页数94—97。这样标页是考虑到了手册没有标页码的前3页，这3页将是目录。我给每个学生发放了方便翻找的便利贴，以方便他们能轻松地翻到这一页，并给最后几页取名为"文学术语词典"。

图5.2展示了一个学生在第一学期结束后读写手册上的文学术语词典。当我或一个学生用到、遇到一个新的术语时，我会把它的定义写在黑板上，然后学生把它抄写到自己的读写手册上。在我的摇椅旁的书架上，我放了一本学术词典、罗恩·帕吉特的《教师和作家的诗歌形式手册》、克里斯·巴尔迪克的《牛津文学术语词典》、卡尔·贝克森与阿瑟·甘茨的《文学术语词典》，以及布鲁斯·墨菲编著的《本奈特阅读百科全书》，这样我就能给学生提供准确的定义。

文学术语词典

书信体小说：一个以书信体或电子邮件体写成的小说

桂冠诗人：国会图书馆每1—2年颁布给美国杰出诗人的荣誉称号

边批、旁批：写在书的空白处的批注

全集：一个作家全部作品的集合

真人真事小说（法语roman à clef）：意思是"有线索的小说"，记录真人真事，但隐去姓名、地点的小说

陈词滥调：一种被过度使用，失去新鲜感的表达，例如七彩彩虹、忙得脚不沾地、地毯一样的白雪

引言：作者在一本书、一个章节或一首诗之前引用的格言，用来暗示主旨

矛盾形容法：一种修辞手法，将互相矛盾的词并用，如苦涩的甜蜜、行尸走肉、难得糊涂

回文：一个词或句子顺读与倒读相同，如：Madam、I'm Adam

主人公：一部戏剧或者一个故事中的主要人物，有时与反面主人公相对

图5.2 文学术语词典

我讲解诗歌技巧的课程都很直截了当：给出定义和展示这些术语的例句。由于美国当代诗歌韵诗很少，我会讲解那些无韵诗用到的写作技巧——节奏、声音效果、修辞语言、精确的名词、生动的动词、选词、意象、语气、转折和诗歌形式的创新。我希望学生能够认识并讨论这些技巧的效果——首先是在最明显的诗歌中，然后在他们阅读和评论的散文中。为了举例，下面是秋季给学生附在读写手册上的关于头韵、尾韵和拟声词的讲义。

声 音 效 果

重复是诗人常用的一种手法。它赋予诗歌某种旋律。无韵诗中的声音规律能够使读者慢下来，集中注意力，创造出一种基调或者情绪，从而支持一个主题、意象或主旨思想。诗人用重复来创造无韵诗中的韵律与和谐，同时也满足了本身具有重复性的诗歌形式要求，例如六节诗、隔行同韵的四行诗和维拉内拉诗。

头韵这个词描述了相邻语句中的辅音重复，辅音通常出现在词的开头。请注意听字母c在丁尼生（Tennyson）的《鹰》（The Eagle）中的重复：

鹰	The Eagle
他用弯手抓在岩际；	He clasps the crag with crooked hands;
傍着落日，在漠漠的荒地	Close to the sun in lonely lands

由于诗歌的描写对象——鹰——是一种凶猛的鸟，c的声音短促有力，加强了丁尼生对这种捕食类动物的凶猛天性的刻画。

下面是头韵的另一个经典例子。A. E. 豪斯曼（A. E. Housman）的《8点时分》（Eight O'Clock）描写了一场将在8点开始的公开绞刑。

8 点 时 分

他伫立着，聆听着教堂尖塔上的钟声
　　那钟声笼罩着清晨的小镇。
一声、两声、三声、四声
　　声声抛洒向集市和人群。
被捆绑和套锁着的他正逼近死亡时刻
　　他伫立着，一边倒数着这最后的期限，一边诅咒着命运；
而尖塔上的钟恰在此时再次攒起力量
　　敲响。

Eight O'Clock

He stood, and heard the steeple
　　Sprinkle the quarters in the morning town.
One, two, three, four, to market place and people
　　It tossed them down.
Strapped, noosed, nighing his hour,
　　He stood and counted them and cursed his luck;
And then the clock collected in the tower
　　Its strength, and struck.

你能否注意到诗歌无论是开头，还是中间都大量运用了头韵？这些刺耳的声音如何强调出犯人对即将发生的事情的恐惧？

元音的重复被称为尾韵。可口可乐就是一个压尾韵的例子。

我们注意到在《鹰》这首诗中，丁尼生如何用短促有力的辅音创造出了凶猛的调子。在雅内·刘易斯（Janet Lewis）下面这首诗中，描述了一个少女在暑假时兼职做旅馆服务员，请倾听其中轻柔的元音，它们传递着一个少女在打扫客房的时候对自己成年后的家庭生活的美好期盼。

少女服务员	Girl Help
温和、轻缓而年少，	Mild and slow and young,
她在客房里走动	She moves about the room
用手中的宽拖把	And stirs the summer dust
打扫夏天的灰尘。	With her wide broom.
在温暖、升腾的空气中，	In the warm, lofted air,
柔软的双唇轻抿，	Soft lips together pressed,
细软的秀发蓬乱，	Soft wispy hair,
她停下休息。	She stops to rest.
屏住呼吸，	And stops to breathe,
在夏日的轻声哼唱之中，	Amid the summer hum,
白丁香花的蓓蕾，	The great white lilac bloom,
散发着明日的芬芳。	Scented with days to come.

我们应该认识到，适量运用头韵或尾韵是很好的。但要避免过度使用，就像在薯条上撒盐一样撒得到处都是。不然你最终会创作出让人恼怒的电视广告式的重复。

对我来说，运用头韵或者尾韵要顺其自然，不能强求。它们的价值在于能以一种微妙的方式把声音和词联系起来，表现特定语气、强调、关系和主旨。我一般会在修改和润色诗稿的时候加上一些押韵。

最后，有一些词的发音本身就是它们要表达的声音。当诗人使用一个读音即是其含义的词，或是当一个词的声音和意思一致时，这种词叫作拟声词。拟声词有砰、轰隆隆、嗡嗡、呱呱、叮当、咯咯、噼啪、喵、嘶嘶、呼噜、汪汪。有些带有短元音的词的发音在我听起来也暗示着它们有"小"的意思，如little、skinny、slim和thin中的i的发音；而另一些词中的辅音也强调了它们"大"的含义：gross、humongous、ponderous和thick。

英语诗歌中最著名的运用拟声词的诗歌是爱伦·坡（Edgar Allan Poe）的《钟声》（The Bells）。当然这首诗远远不只采用了拟声词这么简单，但我得承认，自从这首诗被菲尔·奥克斯谱成了歌曲，它的优美旋律变成了一首真正的歌曲，我就爱上了它。下面是《钟声》的节选，写的是雪橇铃铛。你能听到诗中的铃声吗？

> 你听那雪橇的银铃——
> 那银色的小钟！
> 它们悦耳的铃声预言了一个多么快活的世界！
> 他们是如何丁丁零零
> 在夜冰凉的空气中！
> 点缀于天幕的颗颗星星
> 仿佛都快活地眨动眼睛，
> 眨动水晶般的眼睛；
> 铃儿丁丁零零地合着拍子，
> 合着一种北方神秘的旋律
> 合着那悠扬快活的丁丁零零，
> 铃声流出那小钟般的银铃，
> 丁零，丁零，丁零——
> 铃声流出那丁丁零零、零零丁丁的银铃。

在我个人喜爱并想介绍给学生的诗人中，对我影响最深的是威廉·卡洛斯·威廉姆斯。他的"要事物，不要概念"是我作为青少年诗歌写作教师的座右铭，因为青少年总是试图写一些很深刻宏大的主题——爱、死亡、和平、战争、偏见、不公正。威廉姆斯帮助他们认识到写好深刻宏大主题的诗歌都是立足于平凡的瞬间。来自作者的生活感受细节和形象唤起读者的想象和共鸣，这些"事物"创造出了更丰富深刻的意义，为人们所感受和分享。

虽然我的学生没有达到威廉姆斯的高度——他的洞察力和精当用词无人能及——但是他们从他身上学到了诗人所需的对事物的微妙感知力——观察人、动物、物品、时间、现象、生活。我以威廉姆斯的三首诗为例子来介绍他。

威廉·卡洛斯·威廉姆斯（1883—1963）

如果要我选出20世纪最重要的诗歌，我会提名威廉·卡洛斯·威廉姆斯的《红色手推车》（The Red Wheelbarrow）。说它重要，是就其对威廉姆斯之后的诗人的影响来说的。诗人只用了16个英文单词表达了一种世界观——一幅图景——让我们了解到无论是一首好诗还是美好的生活，都源自一双善于发现的慧眼。请和我一起读：

红色手推车

一群
白色的鸡雏旁

一辆
红色的手推车

雨水中
晶莹闪亮

承载着
如许分量。

威廉姆斯向我们展示了生活中有多少事物需要我们去关注和发现，需要动用我们的感官来体会和欣赏世界的细节。对意义的追寻从观察开始。停下来，观察生活，感受你的生活。注意到你生活中的"一群白色的鸡雏旁一辆红色的手推车雨水中晶莹闪亮"。你的生活——生活质量——取决于它。你还能发现什么？

作为一个诗歌教师，我身体力行威廉姆斯的两句格言。第一句是他对所有诗人的告诫："要事物，不要概念。"他提醒着我们特殊的瞬间和看得见、摸得着的事物是揭示概念、态度和生活本身的媒介。第二句："观察是想象的第一步。"换言之，我们要走出来，观察生活：去看、去听、去闻、去品尝、去触摸，你才能像诗人一样看待生活。

让我们再一起欣赏两首威廉姆斯的著名短诗。第一首实践了其诗歌理论：观察他的猫如何在厨房里爬上家具。威廉姆斯写了一首充满生活气息的诗篇。

诗

当猫

爬过

放果酱的壁橱

顶端

先抬前面

的右爪

小心地

然后是后爪

落地

踏入空

花盆

凹处

在我们读第三首之前，你可能会有兴趣知道威廉姆斯除了是一位诗人，还是一位从医40年的家庭医生，接生了200多个婴儿。他经常会在新泽西州的医院工作时"看到"诗歌，然后在处方单上匆匆写下他的观察结果。我想这可能就是《在墙之间》的来历。

在 墙 之 间

医院

的

后墙之间

寸草不生

遍地是

炉渣

闪烁着

绿色

玻璃瓶的

碎片

注意这些诗歌都以日常语言写成，单刀直入，每首诗都是一句没有标点符号的句子，除了《红色手推车》结尾处的句号之外。威廉姆斯就这样创造出了自己的诗歌形式。他摒弃了修辞性语言，直接描写，采用了强烈的、朴素的色彩来创造视觉意象：红色、白色、绿色。每首诗都建立在实际存在的事物上，建立在他对普通场景和动作的观察上。

我要求大家模仿威廉姆斯的风格——这是他的独特之处。但我也要求大家欣赏他的诗歌哲学。诗人的诗歌世界是从他对世界的观察开始的——不在于华而不实的表演、浮夸的理论或不切实际的白日梦，而是关注世界的细节，寻找其中的意义。

让我们来背诵《红色手推车》，并记住观察能给我们带来多少新发现。对于一个诗人而言，我们的所见承载着一切。

我们还阅读讨论了威廉姆斯的其他作品，包括《为一个穷苦的老妇人而写》《安静》《完全的毁灭》《风雨欲来》《移动》《报春花》《楠塔基特》和《便条》。我们以《像是首诗》结束学习，在这首诗中他展示了他"要事物，不要概念"的追求，展示了诗歌的语言应当如何抓住人们对真实世界的感知，而非追求悦耳的声音。

我把学生受威廉姆斯影响而创作的"事物"诗歌收集在了我的诗歌活页夹中。然后我邀请学生挑战他的理论：故意把写好的诗作写坏。学生合作把写好的习作朝着不好的方向修改，也是一种展示他们对好诗和不好的诗的理解的方式。在争取作者的同意后，娜塔莉的同学们把她那首文风深受威廉姆斯影响的《父亲的衬衫》改写成了《我爸有许多衬衫》。每个小组的学生负责四节诗中的一节，然后运用术语加以分析概括，总结规律并理解含义。

父亲的衬衫

我走进衣橱满心欢喜
挂在晾衣架上的七件衬衫
熟悉的颜色和图案。

搜寻我喜爱的那一件。

棉质衬衫上印着
蓝白条纹。
我把它从衣架上取下来
把脸埋入衬衫。
烟草的香气，
金属、割草机和洗衣液
包围了我。

我想起父亲穿着它的时光：
当他开车送我上学，修剪草坪，
当他倚在后廊
吸烟读着周末新闻。
他穿着它参加学校的会议和表演。
他穿着它出席心爱宠物的葬礼。
我记得在一个冬夜抱着父亲
脸颊靠着他的
磨旧的衬衣上。

我把衬衫挂回衣架。
系好每个纽扣。
我珍惜我和父亲的
回忆。

——娜塔莉·布朗

我爸有许多衬衫

（又名《娜塔莉作品的邪恶双胞胎》）
因为我是如此、如此爱我的爸爸
我打开了他的衣橱
看着他挂在那里的
所有的衬衫。
他的衬衫

让我想起他对我的爱。
爱是最好的礼物。
我取下一件漂亮的衬衫
呼吸它的味道。

衬衫有烟味
还有强烈刺鼻的金属味道
来自他每天工作的地方
因为他是一个职业铁匠
还有草坪的味道，
因为他会用除草剂修剪草坪。
还有洗衣服用的
洗衣液的香味
我也闻到了。
这件衬衫是我父亲的
象征。

他总是穿着它
做很多事。
我需要他的时候
他总是在那里。
他是我的所有。
他总是穿着它
到许多地方去。
当我拥抱他，
我能感受到这件非常特别的衬衫
的特别之处
以及我们父女之间
特殊的关联。

我把衬衫挂回衣架上
走出了衣柜。

——7、8年级的全体戏仿诗作者

艾米莉·狄金森（Emily Dickinson）是学生学起来和我教起来都有难度的诗人，但是她值得我们努力。许多学生最终都对她很痴迷：她的生平、她对诗歌情感化的处理方式，以及她作品中天才的、惊人的意象。下面是我发给学生收录进读写手册的狄金森的生平和作品介绍。

艾米莉·狄金森（1830—1886）

艾米莉·狄金森是美国最伟大的诗人之一，对后代诗人影响巨大。她出生在马萨诸塞州艾默斯特一个富有的律师家庭中，有一兄一妹。她终身未婚，30岁左右就开始隐居生活——成了她父亲家中的一个"幽灵"。我从你们这个年纪的时候就对她很感兴趣。

少女时期，艾米莉在当地的艾默斯特学院上了7年学，学习了许多科学类的课程。16岁时，她在离家11千米的曼荷莲女子神学院学习1年。这所学校训练女子传教士到荒蛮之地去向"异教徒"传教。学校三分之一的学生早已是虔诚的基督教徒；三分之一努力想要成为传教士；三分之一是"没有希望的"，也就是她们无法看到基督耶稣是她们的救世主。

艾米莉属于最后一类。她从没听到过基督的召唤——她觉得自己是"那些徘徊不定的坏人中的一个"。她的诚实让她无法假装重生。她从未参加过教会，并且在30岁以后，也从不出席她父亲教会的弥撒。艾默斯特是一个清教徒地区，艾米莉的缺席引起了当地居民的关注，并遭到了反对。

狄金森诗歌中主要的张力来自她对宗教的无法接受与她应该要相信上帝的矛盾。她把永生称作"洪水一样的主题"，她渴望死后的天堂和永生带来的安慰，却又抗拒它。

狄金森的大多数诗篇都创作于1858年到1865年间。《大西洋月刊》的编辑托马斯·希金森上校，是狄金森许多作品的第一个读者。这些诗与当时诗歌之间的格格不入让他很困惑，也因为如此，他不鼓励狄金森发表这些作品。生前，狄金森只发表了7首诗。离世后，她的亲戚在她的文件抽屉中发现了近一万八千首诗，被缝成了一个一个小包。

艾米莉的诗歌是她内心生活、私人情感和人生观察的记录。她的父亲权威极重，对此她抱着崇敬又叛逆的矛盾心理。狄金森家不允许有诗歌的存在，因为艾米莉的父亲想要他的生活成为全家的重点。此外，在那个时代，女人在诗歌中的形象就是要服从于她的丈夫、父亲和上帝。

自然被美国大多数诗人看成一个浪漫主义的词语——是诗人情绪和感情的延伸。而狄金森对自然非常了解，她并不以浪漫主义的态度看待它——她和自然是分开的。狄金森是博学的植物学家、地理学家和天文学家，她写自然的诗歌都建立在事实，而非情感的基础上。

狄金森创造了直接、让人惊喜的诗歌形象。她的诗歌的韵律富于变化，选词如宝石般光艳照人，比喻出人意料，甚至是惊人的。她的诗歌机智、热情，又饱含深沉的苦痛。她借用木工手艺、地理、打铁术、植物学、生物学和天文学的语言来创造关于自己感受的比喻，探索她内心深处安定和混乱的矛盾。科学思想帮助她表达自己存在——也是人类存在的——复杂性。1862年春季，她的第一首诗得以发表。大约同一时间她可能在遭受一场危机：某种心理或身体上的痛苦。狄金森的一些作品是爱情诗，但是写给谁的？上帝？一个真正的情人？一个虚构的情人？没有人能确定。

狄金森在30岁左右开始了她的"白色习惯"，她会整天穿着一条白色裙子，足不出户。她本可以度过家庭主妇的一生，和她的同学一样。然而她成了一名遁世者，只接待少数几个朋友——那些她觉得可以欣赏自己的作品和思想的值得一交的人。她渴望真正的亲密关系，但求而不得。她所有的少数几段友谊因为她要求太多而失败。与狄金森交谈是紧张而困难的；我猜她一定也疲倦至极。最终，她关闭了自己的世界。

我最爱的狄金森的一句话是"我的工作在周遭"。我想她的意思是她作为一名诗人，工作就是要在自己的思想中探索人类存在的边界。用她自己的话说，创造和谐——用诗歌来平息生活的混乱无序。

在这之后，我们在每日一诗的环节阅读、解析和欣赏《夏之逃逸》《一个细长的家伙》《那里肯定有一束光》《因为我不能停下来死去》《我是无名之辈！你是谁？》《灵魂选择它自己的伴侣》《剧痛之后，正常的感觉回归》《我为美而亡》《我听到苍蝇的嗡嗡声——当我死时》和《希望是有羽毛的》。

我的学生也欣赏当代诗人评价狄金森的作品，包括理查德·威尔伯的《纬度》、琳达·帕斯坦的《艾米莉·狄金森》、玛丽琳·尼尔森的《艾米莉·狄金森的消亡》、安德里亚·卡莱尔的《艾米莉·狄金森的工作清单》、汉斯·奥斯特鲁姆的《艾米莉·狄金森与猫王埃尔维斯·普雷斯利在天堂》和亨利·布劳恩的《狭窄的友谊》。他们也爱朗读迈克尔·贝达德所著的图画书《艾米莉》，书中有无与伦比的芭芭拉·库尼所画的马萨诸塞州艾默斯特的插画。库尼的插画按照艾默斯特的建筑绘制而成，包括狄金森哥哥、父亲的房子和她的卧室。我把自己参观狄金森故居，亲眼看到她有一张小书桌的房间、她的白裙子和她仍开着花的花园的感受描绘出来告诉学生。

我很喜欢讲沃尔特·惠特曼（Walt Whitman）。他是美国自由体诗的发明者。其风格和主题在他的时代直截了当，惊世骇俗；他坚持把诗歌当作一种民主的语言，为人民、写人民，这些永远地改变了美国诗坛。自称"既是肉体的诗人，也是灵魂的诗人"，惠特曼用一种平常人能理解的语言，从心底歌颂生命的神秘——虽然当时的普通群众最初对他的诗作感到震惊和被冒犯。惠特曼诗歌教学上的重要性在于他对未来诗人的慷慨馈赠，他的选词和风格，以及他开启的重要的美国诗歌主题。我给讲解惠特曼安排了8节课，并以他的生平介绍、主要作品描述，以及一本以其主要作品为题材创作的绘本开始了我们的学习。

沃尔特·惠特曼（1819—1892）

沃尔特·惠特曼出生于纽约长岛他父亲的牧场。他11岁离开学校，做过许多工作，包括画师、教师、新闻记者、报纸编辑和建筑工人。在这个过程中他发表过几首诗，但从这些诗中看不出来日后的文学成就。

1855年，惠特曼自费出版了只印了800本、惊世骇俗的诗歌集《草叶集》，诗集包括12首无题诗。书的反响平平，只卖出了几本。沃尔特触动了维多利亚时期人民敏感的神经。

他不顾诗歌传统，拒绝押韵、采用俚语、拥护所有人的平等，并在一个男人和女人穿着行动不便的衣服、只露出脸的年代歌颂人的身体。当时由于保守，人们甚至会把钢琴的腿用布遮住。

今天，惠特曼和艾米莉·狄金森被并称为美国诗歌的发明人。沃尔特是自由体诗歌之父。他反抗韵律、常规的押韵规则和润饰繁重的语言，代之以头韵、尾韵、重复节奏和松散的结构。我爱他的文学实验。

为了让大家了解惠特曼的风格，请和我一起读投影仪上的诗句：

因为我们不能久待在这里；
我们必须前进，亲爱的哟，我们必须首先冒着艰险，
我们是年轻而强健有力的种族，别的人全靠着我们，
开拓者哟！啊，开拓者哟！

For we cannot tarry here;
We must march, my darlings, we must bear the brunt of danger,
We the youthful sinewy races, all the rest on us depend,
Pioneers! O Pioneers!

你能不能听出 cannot 与 tarry、march 与 darling 中的尾韵押韵？ bear the brunt 和 must march my 中的头韵？节奏是词或词组的重复，请注意它在"开拓者哟！啊，开拓者哟！"中的运用。调换词语顺序是有意破坏英语正常的主语—动词—谓语的句子顺序。与正常的句子顺序 all the rest depend on us 不同，惠特曼写成了 all the rest on us depend。如你所见，他很喜欢长诗行和现在时动词，经常会把自己对主题的想法写在括号里加入诗中。

惠特曼打破陈旧诗歌规则是我们要记住他的一个原因，但他的诗歌内容和形式同样重要。他认为每件事、每个人都是美好并值得入诗的，对此他给予热情赞扬。他的诗中只有一个叙述者——沃尔特本人——但他为我们所有人代言，敦促每个人发现自我。他爱所有人、同情所有人并解释所有生命的同一性。他对生活心醉神迷，尤其是对真相、诗歌、自由和美国。在《草叶集》的第1版前言中，惠特曼写道："美国本身就是最伟大的诗……"我认为惠特曼本人也是最伟大的诗——他塑造了作为人和诗人的自己。多么伟大的人，多么伟大的诗人。

惠特曼把第1版《草叶集》寄给了著名作家和哲学家拉尔夫·沃尔多·爱默生。爱默生的赞扬促使他推出了第2版。从此，惠特曼到离世前一直在不断修改这本书，大约40年后，他已经写出了10个版本的《草叶集》。最后一版出版于1892年，收录了383首诗歌。其中最主要、也是他最伟大的作品是《自己之歌》。这首诗有32页长，分52个长度不一的部分，是惠特曼个人风格最纯净狂野、也最丰富的表达。在《自己之歌》中，他写道："我在世界的屋脊上发出了粗野的喊叫声。"他粗野的喊叫声今天仍在回响。

让我们以诗人最著名的作品《我听见美洲在唱歌》开始阅读惠特曼。这是一首目录诗：把所有事物以平等的方式列出来，并突出每件事物的特点。在这首诗中，我们会遇到19世纪美国广大的劳动人民。每个人都在欢唱着自己的歌，每一首都重要且与众不同。我认为罗伯特·萨布达所绘制的诗歌图集捕捉到了这首诗的语气和主题。

在接下来的学习中，我们会读到《大路之歌》，并与《维京人》，一首惠特曼同时代的诗人约翰·格林利夫·惠蒂尔的作品比较。这样学生就能对惠特曼所反抗的诗歌传统有一个大致的了解。我会朗读《一堂天文课》的绘本，并给学生分发这首诗，要求他们对惠特曼诗歌的头韵、尾韵、节奏和句子结构调整做批注。我们会花几天时间选读《自己之歌》并讨论其意象和主题，从他把草叶作为象征符号——象征宇宙中所有的奇迹、成长、死亡和每个独立存在的造物的意义开始。在这个过程中，我们会发现惠特曼的冗长繁复，他如何信笔而写，夸夸其谈，自我重复，以及《自己之歌》中乏味漫长被突然出现的让人眼前一亮的段落打破时的惊喜。

我们也会听用留声机保留下来的惠特曼自己背诵《美国》的录音CD，在里面惠特曼谈论了他对新国家未来的热爱。我会讲到惠特曼在南北战争时期在华盛顿做护士的经历；会讲到《桴鼓集》这本以战争为题材的民谣集，以及他对亚伯拉罕·林肯的热爱。在我们阅读他献给林肯的悼词《啊，船长，我的船长哟》之前，我会介绍这是惠特曼在世时唯一受到欢迎的作品。这也是一首他不满意的作品。我也赞同：和他的其他作品相比，这首诗并无新意或创新。我想要说服学生《当紫丁香在庭院中开放的时候》作为悼亡林肯总统的诗作，要好得多，然而学生总是不同意我的观点，我们会进行激烈的辩论。我们以下面三首诗结束对惠特曼的学习：《〈草叶集〉第1版前言》，我收录在了《为世界命名》中，写到了惠特曼对于如何把一个人的生活变成"一首伟大的诗"的建议；《未来的诗人们》，是他写给各个年龄段的年轻诗人的；以及《自己之歌》的第52节，整首诗美妙、感人的结尾，每次读到都会让我感动落泪。

惠特曼之后，我们阅读讨论他的文学后辈艾伦·金斯堡的诗歌，讨论美国失落的约定《加州超市》，诗中提到了惠特曼，作品选自《嚎叫》；以及金斯堡笔下20世纪的《美国》。

193

熟悉《共同核心州立标准》的教师，可能会注意到，我的诗歌教学超出了标准中所提到的四个方面。《共同核心州立标准》是按照一种被称为新批评的文学理论编写的，要求学生把文学作品当成一个自身的整体来分析，不考虑作品的背景或读者的个人感受。这意味着读者不应该把一篇作品和其时代、创作地点或目的、作家的生平或其他作品、其他作家的生平或作品、文学传统或读者自己的反应联系起来。

新批评理论，虽然现在已经不再新鲜，但在20世纪50年代广泛流行。到20世纪70年代，我在读大学，我的教授们反对它的大多数原则。虽然他们用这种理论教我如何分析和评注文学作品，但也询问我对作品的看法，介绍作者和诗人的背景信息。当我在大学读到格温多林·布鲁克斯、康迪·卡伦、朗斯顿·休斯、阿米里·巴拉卡时，那时的美国社会时代背景是黑人大迁徙、吉姆·克劳法案下的种族隔离、哈莱姆文艺复兴、民权运动。带着我对美国社会中的种族主义的感觉和观点来读，我的阅读体验比单纯的新批评理论更为丰富。

毋庸置疑，学生应该掌握如何用文本证据去分析、批评文学作品。由于我每天都给学生讲解文学评论术语和理论，要求他们每天都要讨论一两首诗，学生逐渐能够熟练掌握文学特点及其效果。但我也尊重学生的阅读感受，尊重特定的作家在特定环境下创作出来的特定作品，以及作品的影响。

自然而然地，我的学生了解了诗人，也有了自己喜爱的诗人。他们把这些诗人带进了自己的生活，背诵其作品，把他们的画像贴在自己储物柜的门上或者卧室的墙上，并在毕业演讲上引用它们——此处我说的是海伦娜，她在6月毕业典礼上引用了惠特曼；还有卡特，他手持宝剑、热情洋溢地朗诵了莎士比亚《亨利五世》中的"圣克里斯宾节演讲"。诗人与诗歌在他们的表演中是鲜活生动的。这种经历是有个人与政治意义的。

文学并不中立，文学研究也不是一个客观科学的领域。故事、诗歌和戏剧是人文学科的心脏，而语文教师永远也不该迫于外界压力而忽视文学教育的价值，阅读能带来同情心、热情、宽容、勇气、公正、好奇心，以及对个体声音力量的欣赏，学生能够读得又精又广又深入。

我们在课上阅读讨论的还有非虚构作品。如果我能给每位美国教师送一份礼物，那将会是给他们订阅每天的《纽约时报》。阅读权威可靠的报刊能够让所有人更明事理，当然也包括青少年。

在我的历史课上，我们阅读和讨论《时代周刊》上关于时事的文章。我们也解读《波士顿环球报》和《缅因周报》中的政治漫画集。我们分析查尔斯·布罗在《纽约时报》上的漫画专栏，也爱看卡尔文·特里林在《美国周刊》上的政治打油诗。

作为一名语文教师，每学年我会从《纽约客》《时代周刊》《滚石》和《纽约时报》中发现多达三十几篇的文章供学生在阅读微型课上讨论。其中包含丰富的话题：新美国桂冠诗人和纽伯瑞儿童文学奖得主、电子书的兴起、当前的儿童及成人畅销书书目、大众纸皮书和袖珍平装书的区别、图书评论、电影评论、电视节目评论。

我们也会阅读《时代周刊》专栏作家尼古拉斯·克里斯托弗、托马斯·弗里德曼、莫林·多德、查尔斯·布洛何盖尔·柯林斯的鼓动性新闻评论并展开辩论。我们也会被一系列涉及学生话题的文章和见解所吸引：一项研究暗示考试是让学生记住新材料的最有效的方式、"暑假阅读断档"在学生暑假3个月停止阅读时发生、大人对爱读书的男生的刻板印象、奥巴马总统的代词错误用法、被称为"超自然爱情小说"的文学题材、成年读者如何决定是否要终止一本书的阅读、大人对青少年文学狂热着迷、一份建议文学期刊应该多发表图书的正面评论的倡议，以及在书的空白处书写的艺术。最后一项，与比利·柯林斯的诗歌《边注》一起，引导着学生和我在教室图书角的书上做批注。我们写下对文学作品深刻或讽刺的观察发现，以及有趣的结论，留待后来的学生去发现和思考。

个别学生会央求家长购买周末版《纽约时报》，然后独立阅读，无论通过何种途经，我的学生都能接触到质量最上乘的非虚构作品。在此过程中，我希望他们能够广泛涉猎和吸取不同的观点、理论、论断和证据，也学会读图表和数据。我希望他们能够阅读、理解新闻文章；更重要的是，我希望他们能够成长为有知识、有思想和有公民意识的阅读者。

在8年级学生将要参加标准化阅读考试大约一周前，微型课成为给他们讲解标准化考试的各项要求的场合。清楚标准化考试的原理，积累关于考试形式的经验，能帮助学生更有自信地进入考试状态，更好地展示出他们的阅读能力。帮助学生准备考试是完全公平的。但如果我们把阅读课变成一整年的应试教育，那就对学生、对文学作品都不公平了。大量的、投入的阅读是关键。用几天的时间训练学生如何应对标准化测试，做好准备，这就已经足够让学生适应考试的要求和形式了。

此时快要到你们参加考试的时候了，那么关于标准化阅读考试，你应该了解的是，考试一共有四类题目。第一类题目会问到最佳标题、最佳主题句、文章大意或主要思想——无论出题者用的哪个术语，这些题目问的都是同一件事：这段话的主要意思，或者想要表达的是什么。

接下来是推测类题目。推测是文章暗示的意思，而非白纸黑字表达出来的。通常，推测只是简单的常识：基于出题者给你提供的阅读选段的证据，你能得出什么理解或结论？

然后还会有细节类题目。这类题目考查你在段落中找到特定信息的能力。我认为这是最简单的——除非出题者决定要设陷阱，故意让问题含糊不清，不过这种做法实在有失公允。

最后，当出题者询问一个词在语境中的含义时，他们是想知道你是否能理解一个词出现在某句话或某段话中的意思。

我下载并复印了你们下周将会遇到的考试文章和题目。让我们开始做第1段的问题，并分析出题者对考生都有哪些要求。

我和学生一起分析文章和题目的结构。然后在另一节课上，我讲解考试时如何阅读文章和回答问题。

标准化阅读考试步骤

1. 首先，阅读文章的前几句、后几句话和试题要求。这样你就能大致了解文章的内容和你应该关注的地方。

2. 接下来，带着寻找答案的目的阅读文章。

3. 在回答一道题时，先排除那些最不可能的选项：通常有两个很好排除。然后重读题干和剩下的两个选项。总是用排除法来做题。

4. 在需要回看原文的时候就回到原文去，用略读或快读的方式。

5. 当题干问到某个词的含义，通读这个词所在的整句话或整段话。考试不是要测试你是否已经知道这个词的定义。这个问题的难点在于你是否能够运用附近的词作为线索，找出这个词在语境中的意思。

学生会独自或者两人一组做更多的练习；我和学生一起决定正确答案；然后学生解释他们如何得到正确答案，或者还有什么困惑。

一个学年里最后一节阅读课解决一个被众多研究者和教师关注的现象：暑假阅读断档。3个月的暑假断层让学生丢失了3个月的阅读时间，错失了拓展阅读能力的机会。学生已经在9月至第二年6月期间取得了如此成就，一想到3个月断档带来的阅读损失，我感到非常担忧。

少数的学生家长的确会在暑假带他们去书店或图书馆，然而更多的学生来自藏书很少、也没有钱购买书籍的家庭。缅因州乡村没有公共交通设施，当地的公立图书馆只为青少年读者开放有限的时间和资源。除非我提供帮助，否则许多学生在暑假将无书可读。

突破性的研究发现那些来自极度贫穷学校的学生如果能在暑假把书带回家阅读，他们的阅读分数会显著高于其他学生。此项研究中的852名学生每人在6月选择了12本书，供他们阅读。暑假阅读这些为数不多的平装书，大大提升了这些学生的阅读水平，效果堪比在暑假补课。

该项研究结果很鼓舞人心，但也引起我的深刻反思。尽管我经常会在6月给学生讲解如何在校外找到好书来阅读，我也不得不承认许多学生不能将之付诸行动。这是阅读工作坊中知识交接的断裂。

我深吸一口气，承认对学生我需要给予更多关心。虽然允许学生把书借出一整个暑假听起来很冒险，但这很必要，也卓有成效。

6月的时候，我在当地超市求得了一些赠送的棕色纸袋，每个学生把两个袋子套在一起，然后他们和我疯狂地进行好书推荐。我们的目标是让每个学生选出至少6本书在暑假阅读。他们在一张小卡片上签名，并写下他们在9月1日之前归还的计划。我把这些小卡片复印留存，然后学生把原版的卡片钉在棕色纸袋上作为提醒。

3年里，我丢失了两本书——考虑到我的学生参加了这"唯一和暑假学习有紧密联系的活动"，我觉得很值。教与学中心的其他老师也采取同样做法，现在我校所有学生都自己选择图书借回家，在暑假阅读和享受故事。

我所教的阅读课程是建立在我所爱的文学作品、对阅读的理解，以及了解学生作为阅读者的基础上的。每年9月，各种学生来到我的班上：有些学生过去的阅读经验有限，不相信世界上还有好书可读；也有些学生来自爱读书的班级；还有些来自家有藏书和读书气氛浓的家庭。阅读工作坊靠近并拥抱他们每一个人。

阅读工作坊发现青少年之所长。他们中的大多数能够在某种程度上把拼写和读音的关系运用于阅读中。他们都喜欢好的故事。他们愿意尝试，能够无拘无束地表达热情。他们被好的作品感染，当他们发现好作品时，能说出作品好在哪儿。他们慷慨大方，非常愿意把他们所爱的故事推荐给别人。他们站在分析性阅读的大门前，准备好了要超越情节。在阅读微型课上，教师护送他们走进书中，向他们展示有批判精神的读者的阅读技巧，并传授最快乐的知识——好读者的思想如何与纸上的话语互动，创造出终生秉持的优秀阅读品质。

十三个问题的答案

1. 喜马拉雅山一直是地球上最高的山。斜体字提醒有经验的阅读者从年代角度思考这个问题。

2. 摩西没有建造方舟，方舟是诺亚建的。先前的经验使读者认为测试题中的信息是正确的，但我们也应该把注意力放在题目要求和斜体字上面。

3. "公元前"这一日期不可能出现在硬币上：没有人能预知耶稣降生的日期。我们习惯忽视例如"公元前"这种常见的缩写，因此没有注意思考它们代表的意思。

4. 先点燃火柴。长期记忆自动填补了"火柴已经点燃"这一缺失信息。

5. 生还者不能被埋葬。先前的阅读经验让我们把注意力集中在斜体字上面。对"国际航班"的强调把我们的注意力从关键词"生还者"上移开。

6. 全部。诀窍在于读者的长期记忆把"只有"这个词插了进去。

7. 9个。数学课解数学题的经验让我们期待进行减法运算。

8. 把瓶塞推进瓶子里，然后把硬币摇出来。经验告诉我们要把瓶塞拔出来，而不是推进去。

9. 他在白天做了这件事。诀窍仍在于长期记忆填补了缺失的信息——如果黑暗被提及，那一定是晚上。

10. 一枚10美分，另一枚25美分。诀窍在于类似数学问题的表达，加上斜体字和括号中的特别提示分散了我们的注意力：一枚面值不能是25分，可是另一枚可以。

11. 蛋黄是黄色的。问题的结构和语调使读者的长期记忆关注语法而非意思。

12. 有6个"F"，而非3个。大声读出句子使读者关注单词"finished""files"在头两个字母中出现的发重音的"F"。由于"scientific"中存在发重音的"F"，以及连字符加强了发音连接，读者容易忽略"of"中发轻音的"F"。

13. "Paris in the the spring. Bird in the the hand. Once in a a lifetime. Slow man at at work." 一个有经验的阅读者会接收信息，并且把注意力放在携带信息的实意词。

6

给小作者面批指导作文

孩子今日需要合作完成的任务，在明日将能够独立完成。
——列夫·维果茨基

9月份，我在对学生写作经历及写作水平的调查中，提出的问题之一："他人提出的何种反馈能帮助你提升写作技能？"每一年学生的回答都会显示出他们急切的创作欲、明确的写作目的，以及探索写作新领域的勇气。

- 推动我写作的评语
- 一位老师或朋友告诉我哪部分写得好，哪部分我怎么能写得更好
- 告诉我哪部分表意还不够清晰，哪部分语言不够有力，或者哪部分别人还不能理解
- 告诉我别人哪里看不明白，或者哪里比较费解
- 具有建设性的批评——它们不伤人，并且能指出你作为写作者有哪些方面需要改进，使你的作品更棒
- 有针对性地帮助我选择写作方向的建议
- 不令我难堪的、有针对性的批评
- 能让我思考并且具有操作性的针对性评价
- 让我的写作看起来更好的针对性建议
- 正好解答了我的困惑的针对性建议

这些小作者们没有寻求赞美，没有追求温和、中立的评语，或是就写作规范或标准泛泛而谈的评价。他们想得到来自教师或同学的指导，得到来自那些深谙写作的人的指导。

我对写作和阅读持有同样的准则。我已经阅读了50多年，包括几万件学生作品。我的每个反馈评价都源自我丰富的阅读背景和经验。其实那些被

学生的写作草稿弄得焦虑不安的老师，也都可以从自己积累的阅读经验中找到信心。

作为读者，我们注意到许多诗歌、记叙文和说明文中好的和不好的特点。在一对一师生交流中，我把我作为读者收集的这些特点传授给学生，比如开头、结尾、题目、基调、反思、逻辑、信息、目的、主旨、想象、表达清晰、措辞、生动的动词、动词语态、用细节表现主题、组织、过渡、分段、分句、破折号的使用等。写作老师不需程式化的反馈，而应该从我们作为文学阅读者的强项出发。

我教写作的亮点是和写作者之间的沟通交流。然而我起初并非如此。那时我过于注重一对一师生交流中的标准模式，以至于和学生的讨论充满了压力。我能感受到我时刻关注着自己的言行，全部心思都放在给出正确答复和如何避免错误回答上。后来当我开始把一对一师生交流看成放手的机会——借助我的阅读经验，回忆自己写作上的成功与失败，观察学生的写作行为，倾听学生的写作目的，并提供相关指导时——我从这些交流中体会到了教学带来的成就感。

9月份，当我阅读丹尼尔7年级第一首诗的初稿时，我觉得它还不够好。作品中缺失某种东西——作品中没有人。我拉开折叠椅，坐到丹尼尔的桌边问他："进行得如何？"

丹尼尔：嗯，我想我写完了。

南　希：我能读读看吗？

丹尼尔：当然。

第 一 稿

滴答，滴答，滴答：
有节奏的滴答声
当我们按下"下一首歌曲"的按钮。
我们惊奇地发现我们能如此喜欢一件没有生气的事物
如此奇怪，但我们确实喜欢。

滴答，滴答，滴答：
我们发现了一首歌。
我们等着第二首，思考着，耸着肩，
戴上耳机，放松，欣赏歌曲。

南　希：这首诗是写你的iPod吗?

丹尼尔：是的，我准备修改了。

南　希：我很好奇，你为什么会想要写这个话题呢?

丹尼尔：嗯，我用iPod听了那么久的歌，觉得自己有点儿上瘾了。我花在它身上的时间比花在朋友身上的还多，但它只是个机器罢了。

南　希：很酷的观察。我喜欢你把滴答声处理成一种话语，就像你在和一个机器对话。我也喜欢你这首诗的语气，很明显你并不想对一个机器如此上瘾。但作为读者，我没能读出你对它多上瘾。丹尼尔，我认为问题出在"我们"这个主语上。一个作者不能用"我们"这个主语来描述自己的思想与情感。你需要以"我"来发声。你能不能在第二稿中用"我"作为主语来修改这首诗，看看效果怎么样?

丹尼尔：嗯，不过我比较喜欢目前的主语，因为这首诗可以适用于使用iPod的任何人。

南　希：这就是问题所在。一个读者需要某一个人。试试看，相信我，我认为这样会让它更好。

丹尼尔：好吧，我试试。

下面是丹尼尔关于iPod的诗的最终稿。

给小作者面批

指导作文

203

我试着不去想它

滴答，滴答，滴答——

我爱这熟悉的节奏。

我按着"下一首歌曲"一遍又一遍——

滴答，滴答，滴答。

我惊异于发现自己如此喜爱一件没有生气的事物

如此喜欢。

是的。

并且由其他没有生气的

部件组成。

滴答，滴答，滴答——

我找到了我在找的那首歌。

我停顿下来。

我品味着我的快乐

寄托于一块塑料的快乐。

我接受了我的身份：

一个21世纪的孩子。

我耸耸肩，戴上耳机，

坐下来，放松，

欣赏歌曲。

——丹尼尔·梅尔

第一人称叙述帮助丹尼尔在作品中加入了个人反思。个人反思——他的思考与情感——引出了主题。这个主题和前面师生交流中所解释的相同，并在诗歌中清晰、诙谐地表达出来。这首诗的标题也因为转为第一人称叙述变得更妙。我认为这首诗在修改中脱胎换骨。它也播下一粒种子：丹尼尔明白了读者希望看到用第一人称表述自身的经历，这有助于读者体味作者的经历和想法。

我和丹尼尔的交谈很直接，也具有指导性。我找出了丹尼尔认为已完成的诗作中的不足，并在他描述出自己的意图后指导他如何换个角度改进他的作品。我指出了读者遇到的困难并提供了一个解决方案。他的"我们"是一个典型问题。给学生写作者及其作品提供反馈时，我花了不少时间让自己能够清晰地表达、描述他们的写作问题。在本章中我还将描述其他一些典型问题。只要我意识到第一人称在个人写作中的出色效果，我就会毫不迟疑地把我的知识教给学生并放手让他们去尝试。

我对学生的指导是有规律可循的。他们知道我会在写作时与他们交谈，而不是在已完成的作品上写评语。这种事后的评价不够及时。这种方式假设学生不仅会在下次写作前都牢记老师的评语并加以运用，而且假设学生真的会在收到评语时仔细阅读。每位周日花一天时间给全班作文写评语的老师都会怀疑这假设，感觉自己仿佛是在击中一个漆黑洞穴中的目标。唐纳德·莫瑞也曾抱有强烈的疑虑，所以他进行了一个实验。在一个周日的下午，他故意在学生的作业上写下一些错误的建议："把这里倒着写""添加副词""写得宽泛抽象一些"。当莫瑞把作文还给学生后，没有一个学生对他的评语提出疑问。写作工作坊不仅给学生提供了在校写作的时间，也给老师提供了与学生共同修改作文的时间。

另一个一以贯之的特点是我懂得该在何处进行一对一师生交流：我走近学生。我这样做是为了能掌控交流的长度，帮助更多的学生，以及维持课堂秩序。有一年秋天，我曾经尝试整节工作坊的时间都待在一张固定的桌子旁边，由学生一个一个地走过来与我交谈。这样做有许多问题。学生一坐下来，我就没法把他们赶走：他们为了得到爱特维尔老师的帮助，久久不愿离开。更糟的是，我每节课只能见4—5个小作者，并且还为正在排队的学生分心，更不用说在此期间教室角落里学生的恶作剧了。

当我四处走动，走近学生的时候，我可以控制对话在短时间内完成，见更多的学生，同时维持课堂纪律。我没有固定的路线，不是从一张课桌到下一张课桌，所以我的学生知道我会在任何时候出现在教室里的任何角落。我会随身携带一支笔、我的折叠椅和夹在文件夹中的随堂检查表，以及一个10厘米×15厘米的便利贴用来写例子和解决办法。

学生知道我会先提出一些写作老师经常问的问题："你写得怎么样？""你写到哪里了？""我能帮你吗？""发生了什么？""这个点是如何想到的？""你这一部分打算如何发展下去？"到11月份，我已经不需要说什么开场白了。当我搬椅子坐过来时，小作者们会马上进入话题，跟我解释他们写作的状况，向我寻求帮助，描述他们的写作目的，或者礼貌地请我离开，因为他们已进入了写作状态。

在一对一师生交流中，我会倾听写作者的问题，阅读他们的草稿，对作品中我不理解的部分提出问题，或要求提供更多的信息，找到他们没有发现的不足之处，提出可能的解决方案，并询问下一步的写作计划。我的目标是达到维果茨基提出的"中介式学习"："孩子今日需要合作完成的任务，在明日将能够独立完成。"今天，我告诉丹尼尔他可以通过改变叙述人称来达到他的写作目的，明天他就可以自己运用第一人称写作。这就是我作为反馈者的主要职责：通过展示其他作者达到自己写作目的的方法，来帮助学生写出自己的所思所想。

当我在格雷顿的电脑旁停下来，越过他的肩膀看他的电脑屏幕时，我看到一首诗的草稿。"写得怎么样？"我问道。

格雷顿：我在这里卡住了。我试着写一首有关我们印度之行的六行诗，
　　　　想把它作为礼物送给我妈妈。

南　希：哪里出了问题呢？

格雷顿：我想不出一个以"阿格拉"结尾的句子。而且最后一行，我觉
　　　　得结尾诗节太长了。

南　希：我能读读吗？

格雷顿：好的。

我立刻意识到在格雷顿尝试写六行诗的过程中，格式限制了写作意义和目的的表达。

在 你 身 边

我在睡觉，或试着去睡，在你身后，在客车的后座，

沿着阿格拉的街道尖叫，

腌泡在热浪中。

然而，四周之后，我习惯了这炎热。

你抓着头上方的扶手，躲藏在客车左边的角落里。

在污浊的阿格拉里，

美丽的泰姬陵矗立着，炙烤在炎热中。

这炎热使我无法入眠，哦不，车窗仅仅让车内更潮湿。

这片刻的宁静在车厢里跳跃（在干燥的阿格拉旁），

在热浪中游泳，将永远提醒我记着坐在那里，知道你也在那里。

南　希：格雷，你为什么要写这首诗呢？

格雷顿：你知道，那是我和妈妈度过的一段十分特殊的时光，我想让她知道我一直记得，记得我们在一起的情景。

南　希：这很好，我在想，你一定要坚持用六行诗这种形式吗？

格雷顿：什么意思？

南　希：我认为把你的故事和主题嵌入一个形式中，也就是用你选的那三个词结尾，增加了你写出想对妈妈说的话的难度。我感受不到那个时刻的特殊性。让我给你出几个主意。在你的下一稿中，你可以继续用六行诗的格式，但是重新考虑结尾的三个词。或者你可以用自由体诗歌的形式重写这首诗，这也是你的强项之一。用最好的方式直接地表达你想说的。你怎么想？

格雷顿：那么我可以不用六行诗写第二稿？

南　希：当然了，这由你决定。

下面是他所做的改动。他的第二稿不但描绘了他在印度的经历，而且捕捉到了有妈妈陪伴的快乐。

舒　适

"嗨，妈妈？"我说。

"什么？"你回答。

"啊，呃，没什么。"

真相是，我只是想听你的声音

在炎热的车厢中度过漫长的几个小时之后。

我浑身酸痛，胃里翻江倒海。

然而感觉随睡眠消失。

我在后面躺了好几个小时，

抓着你的手，揉着你的肩。

你清凉的手指摸上去那样光滑。

我们向宾馆前进，

然后明天，早上六点，

传奇的泰姬陵。

"妈妈？"

"嗯？"

"我们开了多久了？"

"6个小时。"

"好吧。"

"好吧。"

"我爱你，妈妈。"

"我也爱你。"

在阿格拉的街上，

我感觉如在家一般温暖。

——格雷顿·努基

给小作者面批

指导作文

在了解了格雷顿的写作目的，意识到这个主题的潜力，并参考他作为写作者的情况后，我发现他可能需要另外的选择，来创造一首配得上他母亲的诗。当他下一次无法很好地运用某种诗歌格式时，他自己就会选择运用自由体诗。后米，他创作了一首很棒的伊丽莎白十四行诗，作为圣诞礼物送给了他的家人。

在有关写作内容和技巧的师生交流中，我尝试让写作者发现并识别问题，尝试解决方法，寻找成功的做法，制订写作计划，并发展出向着文学目标不断完善的整套方法。下面几条准则使得我与学生一对一的交流更为高效。

写作工作坊指导准则

1. 注意时间，记住要对教室中的每位小作者负责。尽可能地和更多学生交流。下课时，在随堂检查记录表中，在交流过的学生的名字下面打钩，以便在下次从没交流过的学生那里开始。

一开始，由于我还在摸索阶段，和每个学生的交流需要很长时间。如今我能在30分钟的独立写作时间里帮助至少12个学生。一次，来教与学中心参观交流的老师带了一块秒表计时。我最短的一次交流只花了30秒，而最长的也只有3分半。

以诗歌体裁来开启一年的写作教学有许多不错的理由，其中之一是短小的篇幅不需要耗费学生太多的写作时间，也无须花费太多时间阅读反馈。在9月和10月初，诗歌写作给我提供了很多与每个学生交谈的机会。我每天都和很多学生交流，也因此更快地了解了他们的写作能力。

2. 把微型课中的词汇和概念带到一对一师生写作交流中去。因为我会运用曾在写作工作坊中与学生一起讨论过的、每个学生记录在读写手册上的题材和写作技巧，所以用时就会相对短一些。我们给写作术语起的代号有效地加快了解决写作问题的进程："我觉得你写的是'一些鹅卵石'而不是'这颗鹅卵石'。""没有思想与情感，我觉得其他人在读你的作品时代入感不会强。""你的文章开头是那种表意不清的类型——我看不出你的观点。"

3. 要知道某些文章的篇幅过长，不能在课上阅读。一旦学生开始学习长篇散文——有些学生的回忆性散文长达6页——我如果阅读全文并给出反馈，将不得不占用其他学生的时间。我会在课上处理散文的部分片段，而将整篇文章留待晚上回家阅读。学生会把这些习作放在我的摇椅上，并贴上便利贴，告诉我他们想让我关注哪些部分："今天晚上请阅读它。你能看出我文章各部分闪回之间的过渡吗？""你能看出我的'意义何在'吗？""文章介绍的这些信息之间有逻辑顺序吗？""我在这里跑题了吗？""这里的思想与情感描写充分吗？""我需要更好的结尾，这里是不是有种戛然而止的感觉？""我的论证和论据充分吗？"

　　我会在晚上阅览这些草稿，并用新的便利贴写上对问题的反馈，以及文章内容和组织上的其他问题。我不会直接写在学生的初稿上——我在这个时候的任务是打量草稿，而不是修改它们。在第二天的课上，我会根据便利贴上的内容，以及与写作者的讨论给出反馈。

　　4. 把一对一师生交流个人化，甚至亲密化。这意味着和小作者肩并肩，和他们对视，和他们轻语，并让他们和你轻语。若音量过高会让教室里的其他小作者分心，让他们难以专注于手头的工作。

　　5. 尝试着不要失望，至少不要在学生面前表现出来。有一年，我以为我已经为学生学习回忆性散文准备了最丰富的基础知识。我让他们从分析我的一篇回忆性散文开始该文体的学习。接下来我们进行了阅读，批判性分析，并且找出了职业作家和之前学生的回忆性散文佳作中的特点。我对悟性高、表达能力强的学生即将创作自己的回忆性散文充满期待。结果当我在独立写作时间绕着教室浏览学生正在创作的草稿时，内心常感到失望。

　　学生的草稿里到处是我先前提醒过要避免的问题：缺乏视觉效果的对话，虽有名有姓但与回忆者关系未经说明的人物，缺乏思想与情感的活动描写，以及虽然吸引人但后文缺乏内容补充交代的开头。这提醒了我所谓范文教学的不足，当年轻写作者开始学习新散文文体时，他们只能关注消化一部分内容。他们的写作一定会遇到问题。不过通过老师在微型课上和一对一师生交流中的帮助，当停下来回想自己写下的内容，学生一定能解决这些问题。学生需要一次一次地积累他们的散文创作能力。一件不好的作品是一件有待完善的作品，它并不是一件失败的作品。写作者和老师也不是失败者。最终，我的学生写出的回忆性散文都达到了优秀水平。

　　6. 当我在学生草稿上直接展示如何解决某个问题时，要先取得他们的同意："我能在你的草稿上写东西来表达我的意思吗？"我从来没有被哪个学生拒绝过。如果你理解学生的写作意图并且知道如何让他们达到目标，一定记得问："能否让我来告诉你这里怎么写？"并记得问："这个能帮你达成你的写作目的吗？"

　　7. 发现学生作品的优点。列出学生作品中的优点，并提醒写作者下次还要运用它们："你的开头有效地带我进入了这篇作文并理解了你的观点。""这里措辞非常生动，我能看到它，尤其是你的动词。""你的结论能让人产生共鸣——我读它的时候起了鸡皮疙瘩，它让我思考。""你举的这些例子十分可信并且有力。""这段描写很巧妙。""我喜欢你论证的方式，从大的方面到小的方面。""这首诗的主题很有力，以至于我忘了诗歌的形式，你对形式的处理也无可挑剔。""我感同身受——我理解了为何它对你如此重要——因为你出色的思想与情感描写。""这些简单的描写色彩的词语很有画面感。""动词时态的改变让你描写的事件更加紧急。""谢谢你的分段，以及表达的不同观点之间的间隔：这帮我更轻松地理解你的作品。""你这里很好地借鉴了 J. D. 塞林格，你的主要人物塑造得十分古怪和严肃。""这段对话很好地描写了人物特征及其关系。"

8. 只要你的反馈具有针对性，那就选择直截了当地说出来。对学生说："我没读懂""我很困惑"，甚至"它读起来很费力"都没有关系。但是你接下来要给出"为什么"，以及告诉写作者该"怎么办"。

9. 对学生和自己有耐心。写作是个缓慢提高的过程。学生在一学年中大量写作，他们利用微型课上讲解的写作技法及文学体裁来提高水平，同时也让我提高了指导学生写作的能力。

典型写作问题及反馈

职业生涯至此，对我来说学生写作中出现的问题没有哪类是新的了。能够辨认出问题的来源，并给学生提供能够理解的解决方法，这帮我保持耐心并帮助他们扩展出一整套可以自己独立使用的技巧库。多年来，我在7、8年级的草稿中发现了一打左右典型的写作问题。

信息不足

读者需要信息：能够举例说明、启发读者、表明立场、说服读者、引起兴趣、创造形象，并给一篇文章带来生动的细节描写和具体信息。经验尚浅的写作者，或是学生在写作中遇到新文体时，教师需要做好遇到此类问题的准备——有时是信息过剩，但多数时候是文章呈现出来的信息不足以吸引和满足读者。在我与学生的单独交流中，建议他们进行书面构思（打草稿），这是最简便易行的解决方法，因为这帮助他们把注意力放在具体信息的数量和质量上。

海伦娜正在为教与学中心的图书博客创作一篇评论雷·布拉德伯里（Ray Bradbury）的《华氏451》（*Fahrenheit 451*）的文章。评论文章是本学年第一种论说性的文体，安排在两个月以个人经历为题材的诗歌与回忆性散文写作之后进行。海伦娜有些难以适应其中的转换。

在简单的情节概括之后，海伦娜开始对一个朋友的老师大发抱怨，这位朋友在本地一所高中读高一，已经花了8周的时间在语文课上逐段阅读《华氏451》，并对每一段大唱赞歌。在极度的愤怒中，海伦娜把她朋友阅读这部小说的沮丧和她自己愉悦的阅读经历作了对比。这篇文章的观点确实很鲜明，但它不是书评。

南　希：哇，你对这件事真的很生气。

海伦娜：真是太让人愤怒了。那个老师把这本书给毁了，这本来是一本非常棒的书。

南　希：这是一个值得一写的观点。问题是，你所用的文体不对。这篇博文的读者想要读到关于《华氏451》的信息，以及对布拉德伯里创作的深入分析，来帮助他们决定是否要读这本书。你认为这份草稿能让他们掌握多少相关信息呢？

海伦娜：是的，可这是我的感受。

南　希：是的，有其他文体适合抒写你的个人感受，允许你表达强烈的观点和感受。它就是所谓的议论文。我们很快就会学到了。如果你到时候仍对这个话题很坚持，可以写一篇议论文探讨小说教学中有问题的教学方法。你可以把这个话题加到你的创作版图中，这样就不会忘记了。

海伦娜：那我现在该做什么？

南　希：你是否打了草稿？

海伦娜：没有。

南　希：打草稿是你能够搜集读者渴望读到的特定信息的方法。你需要的是这本书和一张纸，用来记下布拉德伯里创作的具体细节和你的阅读体验。然后再开始写第二稿。我知道你爱这本书，所以要把这篇书评写好，好吗？

海伦娜：好的。

海伦娜的评论中充满了书中的情节、风格和主题的细节，其中许多来自她书面构思的笔记。她也提到了自己朋友读这本书的经历，但是这回在具体语境下，她写到本书的丰富性如何要求读者放慢速度，但也不能太慢。

给小作者面批
指导作文

211

一个放火的消防员

雷·布拉德伯里《华氏451》的主人公叫蒙塔格。蒙塔格是一个消防员，但不是那种灭火的消防员。在这个反乌托邦小说的世界中，蒙塔格的工作是放火：如果有人被发现家里有书，消防队就会被叫来，这个人的房子就会被烧毁。书是被禁止的。但当蒙塔格被好奇心所驱使，读了一两本书后，他的生活迅速地发生了不可控制的变化。

在仅仅179页的篇幅中，布拉德伯里给作品盛装了许多比喻，每一个都很精当。这是我喜爱这本书的原因之一。我最爱的一个比喻描述了蒙塔格看着他妻子的眼睛："两块月长石仰望着他，映照在他手上的火种；两块虽然躺在世界的清澈的生命之河中，但并没被河水浸染的月长石。"我从没想过人的双眼能够像布拉德伯里这样描写，但它成功可信地描写出了一种空洞的美。

虽然这些比喻棒极了，但有时候我不得不重读才能读懂。这是一本你无法略读的书；你需要放慢速度，边读边分析。我的一个朋友在她9年级语文课上阅读《华氏451》。他们用了两个月的时间细读每一页，寻找所有隐藏的宝石，或者用比利·柯林斯的话来说，他们想用水龙头冲洗书中每一页的边边角角。这说明本书每一页上有太多可分析的信息，也说明了某些语文教师怎样毁掉了一本好书。

《华氏451》是一本反乌托邦的科幻小说，它节奏很好：不会快得让人跟不上，也不会慢到让我无聊。我也是稍微放慢速度，才能最大限度地读懂书中的意象和内涵。

说到内涵，这本书有多重主旨。第一重主旨是不要对自己所拥有的习以为常。在《华氏451》的世界中，政府剥夺了人们思考的权利。我学到了思考和言论自由是我应该为之感恩和抗争的权利。

第二重主旨是对于有权力的人来说，图书是危险的。读书让人思考。这意味着总会有一些人想要封禁某些书。我们需要为自己的阅读权利抗争。

我给本书打10分，因为我喜欢布拉德伯里的情节、概念，以及蒙塔格这个人物是如何成长和发展的。我尤其爱这本书的写作方式。虽然有的地方让我费解，但完全值得。《华氏451》是一本让人惊喜、感动的优秀作品，我会再次阅读。这是一本你此生应该阅读并思考的书。

另外再多说一句，华氏451度是纸的燃点。

——海伦娜·索罗沙诺

一种本应采用第一人称叙述的文体没有采用第一人称

当文章内容是学生自己的看法和经历时，作为教师需要格外关注文中

"我"的缺席，只有"我们"在发声，或者存在大量被动句的情况。这样的写作者隐藏了自己。虽然依靠个体的"我"来下结论很冒险，但没有"我"，写作者就不能反思、发展主题，或是吸引读者。

萨曼莎，一个7年级学生，把一份草稿放在我的摇椅上给我批阅。在阅读过程中，我对她幽默的描述和生动的选词感到吃惊。文章的前几段是这样的：

> "是警察！快骑！"
>
> 我们刹车停下，我的前车胎划过柏油路面的边缘，疯狂地晃动，我拼命踩住脚蹬，兴奋地咯咯笑了起来。虽然管理员正忙于处理一些超速的露营者，但我们百分之百确定一旦他处理完毕，就会化身拿着枪开着快车的神探，全速追赶莫根妮、乔茜、爱乐维兹和我这些小罪犯，给我们扣上十恶不赦的不戴头盔就骑车的罪名。我的心脏狠狠地撞击着肋骨，被隐藏的恐惧攫住。
>
> 我们安全逃脱，在发夹型的弯道处急转弯，发出没有意义、仅为制造噪声的尖叫声。我们朝着对面露营地上不幸的人们号叫、做鬼脸，然后躲进了我们的帐篷中。我跳下自行车，把这破旧的东西丢在碎石路上，潜入我们的帐篷，其他人跟在我身后快跑。
>
> 我们盘腿坐了10分钟左右，又吵又闹，听着管理员开车经过这里3次，朝着乔茜吼叫，让她不要进帐篷。（"但我戴着头盔呢！""乔茜，他看到你和我们在一起了！马上就会知道我们在这露营。在我们和你脱离关系之前，赶紧进来！"）很快，我们发现安全了，但主要是因为我们没有耐心继续躲下去了。

213

从技巧来说，这是一篇好作品，但是只有第二节最后一句——最后我发现整篇里只有这一行——描绘了小作者的想法和感受。她的故事中缺失自己的形象，这对于自我意识很强的7年级女孩来说并不少见。第二天我们进行了交谈。

南　希：萨曼莎，你真有趣，观察得也很细致。你捕捉到了你们一群女孩子在一起时生动的细节。我也喜欢你的修辞，尤其是这些动词。在你给我的便利贴上，你问我它们是否生动，是的，非常生动。你把散文写得像诗。

萨曼莎：谢谢你。这是我第一篇回忆性散文。

南　希：我猜也是。我开始读的时候非常享受，但是接着你的文章就无法让我全情投入了，或者说我在文章中找不到你了。你在故事中的哪里呢，萨曼莎？

萨曼莎：你的意思是？

南　希：我们讲过"思想与情感的规则"，个人回忆能够给读者提供一个对象，通过其眼去看，通过其心去感受。你的文章里还没有这样一个对象。虽然我能看得出来这场露营很好玩，但我无法判断你为什么要写它。你为什么要写呢？

萨曼莎：我不知道……好吧，也许因为在海堤露营是一个传统。

南　希：一个你爱的传统？

萨曼莎：是的。

南　希：你能不能把你经历的这一画面呈现给读者呢，把你对这些女孩及其家庭，以及这项传统的爱编织进文章里呢？

萨曼莎：那我要怎么做呢？

南　希：如果是我的话，我会重读草稿，在每一处我认为读者会好奇我的想法和感受的地方画一个星号。然后再回来在每个星号处写下我的想法和感受。你的初稿里有一段是非常完美的开始："我的心脏狠狠地撞击着肋骨，被隐藏的恐惧攫住。"我爱这句话，它把我带入了你的世界。你能不能多给读者一些类似这样的描写，这样我们就能读懂你的这段露营经历，你也可以发展你的"意义何在"了。

萨曼莎：我可以试试。

她进行了尝试，并且取得了成功。下面是萨曼莎回忆性散文的终稿的结尾。反思、个人意义和主题都得到了丰富的表达。

　　在安静的黑暗中，极度活跃的失眠症患者小分队的其他成员和我一起咯咯不停，互相发出嘘声，在睡袋中咦咦笑着，徒劳地想要用睡袋蒙住我们发出的噪声。我有一种奇怪的感觉，好像是在梦中，我还是我。我和莫根妮一起溜出帐篷，融入寒冷的、可能让人感染肺炎的黑夜中，仰望着天空。我敬畏地凝视着恒定的针孔大小的光亮，那是星星，我对这里天空的澄澈感到惊异，我能轻易地看到各个星座。我们向后伸着脖子，这样就能坐在自己的手上，而不是潮湿的草地上。我对活着感到目眩神怡的狂喜。

过了一会，我的脚麻木到了无法忍耐的程度，我们爬回自己的睡袋中，就像黎明爬上树梢，恶作剧般地把树梢染成粉色。它也照亮了帐篷，让它们回归了正常的黄色和绿色，洗刷了天空，洗掉了黑夜的深蓝色。

醒着的人只剩两个了，其他人都已向睡眠屈服，在各自的五颜六色的睡袋里酣睡。在我向忙碌的潜意识和等着我的疯狂的梦境投降之前，我在思索：生命的意义在于追求幸福和充分享受生命，我不会为了给那些不会再遇到的陌生人留下好印象而放弃和我的朋友们一起疯狂的机会，因为那不是我想要的生活。

——萨曼莎·赫尔特

辞藻堆砌，信息冗余

说到有力的修辞和直截了当的语言，威廉·津塞是我的精神导师。他观察道："杂乱无章是美式写作的疾病。我们是一个被不必要的词语困住的社会。"学生需要学会删除和压缩，这也是文章修改的一步。

莉莉受吉姆·哈里森（Jim Harrison）的诗作《孩子的恐惧》（Child Fears）启发，决定实验诗行中的停顿，描述她小时候害怕的东西。下面是我停在她身旁，越过她的肩膀读到的草稿。

童年的恐惧

多毛蜘蛛。血腥电影。咆哮的灰熊。

小丑戴着他们滑稽又恐怖的面具。

黑夜的死寂。衣柜里的黑暗。巨大的人群。

在梦中溺水。被床单闷到窒息。伏地魔。

有鬃毛的黑色野猪。凶猛的公鸡。悬崖边缘摇摇欲坠。

当我醒来，我可能是独自一人这个事实。

南　希：你是受了吉姆·哈里森的影响？

莉　莉：是的。我很喜欢昨天我们读的诗。

南　希：莉，我们发现哈里森诗作的一个特征就是他的诗是"单刀直入"的。你记得吗，当我们分析《孩子的恐惧》时，他的名词选择有多精准？

莉　莉：是的。

南　希：你的诗中有一些精准的名词，但它们被修饰词所掩埋了。有一些修饰词显而易见，它们作为描述不能给诗歌添彩，它们是累赘。你知道我的意思吗？

莉　莉：是不是，比如，一件事不止说一遍？

南　希：是的。看看这一行"小丑戴着他们滑稽又恐怖的面具"，是不是显而易见，在小丑的世界里，他们都要"戴着滑稽又恐怖的面具"呢？

莉　莉：是的……是不是"小丑"就够了呢？

南　希：是的。还有"巨大的人群"。是不是"人群"这个词本身就有大的意思，而且是由很多人组成的呢？

莉　莉：所以"人群"就够了？

南　希：当然。你的佳作就藏在这些删去后剩下的词里面。你能不能试着把剩下的部分修改好？

莉　莉：我觉得可以。

在她的终稿中，莉莉把多余的无关信息删掉，并加入了新想法：我在一节课上讲到了压头韵，她也想尝试一下。此时我就会庆幸学生有电脑可以使用。莉莉可以轻松地在电脑上对她的诗歌进行形式实验。

一个6岁孩子的恐惧	Fears of a Six-Year-Old
灰熊。血腥电影。鬼魂。	Grizzly bears. Gory movies. Ghosts.
黑夜的死寂。在梦中溺水。	The dead of night. Drowning in my dreams.
小丑。人群。悬崖边缘。	Clowns. Crowds. Cliff edges.
藏在衣柜里的黑暗。被床单闷到窒息。	The dark hiding in my closet. Smothered by my sheets.
蜘蛛。公鸡和黑色野猪。	Spiders. Roosters. Black hogs.
被锁在家门外。起火的湖水。伏地魔。	Locked out of the house. Lakes on fire. Lord Voldemort.
当我醒来，我可能只是独自一人。	Then when I wake up, I might be the only one here.

——莉莉·里查德森

爱洛伊斯是另一个在信息的选择和安排方面需要帮助的写作者。在下面

的草稿中，请注意她是如何堆砌修饰词，事无巨细描述每件事的每个细节和
她的反应的，而不是给读者留下解读的空间。

释放你内心的猛犬

我把头垂出斯巴鲁汽车的窗外
像一头狼一样号叫，
我的舌头在风中快速摆动。
我用巨大的、无辜的、小狗一样的双眼挑战世界。
我朝着每一对不知情的夫妇，
也对每一个让人讨厌的母亲，
和每一个好奇的孩子吠叫。

美妙的犬吠
从我年轻的双唇溢出，是给我双耳的音乐，
伴随着凯瑟琳欢乐的咯咯笑声，
和她从胸腔中迸发出来的大笑，
引得我也笑了起来
当我正要再一次号叫。
我听出，前方的银色车辆，
坐满了叽叽喳喳的女孩，
苏菲、萨曼莎和乔茜。
我只能勉强听到她们的犬吠和号叫
并对被吓坏了的游客大声地笑
她们超过游客们，由他们独自困惑。

你永远也不会有机会
重过这一瞬间，
所以尽情生活。
我再一次汪汪叫了起来，卷起我的嘴唇
皱着我的鼻子。
声音冲出我的嘴
我发出最后一声漂亮的吠叫。
一对牵手的夫妻

受到惊吓，用他们睁大的眼睛质疑着我。

我记住了他们让人发笑的脸，

他们摇上了车窗。

我看到其他休息的狗

陷进类似皮革的座椅里

就在前方几米。

当我们到达了露营地

似乎太过安静，

这样寂静，缺少我们打扰大家的吠声。

但记忆在深深印入

我们的脑海中。

除了这个瞬间，对我来说没什么重要的事了，

我们一起制造我们的

场景，

像疯女人一样狂喊，

如狗一样吠叫。

我能想象我们的目击者，

庸庸碌碌，

一定在想。

但谁在乎？

你为什么不能朝陌生人吠叫

你们将不会再相遇？

你为什么不应该体验

你的叫声的受害人那

真实震惊的表情，

挑起的眉毛，掉下的下巴？

你为什么不朝着夏日澄澈的天空

仰起你想象中长着胡须的鼻子

并号叫？

我大致读了读草稿，然后转向爱洛伊斯。

南　希：我认为一首有趣、真实的诗歌正呼之欲出。我们是不是应该把
　　　　它解放出来？

爱洛伊斯：你的意思是？

南　希：关于作诗，最重要的事情之一就是以少写多，删减一部分语
　　　　言，让读者自己来做些工作。读诗的人喜欢挑战，他们喜欢能
　　　　创造出生动形象的语言。你的诗中有形象正等待发掘。让我给
　　　　你解释一下我的意思吧。

爱洛伊斯：好的。

南　希：诗的前两句："垂"是一个生动的动词，但我不确定你能否从车
　　　　窗里垂下你的头——这个词的意思是像衣服一样垂坠着。但我
　　　　更担心这里，"像一头狼一样号叫"。你不是真的这样做了吧？

爱洛伊斯（笑着说）：是的。我们都是。

南　希：你们这些女孩呀。那么为什么我们不改成——我可以在你的草
　　　　稿上写吗？

爱洛伊斯：当然。

南　希：这句怎么样：我把头伸出车窗外，像一只狗一样号叫？（I
　　　　hang my head out the Subaru window and howl like a dog.）

爱洛伊斯：听起来好多了，更有趣。我很喜欢这三个重复出现的 h。

南　希：而且更像是大家平时用的语言，对不对？

爱洛伊斯：是的。

南　希：这是自由体诗歌的一个挑战，要把诗写得好像一个热爱语言、
　　　　意象和声音效果的人在说话，但又像是在和一个很聪明的朋友
　　　　聊天一样。让我们看看你能怎么修改。你的作业是，把语言和
　　　　故事都简化到"单刀直入"的程度。你接受这个任务吗？

爱洛伊斯（笑着说）：好的。

　　每周五，教与学中心给家长的校报上会有一首诗，多数是学生作品。接
下来的一周，爱洛伊斯的《释放你内心的猛犬》在压缩、注入个人想法、调
整了节奏后，被发表出来供全校师生及家长欣赏。

释放你内心的猛犬

我把头伸出斯巴鲁的车窗
像狗一样号叫。

我的舌头在微风中快速摆动，
我的如幼犬一般的大眼睛挑战着巴尔港。
我朝着每一对不知情的夫妇，
也对每一个让人讨厌的母亲，
和每一个好奇的孩子吠叫。

犬类的声音
从我的嘴里发出，变成旋律
伴随着凯瑟琳咯咯的笑声。
她的胸膛随着大笑起伏
在我发出另一声号叫前。
前面的银色轿车里
坐满了另一群
汪汪叫着的女朋友们：
苏菲、萨曼莎与乔茜。
我听到她们的狂吠与号叫
还有听到她们嘲笑
受惊的游客。

除了这个瞬间，再没什么意义。
我们正在创造属于自己的
场景。
我们像疯女人一样喊叫
像流浪狗一样狂吠。
为什么不呢？

我为什么不能朝着陌生人汪汪叫
既然我们将不再相遇？
我为什么不应该体验
我的叫声的受害人那
真实震惊的表情，
挑起的眉毛，掉下的下巴？

我为什么不朝着夏日澄澈的天空

仰起想象中长着胡须的鼻子

并号叫？

——爱洛伊斯·凯利

话题太过宽泛

想想一堆鹅卵石和这颗鹅卵石。话题宽泛是写作者把主题隐藏起来，或描写流于表面的另一种说法。选择太过宽泛的主题，比如"夏日""体育运动""小猫""冰激凌"，作品会变得平淡无趣。文章充满陈词滥调，主语通常是第二人称，像"当你玩冰球的时候，一定会觉得非常有趣"。读者也不能进入这篇作品，或是关心文章的主题，因为它缺失具体的经验和对事物具体的观察。这种写作问题会出现在各种文体的写作中：在一篇写夏令营的回忆性散文，一篇论证战争的错误性的议论文，还有一首有关四季的诗歌中。

艾米莉亚决定要写一首诗作为生日礼物送给父亲。她的前两稿只是他们一起做过的事情的列举：是关于爸爸的"一些鹅卵石"。既然我刚刚给全班讲过"只写这颗鹅卵石"的规则，我与艾米莉亚的交流成为一次巩固这项规则的机会。

南　希：进行得如何？

艾米莉亚：我觉得还行。我爸爸下周生日，我想要写一首诗感谢他，你知道，感谢他是一个好爸爸。

南　希：我可以读读你现在的草稿吗？

艾米莉亚：当然。

南　希：这是一份事例清单，是不是？这些都是甜蜜的回忆，但它是"一堆鹅卵石"，而不是"这颗鹅卵石"：写活你们父女关系的那一颗。艾米莉亚，不要害怕只选择一段经历，并让它代表其他所有。你能选一个事例出来加以充实，并加上你的思想与情感，来表现你和你爸爸的关系吗？

艾米莉亚：我不知道选哪一个……好吧，也许是有天晚上我们俩单独散步？

南　希：就是它，试试看。

艾米莉亚最终作为生日礼物送给他爸爸的诗歌充满她对父亲的爱。它捕捉到了她与父亲相处时的快乐时光，是鹅卵石中的一颗宝石。

丰　收

无人听得到我们，

我们用声音

装满了空寂的夜晚——

拂过芦苇的清风

载着我们的对话

穿过月光染白的沼泽。

时不时迸发的歌声和笑声

在山间路上回响，路上树影

连接人影

创造出了万花筒般的图案

在柏油马路上。

归途

我们陷入舒适的安静中，

在生锈的路灯下的池塘边徜徉，

在镶嵌着星星的天空下显现。

我们轻轻仰起头

向着一闪一闪的星光致敬，

当你和我深深呼吸，收获

这陪伴彼此的瞬间

与天空上的花纹。

——艾米莉亚·尼尔森

结尾不够有力或者没有总结

一个写作者应该有意识地留给读者思考和感受的空间。在我看来，结尾是创作最重要的部分。经验尚浅的写作者的结尾可能会让人困惑，比如过长、太过突然或把读者指向错误的方向。学生需要学会不满足于第一个出现在他们脑海中的结尾，要进行书面构思，直到找到那个表现文章基调和他们本意的结尾为止。

布莱恩正在创作他7年级的第二首诗。他和家人暑假去看了尼亚加拉大瀑布，他很爱"雾中少女号"这艘在瀑布的上游航行的观光船。

雾中少女号

到处都是白色的水花四溅，

在我周围的悬崖边翻腾。

水花飞溅到我的指缝，带来痛感，

我只能闻到水的味道。

水滴组成的水墙几乎

让我看起来已经远去。

船的另一边，海鸥在漫天飞翔。

一只猛扑下水，把一条鱼

从蓝色的水中拔出来。

在雾中的彩虹

把它的颜色映照在白色水墙上。

扩音器里的声音高声说道："这就是尼亚加拉大瀑布。"

南　希：哦，布莱恩。我知道乘坐"雾中少女号"的感觉是怎么样的。
　　　　你捕捉到了那场景、那激动的感受甚至水的味道。

布莱恩：那趟航行非常有趣。

南　希：难以忘怀，是不是？

布莱恩：是的。

南　希：作为读者我有一点疑问。在最后，你从这段经历中收获了什
　　　　么？我能感觉到你在为一个呼之欲出的结尾做铺垫，但这首
　　　　诗以导游的声音结尾，而非你自己的。

布莱恩：你的意思是？

南　希：我的意思是，站在甲板上，你的感受如何？

布莱恩：感觉壮观。

南　希：好了，就是这个："我内心充满敬畏。"这句怎么样？

布莱恩：很好，谢谢你。

南　希：不用谢。下一次，把结尾作为写作过程中单独的一步来处理。
　　　　思考你想如何让读者思考，打草稿尝试不同的方案。

　　华莱士回忆性散文的第一稿结尾并未总结全文，结束得非常突然。当
我读到这一版的《四条腿的姐妹》时，我觉得作者写累了，只想匆匆
收尾。

四条腿的姐妹

我双手抓着红色的橡胶圈，在我祖父母的黄色拉布拉多犬汉娜面前晃动。她强壮的下巴紧紧咬住玩具。帕特里克开始数："一个密西西比人，两个密西西比人。"汉娜摇动着脖子，越过房间，我也在她身后跳着跑出去，手指因为用力抓着项圈而发白。我那年4岁，汉娜，我的狗伙伴，也4岁。

后来我7岁了，汉娜也7岁了。黄衬衫洗得硬邦邦的领子戳进我的脖子，一股祖母已经烤了6个小时的奶油洋葱和7千克烤肉的香气弥漫在空气中。

"嗨，华莱士，你能把烤肉从烤箱里端出来吗？"祖母在另一个房间里对我说。我一边带上使用多年的、焦黑的厚手套，一边设想着一千种我搞砸的可能性。我走近烤箱，抽出烤盘，放在橱柜上面冷却，松了一口气，晃荡到了门廊，汉娜正耐心地在门口等着被放进来。我打开纱门，她蹭着我走了进来，在我的卡其裤上留下了一根白毛。我站到门廊上，被11月新鲜的空气包围。

突然我听到房间里一声压抑的尖叫，我猛地打开纱门冲进厨房。只看到祖母茫然地睁大了眼睛，手捂着嘴，看着汉娜。后者正在享受祖母几个小时的劳动成果。我看着汉娜被拉进地下室，在她和我6岁生日的照片下瘫坐一团。

汉娜和我10岁了。我打开门吹着寒冷的风和凛冽的寒气。她朝着一辆正驶过的耕地卡车努力跑去，拉扯着狗链。我没能抓紧绳子，她跳进邻居的院子，跳上了他们的门廊。我一遍一遍喊着她的名字。大雪笼罩着漆黑的滑雪道，我几乎完全看不见她。我朝家跑去，寻求帮助，看见身后汉娜正小跑着想要追上我。我松了一口气，不用和家人说她跑丢了。我抓着她的脖子，开门回到了从没这么吸引人过的家。

13岁时，我已经有足够的力气把汉娜举进沃尔沃的车厢。她的四肢展开，趴在香槟色的地毯上，头靠在一条腿上，深深地呼出了一口气。一只松鼠越过她的视线，但汉娜没有动。那个和我一起长大的汉娜会跳起来，朝着松鼠汪汪叫，把它赶回树下的洞里。然而现在她迷蒙的双眼懒懒地对车的方向巡视。每一次呼吸，她的胸腔都会颤动，身上的瘤子都会鼓起。

1年后，我赤脚踩在木台阶上，汉娜朝我扑来。我双臂环抱着她颤抖的身躯，她的喉咙咯咯作响。我的手被她胃上的一个肉瘤压着；另一只手能摸到另外两个。她的毛发钻进我的衬衫，刺痒了我的脖子。我在储藏室把她放下，打开她的红色狗链，开门朝着寒冷的风和凛冽的寒气走去。一辆耕地卡车开过，我一脚滑倒，摔在了黑色的冰上，不小心松开了狗链。我马上站了起来。哦，不——她肯定已经跑了好几米远了。然而并没有，她慢慢走过一个松软新鲜的雪堆，趴了下来。我捡起链子，带她在里面绕圈。我不确定我到底是感觉松了一口气，还是心碎了。

汉娜死时15岁。

南　希：华莱士，写得太好了——有画面感、描写细致且感人。转折都很清晰，回忆是如此真诚。你无须说"我爱她"，而是写在了每个句子里。

华莱士：谢谢。

南　希：你一定写得很努力。

华莱士：是的。我以前从没这么用心打磨过一篇文章。

南　希：我猜你一定累坏了。

华莱士：为什么？

南　希：因为文章的结尾没有收束全文，就结束了。

华莱士：好吧，我不知道怎么写。因为她死了，没有更多的事情可以写了。

南　希：我理解你，但你仍然需要留一些东西给读者去感受或思考。你需要想办法纪念汉娜，写出一个配得上她的结尾。也许你可以考虑一下红色的橡胶圈——它后来怎么了？或者有没有办法用一根线索把所有有关她的记忆串联起来？请花些时间打草稿，直到你给文章找到一个好结尾，能纪念汉娜的。好吗？

华莱士：好的。

下面是华莱士创作的结尾：

现在，红色的橡胶圈躺在当地动物收容所的某个笼子里，其他捐赠的玩具散落他处。圣诞节烤肉被随意地放在橱柜的边上。纱门大开，无人再管，因为不再需要过去那样注意了。沃尔沃的车厢里堆着几箱碧根果，是为某个社团募款准备的。钢琴下放着一张空垫子。他们说他们会让一只新的狗来躺在上面。他们只是不想忘记上一只。我也不想。

写作者无法开始写作，或者文章开头并不吸引人

学生的作文开头有几种常见的问题。经验尚浅的写作者喜欢把背景信息堆在前面，让读者等待故事、诗歌或观点正式开始。或者他们会省略那些能够让读者进入作品、理解话题所需的关键信息或者提供了不相关的信息。或者他们设定错误的基调或者未能为后文指出一个合适的方向。开篇之所以写成这样，是因为写作者一挥而就，没有书面构思或打草稿，以此寻找"下笔如有神"的开篇，未能尝试我在微型课上展示的文章开头类型。

当奈特决定要写一篇评论Lady Gaga的专辑《超人气女魔头》的文章时，他先收集了一些笔记，关于Gaga之前的流行音乐、高科技舞曲、这首专辑中他最喜欢的歌曲，以及Gaga作为创作人和歌手的才华。但是他仍然无法开始写第一稿。

南　希：发生了什么？

奈　特：我没有思路。

南　希：遇到什么困难了吗？

奈　特：我想不出从哪里开始。我的草稿中已经有了所有的素材，但我应该从哪里开始？

南　希：你有没有参考我们上周一起读到的音乐专辑评论？拿出你的散文文件夹，让我们看看专业的乐评人是怎么开头的。

奈　特：这一篇引用了一句歌词。我喜欢这个主意。

南　希：有没有一句歌词或一首歌表达了你对专辑的喜爱呢？

奈　特：我不确定。

南　希：上网查查她的歌曲，抄下所有有可能的歌词，这样你就可以选出一句来写了。好吗？

奈　特：好的。

奈特找到了3首合适的歌曲。他又把范围缩小到了最能奠定他文章基调的那一首。他已经积累了许多素材，所需要的是不断尝试，找出方法来理顺思路，给这篇评论设立一个方向。

　　"因为我不接受弱者，我只要一个真实的、令人赞叹的人"，Lady Gaga在《纸老虎》一曲中引吭高歌，这是她的新专辑《超人气女魔头》20首歌中的一首，她对歌词信誓旦旦。这张专辑收录了8首新鲜出炉的好歌，是专辑的"女魔头"部分，另外加上她自出道起你所爱的所有歌曲，来自《成名在望》，呈现了一个经典的、鼓舞人心的、令人赞叹的Lady Gaga。

夏洛特正着手于一篇鼓动性新闻文章的创作，想要说服教与学中心的低年级学生给一个她支持的非营利组织捐款。然而她的开头只是罗列了一些事实和地名。

> "欢聚湾之友"是一个保护海湾、保护那里生态环境的组织。肯尼贝克河和安德罗斯科金河流入里士满、德累斯顿、鲍尔金汉姆、伍利奇、巴斯、布伦瑞克和托普瑟姆附近的淡水河口。那里就是欢聚湾。

当我读到夏洛特文章的开头时，我觉得这个开篇太过薄弱，尤其是作为一篇说服性文章。

南　希：夏洛特，在我讲散文开头的那一课，我给你们展示了不同种类的开头——故事性的、引用格言、引用新闻、开门见山的、情景式的、描写式的。这应该是所有的开头类型了。你这属于哪一类呢？

夏洛特：额，嗯……都不是吧？

南　希：我同意。这是一个人物—事件—地点式的开头。它无法吸引读者。其他类型的好处在于它们有能够吸引读者的潜质，通过奠定文章基调、确立个人声音和介绍观点来达到这个目的。请把这个开头放在一边，尝试一下其他的可能性。你有我发给大家的文章开头样例吗？

夏洛特：有的，在我的散文文件夹里。

南　希：放下笔，重读它们。然后打草稿尝试不同的开头写法，直到找到最好的那一个，一个能够帮你顺利写下去，找到自己的声音，指出文章方向，并且能够吸引住读者的开头。好吗？

夏洛特：好的。

南　希：去吧。

夏洛特鼓动性新闻文章的开头是场景式的。教与学中心的1、2年级学生被这篇文章及她之后所写的系列文章打动，投票给"欢聚湾之友"并捐助了一小笔钱。

故事以一条鳗鱼开始

想象你是一条巨大的鳗鱼，大概40岁左右，如成年人的手腕一般粗细。你开始了你此生唯一一次的迁徙，从缅因州里士满的淡水河口，途经佛罗里达海岸，直游到马尾藻海域。但你先要找到办法避免自己不被缅因州各条河中数以百计的水坝和涡轮机撕碎或杀死。幸运的是，"欢聚湾之友"正在尽全力保护畅游在这些河中的你和其他鳗鱼及鱼类。

"欢聚湾之友"通过说服私人水坝建造一块带洞的，只允许水流过，但鱼类不能游过的金属板来保护鳗鱼及其他鱼类。这块金属板引导鱼类游向其他水路，这样它们就不会被杀死了。这样做可以把鱼类的死亡率从95%降到0。

然而这只是"欢聚湾之友"的众多善举之一。这个组织也保护湾区整体环境，保护那里的生态系统。肯尼贝克河和安德罗斯科金河流入里士满、德累斯顿、鲍尔金汉姆、伍利奇、巴斯、布伦瑞克和托普瑟姆附近的淡水河口。这就是欢聚湾。

"欢聚湾之友"检测水中的有害化学物质，查出源头，并找到解决办法。例如，去年"欢聚湾之友"水质监测发现水中沥青浓度过高。他们追踪源头，发现了排放沥青的工厂。他们发现这家工厂制造了成堆的有毒垃圾，泄漏到了欢聚湾中。组织派代表与这家公司谈判，他们很快清理了自己的工厂，拯救了鱼类并让水质更干净。

"欢聚湾之友"正在努力救助的另一种动物是鲟鱼，一种史前鱼类，基本算得上是鱼界的活恐龙了。鲟鱼最大可以长到6米，已经生存了千万年。"欢聚湾之友"正在给水中的涡轮机和没有水坝的河流安装纱网，如此一来鲟鱼就可以安全地开始它们的迁移了。

"欢聚湾之友"的多数工作由志愿者完成。每年他们会组织学校一年一次到两次的海湾日和教育性远足。这个组织给学生讲解鳗鱼、鲟鱼，以及海湾的生态系统，提供从考古到画鱼等一系列活动。这对学生来说是一次独特的经历，可以学到很多知识，让他们在玩耍的同时，认识到海湾的美丽和重要性。

"欢聚湾之友"会把教与学中心的捐助使用在增加水质检查和海湾日的相关活动上。由于现在学校经费有限，"欢聚湾之友"会为三到四组学生租客车，让他们来参加海湾日的活动。

正如你想象中的鳗鱼，如能成功地找到南下马尾藻海域的路径，你应该感谢"欢聚湾之友"，为干净的水质、堵住的涡轮和此生唯一一次的繁殖迁移而感谢他们。

写作者不能让读者身临其境

不论体裁，一个好故事应该能够引发读者脑海中的想象。读者喜欢在想象中去听、去感受、去品尝和触摸，但我们最想要的是能够身临其境。我们渴望视觉性的细节：对人物、地点、事物、颜色、形状和动作栩栩如生的描写能在我们脑海中形成生动可见的画面。

特里斯坦，一个7年级学生，非常享受周六的夜晚在家一边吃比萨一边看电影，但他的第一稿诗作缺少能够把他的周六晚上写活的生动细节。我无法在脑海中再现他的描述。

> 新鲜的比萨从
>
> 烤箱中取出，
>
> 香气充满了房间。
>
> 我爱这些夜晚
>
> 全家一起，
>
> 我们享用比萨，
>
> 一起欣赏电影
>
> 就像一家人应该有的样子。
>
> 正是这些周六夜晚，我
>
> 见证了我们一家编制了
>
> 一条如绳索般紧密的纽带。

南　希：你进行得如何了？

特里斯坦：我刚完成关于比萨的诗的第一稿。你想要读一读吗？

南　希：好的……你一定是很爱周六的夜晚。

特里斯坦：是。

南　希：我在想，这首诗应该成为一首即便过去很多年，一读到就能像家庭录像一样把你带回周六夜晚美好记忆的诗歌。特里斯坦，记得我讲过如何像拍电影一样写作吗？

特里斯坦：是的，我记得。

南　希：那么，你能在我的脑海中拍一部电影吗？现在，我什么也看不到。比如，是你把比萨从烤箱中取出来的吗？

特里斯坦：是我妈妈。她总是会烤两张比萨，一张方形的，一张圆形的。她的烤箱手套都因为周六晚上烤比萨而被熏黑了。我站在一边看着她，等她告诉我什么时候开始放电影。

南　希：好的，现在我能想象你们一家围坐在餐桌旁，一边吃比萨一边用厨房的电视机看电影，我家厨房也有一台电视机。

特里斯坦：不，不是的。我们是在地下室看的。我靠在通向地下室的门旁，随时准备好要跑下去，播放电影。我们家地下室有一张很棒的老沙发。

南　希：这些细节会让你的读者视觉化你的诗，也能让你更好地留存这段记忆。你的结尾写得很好。我喜欢这个比喻，它饱含着你对这项家庭活动和家人的爱。你能否把这首诗剩下的部分也写活，借用这种闭上眼睛，用细节来拍一部电影的方式？

特里斯坦：我可以试一试。

他能做到，也的确完成了一首好诗。

周六的夜晚

我看着
圆形的和方形的比萨
被妈妈从烤箱中取出来
用她熏黑了的手套。

我跑下楼
到地下室
我们的绿沙发
和旧的42寸电视等在那里。

我把最新的电影放进播放器，
等着所有人坐好，我按下播放键。
我们一起被传送到了
电影里面。

我爱这些周六的夜晚——
当全家人聚在一起
我们
编织一条纽带

它比绳索还要紧密。

——特里斯坦·捷波克斯基

　　告诉那些没能提供足够信息的写作者，基于他们提供的信息，我能在脑海中再现出怎样的画面，这个教学技巧我是从玛丽·艾伦·雅各布那里学来的。它告诉学生，如果想要表述清晰，就需要给读者提供细节。特里斯坦学到了这一课。他的下一首诗《生活碎片》写得非常生动。

给小作者面批
指导作文

生 活 碎 片

我曾把乐高玩具人拆成一块块
丢在地上，
还有被砸坏了的汽车模型
黄色的脑袋伸出车窗。
一个身穿橙色跑步服的将军
正用来自未来的望远镜
巡视战场。
哈利·波特和印第安纳·琼斯
都举着来复枪，
而不是鞭子或魔杖，
当我派人去用过大的钥匙
封锁他们的家，
手持斧子和棍棒，
他们准备好了要保卫家园。

231

现在汽车模型和士兵都永远等在
我蓝色的卧室架子上，
光洁的头颅挂在伤痕累累的躯体上：
是我不断变化的生活的
观众。

——特里斯坦·捷波克斯基

信息没有条理或没有逻辑

我记得自己无数次在写作工作坊刚开始的时候告诉学生："这篇作文中

的信息杂乱无章，请有条理地表述。"这句大白话其实对学生没有任何意义。如果学生知道如何整理归纳信息，他们早就这么做了。

现在我知道要给学生展示如何整理杂乱信息。我要求他们用不同颜色的记号笔来给一篇草稿中的信息分类，或用剪刀把每个句子剪下来，调整顺序，同类归在一处。亚伯的散文《草坪》以一个很成功的场景式开头开篇：

> 幻想一个美丽、炎热、阳光明媚的星期六下午，你应该在湖中或海滩边游泳，或者你更愿意在阴凉下读一会书。但事实上，你坐在一个很旧的割草机上修剪草坪，机器朝空气中排放着有毒的浓烟。它的隆隆声摧残着你的耳膜，让已经像烤箱一样的天气更加炙热，汗水流进了你的眼睛。人们为什么要花费整个周六来修剪草坪？事实上一片草地对环境、野生动物和你自己的身心健康都有好处呢。

在这个精彩的开头后，亚伯开始堆砌应该让草坪自由生长的论点及论据。但文章没有逻辑、结构或分段，只有一整块不合逻辑的推论。在我们的交谈中，我要求他考虑如何沿着自己开的好头继续下去，也就是"人为什么要花费整个周六来修剪草坪？事实上一片草地对环境、野生动物和你自己的身心健康都有好处呢"。然后让他拿出四种不同颜色的记号笔。

"亚伯，"我说道，"请在你的草稿中用红色笔标出所有关于环境破坏的部分，用蓝色笔标出不割草对野生动物的好处，用绿色笔标出对人类的危害，用橙色笔标出我们种植和修剪草坪的最初原因。然后你把相同颜色的句子放在一起，来修改文章：把同类的信息归类。如果有的信息不属于这四类，你需要认真考虑它是否应该出现在你的文章中。"

亚伯用不同颜色给草稿做标记，接着在电脑上调整句子顺序，形成前后协调的观点。我们下一次对谈时，我对他说："读读你现在的这四块内容。按照逻辑顺序，读者会先看哪一块呢？"

亚伯说："我们起初为什么要修剪草坪这一块？"

我表示同意。"接下来你会写到哪里呢？"

"对环境的影响，然后是对野生动物，对人类。这样合理吗？"他问道。

"试一试，看看效果如何，"我建议道，"要记得每块信息都应该独立成段，因为他们是独立的思考单位。"

这样的安排效果很好。亚伯的第一篇散文《草坪》非常成功：论据充足、有说服力并且结构符合逻辑。

写作者用条件语气来讲故事

在文中大量使用条件语气（would）看似是个小问题，其实不然。加上了"会""将要"等条件，人物动作就受到了限制，很可能会导致文章表意不明或者不够清晰明了。"我会这样做，然后我会那样做"是一种让人很难代入或想象的叙述角度。通过把动词调整为现在时或过去时，作者可以让自己的动作更加生动，同时创造出能带入自己的反思和思考的语境。

海蒂正在创作一篇回忆性散文，记录她在姨母格特鲁德家度过的周末。她的草稿以一种"会"的调子开始：

> 7岁的时候，我很爱格特鲁德姨母家的小房子和后院的大树。卡洛琳和我会在树上爬上爬下，跑回厨房的时候总是红着鼻子，手指麻木，膝盖手肘上挂着彩。格特鲁德姨母会给我们做热巧克力。然后她会和爸爸妈妈聊天，我们两个慢慢啜着热气腾腾的巧克力。它总会是最好的热巧克力。

我读了读海蒂的开头段，对她说道："这里有一个词影响了我阅读的体验，就是这个'会'。我知道你为什么要用它，因为你在总结拜访姨母家这件事。但这样会导致你的故事失去生动性，因为太宽泛了。另外，'会'的使用让你无法描述自己的想法和感受：说'你会感觉'读起来很奇怪。你觉得我说得有道理吗？"

海蒂表示同意。我继续说道："所以，现在你可以选择时态，现在时，还是过去时，你想用哪个来写这篇文章呢？"

海蒂说："我想用过去时，因为我想在结尾的时候回到现在。"她是这样做的。海蒂的回忆性散文终稿有着丰富的形象描绘、动作及反思。

小小个子的老妇人

我记得我房间的床是两张并在一起的。我躺在床上，快要睡着了，在两张床的缝隙间伸着懒腰，此时妈妈走了进来。我顶着灯光眯起眼睛，看到她的眼中满是眼泪。她朝我弯下腰，轻声说："格特鲁德姨母去世了。"

我不确定这是她的原话，还是她之后讲的话。我只看到她的嘴唇在动，然后脑袋一片空白。我什么也没有想，但是眼泪很快刺痛了我的双眼。格特鲁德姨母是我的亲戚中最早离世的。对此，我早有预感。

7岁的时候，我很爱格特鲁德姨母家的小房子和后院的大树。卡洛琳和我在树上爬上爬下，跑回厨房的时候总是红着鼻子，手指麻木，膝盖手肘上挂着彩。格特鲁德姨母给我们做热巧克力，然后和爸爸妈妈聊天，我们两个慢慢啜着热气腾腾的巧克力。它是最好的热巧克力。

我记得她爱问我"几岁啦""学校里最喜欢的课是什么呀"之类的问题。我大说特说自己长大要做的事情，又描述了梦想中的2年级生活，觉得自己很了不起。我和她说起游泳队和我们家的宠物。她注目倾听着，欣赏着一个小孩子在有好观众的时候表现出来的那种热情洋溢。

然后她带着卡洛琳和我去她缝纫的房间，爸爸妈妈也一起跟在后面。她给我看一个会跳舞的艾尔莫娃娃（美国动画片《芝麻街》中的主人公之一），我觉得酷极了，真想自己也有一个。我和艾尔莫娃娃一起跳起舞来。这之后，我们坐下来继续聊天，格特鲁德姨母又问起了"几岁啦""学校里最喜欢的课是什么呀"之类的问题。我当时很困惑，但我还是再一次回答了她。我以为那只是一个不小心的错误，因为每个人都会犯错误，我在幼儿园就学到了这一点。

一个周末，在回家的车上，我询问爸爸妈妈为什么格特鲁德姨母会一遍一遍地问同样的问题。我现在知道了这个问题对他们来说有多难回答。你怎么和一个7岁的孩子说她的姨母患有阿尔茨海默症呢？我回想起比我大3岁的卡洛琳看向窗外，不肯和我对视。爸妈也用其他问题躲避回答我的问题，把我的思绪从生病的姨母身上转移开。

我还记得她的葬礼。12月16日，那天是我11岁的生日，也是我唯一一次痛哭着度过的生日。我是说真的痛哭，而不是因为没有得到想要的东西而掉几滴自私的眼泪。我坐在前排椅子上，滚烫的泪水快要从我冻僵的双颊滚落，但我拒绝流泪，现在还不行。在告别仪式上，我把一抔土洒落在棺材上，一位我不认识的女士给了我一朵美丽的紫色花朵。

直到我坐进车里，离开墓地，我才任眼泪流出。我被泥土弄脏的双手紧紧攥着紫色花朵，想起我和姨母一起跳的舞，想起那棵大树，想起甜甜的热巧克力和姨母编织的地毯，还有她家好闻的味道，还有她的问长问短，关心我了解我生活的种种。我啜泣着，头靠在冰冷的车窗上。所有人——妈妈、卡洛琳、爸爸——都泪痕满面。

姨母的遗嘱提到了我、卡洛琳、妈妈、外祖父和其他人。她给我留下了许多东西，最重要的就是抚养费。我知道虽然有疾病的黑暗，但她仍记得我在老房子里跳舞的样子，也记得我聊起学校、喋喋不休地说起我长大了要做的事情。格特鲁德姨母留给我的钱被爸爸妈妈用来送我进了更好的学校。我想如果她知道是她帮我朝着目标又走近了一步，一定很高兴；如果她知道是她教会了我追寻梦想的勇气，接受失败的坦然，以及不忘初心，一定更加高兴。

写作者暂时思路受阻

我使用了"受阻"，而非"阻塞"，因为后者意味着一种持续的状态，而非特定的写作者在特定的某一天遇到的特定问题。当某位小作者出了点小差错，我的建议通常是打打草稿，进行书面构思。

当我在3月的一个写作工作坊来到娜塔莉身边时，她已经把自己读写手册中创作版图的部分翻来覆去看了15分钟了。

南　希：怎么了？

娜塔莉：我完成了我的评论文章，把它放进了等待修改的抽屉柜里，现在我想写一首诗。

南　希：你想好要写什么了吗？

娜塔莉：还没有。我有许多想法，写了好几页，我有一种被信息淹没的感觉。我没法选出一个来。

南　希：如果是我的话，我也会有这种感觉。你的想法还真不少。如果我是你，我会这样做：拿出一张纸来打草稿，手拿铅笔浏览整个创作版图，并记下每个吸引人、今天有可能写的话题。试一试，好吗？在最后，你可能会在6至8个高质量的话题里选择，而不是在大量的话题中漫无目的地寻找。

图6.1展示了娜塔莉的草稿。星号表示她最后选择的话题：一段5岁时的记忆，她戴着妈妈的太阳眼镜，从一个成年人的角度看这个世界。

潜在的诗歌话题

- 一首短诗，记录我第一次踢足球进球
- ★童年记忆：试戴妈妈的太阳镜
- 写宠物的诗：我的小仓鼠
- 第一次玩保龄球
- 好时巧克力工厂
- 龙卷风
- 科罗拉多公园
- 妈妈的玫瑰：醉人的花香、摇曳的花影和柔软的花瓣

图6.1　娜塔莉选择好的文章话题的草稿

布莱恩，娜塔莉的同班同学，经常会思路受阻。一天清早当我坐在他身边，他正盯着空白的电脑屏幕，手放在键盘上。在我巡视班级的时候，我注意到他不在我的视线范围。他已经在这里一动不动有一会儿了。

南　希：布莱恩，我今天可以怎么帮助你呢？

布莱恩：我正想要开始写一篇新的小小说，但我还没有灵感。

南　希：你有没有试过打草稿？

布莱恩：没有——我忘记有打草稿这回事了。

南　希：我很高兴能够再次提醒你。在某种程度上，打草稿需要成为你的写作者工具箱中的千斤顶，是那个你用来在自己思路受阻的时候把自己顶起来的东西。现在，找一张空桌子，抽出椅子坐下，开始尝试不同的想法。在纸上构思，这样比在空气里构思要有效率得多，因为你能够捕捉并看到自己的想法。此外，写在纸上的内容会激发新的灵感。好吗？

布莱恩：好的。

```
                      草　　稿
● 妈妈问："你长大了以后想要做什么？"
● 男孩以前没想过，于是他开始思考未来的可能性，然后一一排除
   ➤ 消防员：自己不够勇敢
   ➤ 工程师：数学不够好
   ➤ 运动员：不够强壮
   ➤ 警察：害怕工作太危险
● 他能想到的自己有能力做好的工作就是快餐公司员工和公交车司机。
● 他妈妈对他说了这样的话："只要有决心，世上无难事！"
  如果这个男孩成了美国总统，故事又会怎样发展呢？
```

图6.2　布莱恩小小说的草稿

这就是布莱恩的情况。他的草稿帮他写出了一篇小小说，为全班所阅读和欣赏，并给大家带来了欢笑。

P. O. T. U. S.[1]

"你长大想要做什么，巴里？"我们一起坐在沙发上看电视，妈妈问道。

---

1 P. O. T. U. S.：既可以理解"彻头彻尾的废狗屎"（piece of total useless shit），也可以理解为"美国总统"（president of the United States），因其双关，故引人发笑。——译者注

我不知道。我不够强壮，不能成为运动员；音乐天赋不够，不能成为音乐家；不够勇敢，也不能去当消防员或者警察。"我现在能做的唯一工作，就是在快餐店里打工，"我下定决心，"我还不够好，不能做别的工作。"

"不要担心这个：你现在才3年级，"妈妈说，"如果你努力学习，你可以做你想做的任何事。"

我意识到她是对的。我还很年轻，还有很多年的书要读，来为我的成年生活做好准备。

现在，看看我的玫瑰花园和我妻子的蔬菜园，我很感激妈妈对我的信任。

——布莱恩·麦格拉斯

如果学生开始创作后遭遇思路受阻，我会推动他们打草稿来尝试下一步的各种可能性。当他们在写开头、结尾、某个词语或题目时，我也会推动他们在草稿中进行实验。我不相信写作者的思路会永远阻塞，我相信写能推动写作。

总的来说，一个工作坊中思路受阻的写作者如果告诉教师："我坐在这里发呆，是因为我不知道写些什么"，我们应该提醒他们读写手册中有一个叫作"创作版图"的部分，写满了诗歌、回忆性散文、评论文章、议论文、戏仿和小小说的灵感。

237

写作者的初稿让人费解

此处，我所指的是初稿中理性的缺乏，而非可读性、拼写或语言规范用法的问题。有时候写作者虽然对于自己想要写什么有大致的想法，但还无法书面呈现出来，也还没有发展出足够的读者意识，从他人的角度来构思。

这样的写作者需要知道读者有怎样的期待，我们需要的是作者无须多言，读者就能明白的作品，以及写作者能跳脱作者身份，以读者的角度审视自己作品的能力。

加布里埃尔在桌边给我腾出位置，说道："我正要创作一首诗歌，关于春天的苏醒。"

"让我看看。"我回答说。

春日刚刚降临

睫毛拍打着我。

棕色的轮子飞过，

我看着我的倒影，跳过每辆车。

棕发划过绿色的斯巴鲁汽车
钉住了棕色的耳朵。
一件红色短袖衬衫在阳光下飘荡。

一个微笑
在我的脸上绽开，嗨，看——
冰都融化了！

我在心里叹了一口气。我曾读过加比（加布里埃尔的昵称）类似的初稿：我无法理解的诗歌和散文。我以提醒她我曾讲过的技巧开始了我的反馈。"所以，你有没有到楼梯间去，把这首诗大声读给自己听呢？"

加　比：哦。没呢，还没有。

南　希：你应该先做这件事，加比，以便找出诗中缺失词语和理性的
　　　　　地方。如果你慢下来，朗读自己的作品，你就能够听出来。
　　　　　例如，"棕发划过绿色的斯巴鲁汽车，钉住了棕色的耳朵"，
　　　　　还是让人很费解。你本来想说的是什么？

加　比：我坐在一辆斯巴鲁汽车里，头伸出车窗外，我的头发摩擦着车。

南　希：你当时坐在车里？我无法从诗里读出来。我也正在想办法理
　　　　　解"睫毛拍打着我"。

加　比：是我左眼睛的睫毛，被风吹着拍打着我的脸。

南　希：好吧。那"棕色的轮子"，你是指斯巴鲁汽车的黑色轮胎吗？

加　比：是的。

南　希：红色衬衫是你穿着的？

加　比：是的。

南　希：那是你在车之间跳跃，还是其他车的倒影在你面前跳跃？快帮
　　　　　帮我！你的诗我得使劲儿才能读懂。这是我的工作，所以我会
　　　　　咬着牙看下去，但其他读者不会容忍如此多的困惑。他们会放
　　　　　弃阅读。请再写一稿，这次把你20%的注意力放在一个想象中
　　　　　的读者那里。这位读者都需要看到和理解什么，好吗？

加　比：好的。

南　希：写完第二稿，去楼梯间轻声地朗读，注意听诗歌是否理性、

加　　比：好的。

南　　希：告诉我你现在要做什么。

加　　比：我要写第二稿，设想有另外一个人在看。

南　　希：对。一个需要理解我刚才无法读懂的地方的读者。然后呢？

加　　比：然后拿着诗稿去走廊读出声。

南　　希：还要注意听。

加　　比：注意听。

南　　希：去吧。

　　加布里埃尔又修改了两次，才让作品具有理性。她也在第三稿中实验了句中的停顿，这是我们在阅读威廉·斯塔福德的诗歌时学到的技巧。这并不是我和她最后一次谈到信息缺失，也不是我最后一次提醒她要把诗读出来给自己听。加比需要我作为读者的阅读和倾听，以及我作为教师的耐心。孺子可教，她鲜明的个人特征、洋溢的情感和对那个瞬间形象的捕捉在终稿中熠熠闪光。

春日刚刚降临

我的棕发拂过绿色的斯巴鲁
当我把头伸出
窗外。我的红色衬衫在阳光中飘扬。

我的左边睫毛拍打着我的脸颊，
重重地。每小时96千米奔驰的黑轮胎
在飞。我看到我在对面车上的倒影。

一个微笑
在我的脸上绽开。嗨，看——
冰在融化！

——加布里埃尔·努基

239

用词不当

　　选词是指写作时对词语的选择。措辞的差别可以区分一篇差强人意的作品和一篇真正的文学作品。我在措辞和风格方面的精神导师是唐纳德·莫瑞、肯·麦克罗里、斯特伦克与怀特，以及威廉·津塞。他们教导我好作品是生动、精练且直接的。作为一名写作者，我努力在写草稿的时候就听从他们的建议，在修改的时候更是如此。作为一名教师，我在和学生单独交流中会指出词语上的问题，并帮助他们解决这些问题。

我的学生在选词上的问题包括不必要或赘余的副词和形容词、分词（而非有施动者的句子）、别扭的重复、过度修饰、不用口语的缩写的对话、动词时态和代词格的随意转换。学生和我把他们写作中的不当之处称之为"笨拙的表达"。

下面这节显得笨拙的诗节选自一首关于蜥蜴的诗，其中的句子结构可能需要更流畅一些，但副词是严重的问题。

> 他缓慢地朝前爬，
> 猛地咬住，下巴紧紧合上
> 吞下一只无害的蟋蟀，
> 然后飞快地跑开了。

在浏览了草稿之后，我告诉作者："我爱你的这些生动的动词：'爬''猛地咬住'和'跑开'。它们有给读者创造出强大视觉形象的潜力。但我觉得有问题的是副词。副词把你本该是直截了当的动作描写弱化了。举个例子，'爬'这个动词是不是已经包含慢的意思了呢？除了'下巴紧紧合上'之外，还有别的办法咬住东西吗？还有动词'跑'本身就意味着快速的动作，对吧？这些程度强烈的动词不需要强化效果了。看看如果你把副词删去，会怎么样。"删去副词后，本来笨拙的诗节变得简洁且生动。

> 他向前爬，
> 猛地咬住
> 一只无害的蟋蟀，
> 然后跑开了。

在另一个赘余修饰词的例子中，一篇回忆性散文的小作者写道："当我看到今晚的书的标题时，我感到如此头晕目眩、心醉神迷。"在我们的交流中，我问道："你是否同时需要'头晕目眩'和'心醉神迷'两个词，它们不是表达一样的意思吗？两个形容词都很好，但它们不需要被'如此这般'相互支持。修改这个句子，看看效果。"在终稿中，她写道："当我看到她今晚要给我读的书的标题时，我幸福得头晕目眩。"

分词短语也是选词方面的突出问题。分词短语是非限定动词，起形容词的作用。当学生想要使用分词短语作句子主语时，施动者就消失了，动作也会变得模糊。下面是一个例子，一篇回忆性散文的第一句话。

> 在河中跋涉，心里怀疑着我不是要被那摇摇欲坠、随时都会倒下来的老木桥压住，就是要被水冲走了。

当我和作者碰面时，我说："我想要走进你的故事，可有一种词把我推开了。现在分词是它的学名。你可以靠词尾的ing分辨出它来：wadding、doubting、looking。这种分词的问题是他们绑架了句子的施动者，剥夺了读者可依托的对象。你如何修改开头的第一句话，才能把你包含到动作中去呢？加上'我'怎么样？"

她回答道："我在河中跋涉？"

"对极了，"我说，"现在我进入你的故事中了，你的感受是什么？"

"嗯，我很害怕。"

"为什么？"

"因为我要在桥下游过，但它看起来太老了，马上就要塌了。"

"这才是精确的选词，"我说，"以施动者的身份讲述你的故事。把现在分词删去，修改好之后向我吹口哨示意。"10分钟之后，我走到她的桌旁，读到：

> 当我在河水中跋涉的时候，我害怕极了。我担心我不能活着游过头上摇摇欲坠的木桥。它看起来随时会在我头上坍塌。但我拿出从哥哥那里获得的勇气，游了过去。

对于写作新手而言，另一个需要花时间才能识别出来的问题是同一个词在一段话中反复出现。出于许多原因的考虑，我要求学生至少要花等量的写作时间来读自己的草稿；其中一个原因就是要慢下来，倾听自己的选词，找出词语重复的笨拙表达。下面的一段话选自某个学生的作文，文中就有重复选词的问题。

缅因州的每一个镇子，根据法律要求，都要给孩子提供学前班到高中的教育。孩子需要接受完整的学校教育。艾若斯克镇一所学校都没有。因为修建学校的开销巨大，艾若斯克镇可能永远负担不起建一所学校的费用。所以，根据缅因州的法律要求，艾若斯克镇需要负担我们来教与学中心或上其他学校学生的学费。

当我和作者交流时，我说道："这一段中的一些词在我的眼前和耳边喋喋不休，因为它们重复得太过频繁。我给你读一读这一段，看你是否能听出它们来。"她听出来了：孩子、学校、艾若斯克、缅因州、法律。

我补充道："修改的时候，有几种方式。一种是用近义词代替重复出现的词；一种是代之以代词，像它、她、他、他们或它们；还有一种是删除重复出现的词，如果你的文章不需要它也能清楚地表达意思的话。我们来处理一下你用的第二个'孩子'。你可以用什么词来代替？"

"学生？"她建议道。

"嗯，我不确定这算不算近义词，因为这些孩子还不是学生。代词'他们'怎么样？"

"应该可以。"

"好的。我认为你前两个'学校'没有问题，因为他们的意思不同。第三个呢？和我一起读，看看你能不能想到修改办法：'孩子需要接受完整的学校教育。艾若斯克镇一所学校都没有。因为修建学校的开销巨大……'"

"一所。"小作者提供了一个词。

"好极了。现在再一次读读这三句话，看看你可以怎样处理第二个'艾若斯克'。接着替换'缅因州'和'法律'。"最后，她的终稿开头是这样的：

缅因州的每一个镇子，根据法律要求，都要给孩子提供学前班到高中的教育；他们需要接受完整的学校教育。艾若斯克镇一所学校都没有。因为修建一所的开销巨大，它可能永远也不会有。这意味着我们镇需要负担我们来教与学中心或上其他学校学生的学费。

过度修饰是年轻写作者的另一个词语层面的问题。他们堆砌描写、掺杂比喻，并为了修饰语言和意象牺牲文章的思想。我尽量不压制创造力，或是阻拦语言上的实验和创新，但我作为写作教师的一项职责是帮助学生意识到，有时他们的用词并不能传递想要表达的意思。

例如，一篇写冰球的回忆性散文中有这样一句话："所有疲倦的嘴唇拔高声音齐声加入人群最后一声呼号。"这是个有问题的句子：咽喉才会因为高音而疲倦，而不是嘴唇；嘴唇"加入"和"齐声"意思重叠；并且"人群的呼号"是陈词滥调。我和这位写作者讨论的问题是："你能否把文稿放在一旁，告诉我当时发生了什么？"

写作者回答说："我们已经足足喊了两个小时，所以我们的嗓子都累了。但我们都在球员进球的时候再一次欢呼。"

"和你的文稿中的句子比起来，这是一个我可以理解的描述。在修改的时候，试着像你和我描述时这样直接地写出来。"他把句子修改成："我们整整喊了两个小时，都累坏了，但当球员进了决胜的一球时，我们都发出了最后的咆哮。"

在另一个过度修饰的例子中，一位写作者在一篇关于他用父亲儿时的手套第一次玩棒球的散文中，出现了这样一句话："明亮的阳光反射在了爸爸明亮的、闪闪发光的、红色的雪佛兰通用皮卡上。"我指出了其中"明亮"的重复使用和"了"的赘余，然后指出这句话最大的问题：它把读者的注意力从棒球手套转移到了卡车上。小作者用了太多篇幅描写它，虽然我理解为什么。因为这是一辆很酷的车。

243

我最后说："我把它交给你来处理。你可以把对你爸爸的皮卡汽车的描写压缩或者删除，让读者把注意力聚焦在你的主题，也就是棒球手套的传承上。也许你可以哪天写一首皮卡的颂诗？"他采纳了我的建议。

文中的对话太过正式是另一修辞问题。学生不用缩写形式来写对话，有时是因为他们不确定如何拼写，但大多数时候是因为他们没有回过头来读自己的草稿。当我遇到像下面这样的对话时，我给学生的建议是再次朗读出来。"听着，"我告诉一位学生，"你在听到这段对话时最先注意到什么？"

> "我在等迈尔斯。"他说。
>
> "我想他就要来了。"我回答道。
>
> "你不认识他。"他又对我说。

当我把这段话读给学生听时，他们听出了其中太过正式的语言造成的笨拙感。我告诉大家："我们在说话的时候会用缩略形式。我们会说I'm、he's、 don't、aren't、what's 和 they're，而不说 I am、he is、do not、are not、what is 和 they are。从现在起，写对话时要检查，它是否听起来像正常人在平日对话一样有缩略形式。"

上面的对话还暴露了另一个问题：表明说话者短语中的问题。学生需要了解"我回述""我回应"和"我对他述说"很啰唆而且不常用。另外，我会指出像"我们说:'四角传球游戏不是这么玩的!'"很不现实，除非故事中的所有人早就决定好要齐声说。

另一个学生作文中的问题短语是"我对自己说"。这其实就是想的意思。我也会帮助学生修改类似"'我一定是超人'，我想"这类别扭的句子。描述个人想法时不需要用引号，"我想我一定是超人"或"我感觉自己是超人"就可以了。

动词时态的随意转换是我的工作坊中一个很大的词语层面的问题。在下面的这节诗中，作者开始用了过去时来讲故事，又以现在时结束；另外，指代诗歌的描写对象"一只松鼠"的代词由"她"变成了"它"。

> 一只松鼠
> 朝上看来，注意到了我，
> 所以我保持绝对静止
> 希望她能继续享用
> 我撒在地上的
> 葵花籽。
> 它谨慎小心地
> 漫步朝我走来。

在和这位写作者交流时，我说:"故事的作者需要作出决定：我是要用现在时，把故事讲得如同正在发生一样，还是已经结束，要用过去时呢? 你需要及时引导你的读者。如果你在时间线上跳来跳去，我们就不能跟上故事的脉络。你想选用哪种时态呢?"在她选择了过去时后，我又提到了代词的转换问题，这类问题经常在有动物描写的叙述中出现；她确定全文用"它"来指代松鼠。在接下来的师生交流中，我提醒她我们最近的一节讲以 -ly 结尾的词，即副词的微型课："绝对静止"与"静止"之间真的有任何区别吗? 此外，请再斟酌"谨慎小心地漫步"。"漫步"是很悠闲地走。一个人可以同时走得既小心谨慎又悠闲吗? 查查你的手册中"走"的近义词，找到一个能够再现那只松鼠当时如何靠近你的画面的动词。最后，她选择了"一点点挪向我"。

卡尔的一首诗表达了写诗时经历的沮丧和失望。他非常努力想要写好他的自由体诗。他也知道如果一次尝试行不通，他可以寻求我的帮助。在卡尔的诗里，在我和他的一对一写作交流中，我扮演了那个当车辆在路边抛锚时，现身帮忙的道路援救员的角色。

解　救

是不是其他诗人写诗
不必绞尽脑汁？
不费时间就能让那一行妥帖，
这个词管用？
是不是有一个人
打个响指
就砰
灵感从绿烟中出现？
留我在烟雾中咳嗽
在一页又一页的开头中，
搜肠刮肚
寻找
一个灵感
一个小提示
能够给我的诗歌一些尾气浓烟
带它飞过下一座山？
直到，和平常一样，

它抛锚了

滚落回了我出发的地方
留我再次推着它往上爬，
绷紧我有创造力的脊背，
而它已经因词汇大军的猛攻
而快要折断。

当我终于

翻过这座山

瞥见一首完成的诗歌的

天堂，

我没看到我写到了哪里，

我的诗歌在窄路上突然转向

撞上了一棵树。

我只好爬出严重损毁的车

然后等着那个人

她能把我

和我的嘶嘶作响的诗歌拖回

家。

——卡尔·约翰逊

我是否会在与学生的交流中犯错或作出错误判断？会的。这种情况大多出现在我没弄清楚写作者的意图，或者我对作文的内容有错误的推测时。当出现这样的情况，我会道歉，倒带，然后重新开始。

当我建议艾弗里直接点明他与父亲一起用纸箱造了一架飞机模型时，艾弗里在他的草稿上调整了我的关注点："根本没有飞机模型，这就是我要表达的。"他的诗是关于一个引起了他和父亲想象的空纸箱子。好吧，艾弗里，对不起。

莫根妮写了一篇回忆性散文，记录她与父亲的卡车之旅。约翰·列侬的歌曲《想象》的斜体歌词时不时打断流畅的叙述。我以为这首歌当时正在广播中播放，就建议她写明。"不，"她回答，"这首歌暗示着主题，我用它来发展这篇散文的主题。我们当时正在一起怀念约翰·列侬，设想如果他还活着，在他70岁生日时会如何。这篇散文表达了我爸和我也是追梦人。"好吧，莫根妮，对不起。

多数时候我的学生会接受我的建议。他们知道在大多数时候他们能够信赖我的建议并借以提高写作水平。但我会告诉大家："如果我错了，你需要告诉我。"学生自主决定写作主题和目的带来的另一个好处是，他们的写作能力在描述及捍卫自己想法的过程中得到了提升。

当我遇到一篇有问题的草稿，然而我没想好怎么给出建议时，我会说出来，然后按下暂停键："我们先把这个问题放到脑后，明天再回来解决。"我不记得有多少次在洗澡或开车的时候，解决方案灵感乍现，让我兴奋地期待下一次工作坊时与写作者的交流。

与学生就写作过程的对话标志着我与自己过往语文教学的彻底决裂。虽然我花了一段时间去了解如何为小作者们提供反馈，但一对一师生交流卓有成效。这种交流在我的写作教学中终生有效，交流质量随着经验而增长。当我阅读、书写并随时了解每位写作者的写作意图时，在我和他们并肩相坐，传递我创作诗歌、故事、散文，以及有关人生的知识时，我向他们表达了我对他们最好的赞赏。

247

第7章

与小读者面谈交流

从我们做的关于阅读的研究看,我们只确定一件事,那就是优秀的阅读者们在成长过程中要与一群朋友结伴,他们互相鼓励互相支持,共同提高读写素养……这其中一个可信赖的成年人的热情尤为关键。

——玛格丽特·米克(Margaret Meek)

从一开始，我对阅读工作坊模样的憧憬，就来自与家人、朋友围坐在餐桌旁讨论阅读的画面。我的目标是与那些有洞察力、对阅读有热情的学生围坐在桌旁描述、分析、批判和比较文学作品，并以此为乐。

如果把阅读工作坊比作一张餐桌，那么我和学生的对谈就像是支撑餐桌的腿：课余时间我们闲谈图书，每天与阅读者的交谈询问，以及每三周一次学生与学生之间或学生与我之间交换的书信体读后感。建立相互交流、研讨文学的伙伴关系是阅读工作坊的基础。它让阅读工作坊真正具有生命力，而不仅仅是一群人聚在一起看书的场所。它帮助学生建立并完善文学评论术语、文学标准，以及有关书籍、作者和文学体裁的知识库。

我为了成为米克口中学生阅读生涯中"可信赖的成年人"而努力。我阅读了很多青少年文学作品，并向学生介绍其中的佳作。我去了解小读者的个人阅读喜好，并为他们找到能满足其口味、富有挑战性的书目。我阅读了许多文学评论，并用自己和学校所能负担的经费建立了一个藏书丰富、能吸引学生的班级图书角。除此之外，我和学生进行了许多关于书籍的讨论——在午饭时间，在课间，在上学放学前后，在班级出游的路上，以及每天在阅读工作坊中。我扮演了最有影响力的教师角色——一个对阅读富有激情的成年人——因此放手让学生阅读在我的阅读工作坊中十分有效。

阅读随堂检查

尽管我热爱畅谈文学作品，但我会控制微型课和好书推荐的时间，以便阅读者有时间独立阅读；而我也能单独辅导：打断学生的阅读并让他们回想部分内容，来了解他们的阅读进度，以及对图书内容的理解和满意程度。

随堂检查在学生独立阅读时间进行，此时他们手拿着书，分散在教室各处阅读。我会拿着一支钢笔、一叠便利贴、一个夹着阅读随堂记录表的文件夹并拖着一把软座椅（我的腿脚有些不好）在学生中间走来走去。

我用录音机录下了某个周一的一节阅读工作坊中的检查交谈，以下转录的文字展示了除了记录书名和页码之外，主要是我与学生的交流。请注意我是如何向小读者提问题、解答他们的疑问、完成图书借还登记、检查班级图书角、介绍文学鉴赏术语，以及提供背景资料和建议的。

南　希：你好，萨曼莎。你还在阅读《特别响，非常近》（*Extremely Loud*）。读到哪儿了？

萨曼莎：第167页。

南　希：这书写得怎么样？

萨曼莎：真棒。乔纳森·萨福兰·弗尔（Jonathan Safran Foer）的确写出了你说的实验性的东西，不过，就和你说的一样，它们不会让读者分心，因为它们很吻合主要人物的心理活动。

南　希：你对奥斯卡怎么看？

萨曼莎：他是不是有些自闭症？

南　希：或许是一种温和型的，叫作阿斯伯格症候群。我喜欢这个人物——他在那个悲剧中表现得如此无辜和勇敢。但是你也要考虑他作为叙述者的可信度，以及结尾——后面我们会谈到的。

萨曼莎：好的。

南　希：你好，艾弗里。你的《11/22/63》看得怎么样了？

艾弗里：我看到第362页了。我爱这本书。

南　希：和斯蒂芬·金其他的作品比怎么样？

艾弗里：我仍然能感觉到它是金的作品，不过它要比其他作品，比如《克里斯汀》（*Christine*）好很多。杰克是一个很棒的人物。我感觉他更复杂、更真实。

南　希：我也这么想，其他的评论者也这么说。读起来累不累？

艾弗里：还好。作者分了章节方便了阅读。我一次读一个章节。

南　希：计划得不错。你好，艾米莉。你今天在读什么？

艾米莉：《心舞》（*Bunheads*）。

南　希：我给你买的那本，写得怎么样？

艾米莉：好极了，是我读过的关于芭蕾的书里面最好的。

南　希：哇，你看到第几页了？

艾米莉：第141页。

南　希：一夜之间看了这么多？

艾米莉：我没法儿停下来。我喜爱书中主要人物和作者揭示的职业芭蕾的真相。绝大多数女孩子都患有厌食症。

南　希：这真让人难过。索菲·弗拉克（Sophie Flack）曾经是一个芭蕾舞演员，对吧？所以书里说得挺真实？

艾米莉：是的。

南　希：那《分歧》（Divergent）呢？

艾米莉：在我家里。我决定先看这本。

南　希：我很欣赏你想要把两本书一起带回家阅读，不过《分歧》本来应该今天拿回来的。乔茜正在等着看呢。好吗？

艾米莉：好的。

南　希：请明天把它带来。你好，布莱恩。你怎么样？

布莱恩：这本书不错，我喜欢。

南　希：和头两本一样喜欢吗？

布莱恩：我仍然觉得《权力的游戏》（Game of Thrones）是最好的，也许因为它是这个系列的第一本。不过情节仍然十分复杂、有力量。

南　希：和大卫·艾丁斯（David Eddings）创造的奇幻世界不同，对吗？

布莱恩：是的。它更具真实性，类似于中世纪的欧洲。

南　希：你接下来是想继续看下一本，还是先休息一下呢？

布莱恩：我们班有这本书吗？

南　希：还没有。你知道下一本的书名吗？

布莱恩：知道，列在这本后面，《群鸦的盛宴》（A Feast of Crows）。

南　希：好的，让我记下来订一本。

布莱恩：谢谢。

南　希：不客气。我能看看页码吗？

布莱恩：我看到第222页了。

南　希：亚伯，你在看什么书？

亚　伯：这是我从我妈妈的书里找的，《大师和玛格丽特》（The Master and Margarita）。

南　希：你在读米哈伊尔·布尔加科夫（Mikhail Bulgakov）？不是开玩笑吧？托比和我前不久刚刚看了一部关于他的戏剧，是伦敦国家戏院在林肯剧场演出的。它写的是作者如何被斯大林审查的。我从来没看过那本书，写得怎么样？

亚　伯：它很奇怪。撒旦去莫斯科参观，书中"大师"写的内容和作者的内容搅在一起。

南　希：读懂了吗？喜欢吗？

亚　伯：是的。

南　希：简直太棒了。先是荷马，后来是《君主论》（*The Prince*），现在是这个。

亚　伯：我仍然不能说服每个人阅读《君主论》。

南　希：恐怕你在阅读方面与众不同。你看到第几页了？

亚　伯：第71页。

南　希：你好，加比。看完《少年派的奇幻漂流》（*Life of Pi*）了吗？

加布里埃尔：是的。你能帮我把它登记交还吗？

南　希：没问题。你给它打几分呢？

加布里埃尔：我给这本书"贝拉"。

南　希：我们讨论过它为什么是一则寓言。在故事的结尾，你认为理查德·帕克的真实身份是谁呢？

加布里埃尔：我想他是上帝。

南　希：我也这么想。那么你现在怎么看前100页——帕特尔在做什么呢？

加布里埃尔：嗯，当派去游历所有教堂，尝试所有不同宗教的时候，帕特尔在展示他的信仰有多强烈吗？

南　希：我想是的。因为他在寻找上帝的旅途中，他最终找到了，他得到了救赎。你会写一篇关于这本书的书信体读后感吗？

加布里埃尔：会的。我还在思考。

南　希：你现在在读什么呢？

加布里埃尔：《秘密任务的一年》（*The Year of Secret Assignments*）。

南　希：这是一个对比。不过它是一部不错的青少年文学作品，我的最爱之一。目前为止你觉得怎么样？

加布里埃尔：才刚刚开始——第5页。

南　希：我希望你喜欢它。你好，凯瑟琳，《梦境》（*Dreamland*）怎么样？

凯瑟琳：我还不确定。我猜还好吧。

南　希：它是不是在你的书单里？

凯瑟琳：是的，摩根向我推荐后，就进了我的书单。

南　希：和你读过的德森（Dessen）的其他作品一样吗？

凯瑟琳：不一样。我不是特别喜欢这本书的主要人物，我无法像其他女孩
　　　　那样喜欢他。

南　希：还会继续看下去吗？

凯瑟琳：会再看一会儿。我在放弃一本书前会先读够50页，这是我要
　　　　做的。

南　希：现在看到第几页了？

凯瑟琳：第37页。

南　希：祝好运。

凯瑟琳：谢谢。

南　希：赞德，你对《老无所依》（*No Country for Old Men*）怎么看？

赞　德：它描绘了许多动作场面。开头很棒，麦卡锡出场的场面令人兴奋。

南　希：你对作者选择的写作风格怎么看？

赞　德：你是指他不用引号吗？那确实很令人困惑。

南　希：继续看下去。你适应他写作风格的速度会让你吃惊。这种方式符
　　　　合情节和人物不成熟的特点，他是故意这样做的。

赞　德：好的。我看到第29页了。

南　希：谢谢。乔茜，我看到你已经在看《薇拉·迪茨》（*Vera Dietz*）这
　　　　本热门书了。

乔　茜：萨曼莎和爱洛伊斯想让我读这本书，这样我就能从查理的角度写
　　　　书信体读后感。

南　希：好吧，这是读这本书的一个理由。它也是个不错的故事，有个不
　　　　错的主题。我知道山姆被坏男孩查理吸引了。但是我很喜欢薇拉
　　　　和她父亲。你看了多少了？

乔　茜：我才开始看，第7页。

南　希：我明天会再问你是否喜欢它。

乔　茜：好的。

南　希：纳撒尼尔，我以为你开始读《盲边阻挡》（*Crackback*）了，你现
　　　　在在看《可卡因》（*Marching Powder*）。发生了什么？

纳撒尼尔：我把我的书放家里了。不过我昨晚确实在看。

南　希：我相信你。不过我不想你开始看另一本，这会影响你看这两本书
　　　　的乐趣——你看每本书的整体经历。在我们短篇小说书架上至少
　　　　有6本关于体育的书籍，看看克里斯·克拉彻（Chris Crutcher）的

作品，明天把你的书带到学校。

纳撒尼尔：好的，抱歉。

南　希：海伦娜，你怎么看《格拉斯城堡》（*Glass Castle*）？

海伦娜：她的父母太邪恶了。我唯一的感想就是庆幸自己没有这样的父母。他们真不应该要孩子。

南　希：我同意。不过格拉斯十分宽容。你还记得作品的基调是指什么吗？

海伦娜：记得，就像作者的态度，对吧？

南　希：是的。格拉斯的调子从来不尖刻，虽然书中的描写让人毛骨悚然，这让我感动并且对这本书肃然起敬。她通过写这部回忆录消化这段经历，并且总结出了一些对父母的看法。我非常欣赏这一点。

海伦娜：我还没这么想过。你说得对。它不像我去年读的那些戴夫·佩泽尔（Dave Pelzer）的书。

南　希：他的回忆录吗？那些他兄弟姐妹们都不记得的东西？

海伦娜：真的吗？

南　希：是的。你看到第几页了？

海伦娜：第163页。我昨晚看了4个小时。

纳　西：哇！真棒。

海伦娜：谢谢。

南　希：你好，凯特。《我在伊朗长大》（*Persepolis*）怎么样？

凯　特：它很棒。是什么体裁呢？

南　希：这是个好问题。我会叫它"漫画回忆录"。

凯　特：书里的事都在她身上发生过？

南　希：是的。你能想象一个聪明、有抱负的女孩在伊朗长大吗？

凯　特：伊朗现在还这样吗？

南　希：是的，对女孩和政见不同的人——像她父母那样的知识分子。

凯　特：呀！

南　希：我也很吃惊。那种对政治的关注度，你能想象吗？

凯　特：绝不会。

南　希：你看到第几页了？

凯　特：第60页。

南　希：诺埃尔，你看完《我们为何分手》（*Why We Broke Up*）了吗？

诺埃尔：是的。很棒。

南　希：它在哪儿？

诺埃尔：在我的储物柜里。

南　希：请在我登记归还后拿来。别忘了把书名写在你的阅读记录上。

诺埃尔：好的。

南　希：你已经开始读《说来有点可笑》（*It's Kind of a Funny Story*）？

诺埃尔：是的，凯瑟琳向我推荐了。

南　希：她告诉你那是一本"影射小说"了吗？

诺埃尔：我记不得它是什么了。

南　希：影射小说是基于真实事件的小说。克雷格的经历是内德·维齐尼
（Ned Vizzini，《说来有点可笑》的作者）的另一个版本。当他还是
纽约市一所重点中学的新生时，由于学习压力带来的自杀倾向，
他在一间精神病病房待了5天。即便如此，这是一本让人发笑的
书。你读了《冷静下来》（*Be More Chill*）吗？

诺埃尔：还没，但是它在我的未来书单上。

南　希：我希望你喜欢维齐尼的这部作品。好，现在去把《我们为何分手》
拿来，我会帮你登记。

诺埃尔：好的。

南　希：莉莉，你上周末开始看《生命中的美好缺憾》（*Fault in Our Stars*）
了吗？

莉　莉：是的，我看到第99页了。

南　希：目前为止你怎么看？

莉　莉：你是对的。它已经能打"贝拉"了。我喜欢它。

南　希：现在拿它和约翰·格林（John Green）其他作品比较是不是为时
尚早？

莉　莉：像你说的那样，它非常与众不同。故事里没有神秘的、失踪的女
孩这种俗套情节。黑兹尔是叙述者和主要人物。她的叙述如此真
实，既幽默又悲伤。

南　希：黑兹尔和奥古斯是约翰·格林笔下我最喜欢的两个人物。而且
《生命中的美好缺憾》是格林作品中我最喜欢的一部，是一个关于
真爱的故事。

莉　莉：我希望我不会哭。

南　希：我觉得你可能会哭，不过哭没有什么不好。你好，维兹，《奥古斯
都》（*Octavian*）怎么样？

艾洛伊斯：历史小说吗？

南　希：是的。你是你们班里第一个选它的人。我知道那本书讲的是一个
　　　　孩子，不过它是一本给小孩看的书吗？

艾洛伊斯：这是个好问题。这本书读起来不容易——我花了不少时间才看
　　　　进去。

南　希：你看到第几页了？

艾洛伊斯：第142页。

南　希：我喜欢它。我觉得它是安德森（Anderson）的代表作。它可能不
　　　　太被他的核心读者喜爱，不过我很高兴你喜欢它。

艾洛伊斯：谢谢。

南　希：不客气。摩根，谢谢你在我的推荐后选了《爱丽丝的福气》（*Alice
　　　　Bliss*）。它得到了不少好评，不过，就像我说的，我还没看过。如
　　　　果你喜欢它，你能向同学介绍这本书吗？

摩　根：我刚看到第17页，不过目前我很喜欢，我也喜欢爱丽丝。

南　希：很好。你好，华莱士，《强尼上战场》（*Jonny Got His Gun*）好
　　　　看吗？

华莱士：它的风格很奇怪，不像我之前看过的书。

南　希：这种手法叫作意识流，道尔顿·杜伦波（Dalton Trumbo）创作了
　　　　乔躺在那里不能动、看不见、听不见、不能说话时，他头脑中产
　　　　生的想法和记忆。你觉得它是什么题材呢？

华莱士：它一定是反战题材。是哪一次战争？

南　希：让我们来查查版权页上的出版日期。

华莱士：1939和1970。

南　希：美国直到1941年才参加"二战"。所以你认为是哪一场战争呢？

华莱士：第一次世界大战？

南　希：是的。实际上，在第二次世界大战前出版会销量受损。这本书的
　　　　内容十分悲惨并让人吃惊，以至于即将加入另一场战争的人们拒
　　　　绝看它——我认为，他们忍受不了。

华莱士：这是两次出版日期相隔这么久的原因吗？

南　希：没错。还有20世纪50年代的黑名单事件。杜伦波被列入了黑名
　　　　单，不过那是另一个故事了。那么，为什么是1970年呢，你能猜
　　　　到吗？是什么事件让一本反战图书重新引起大家的关注呢？

华莱士：越南战争吗？

南　希：你答对了。你好，克莱尔，《我们的故事未完待续》(*Me, Earl, and the Dying Girl*) 好看吗？

克莱尔：就像你说的，它棒极了。我看到第201页了。

南　希：如果你现在给它打分，你会打几分？

克莱尔：至少10分。

南　希：你会把它推荐给大家吗？

克莱尔：我会的。

南　希：太好了。它需要一个学生评论者。有些时候我觉得好笑的事和你们觉得好笑的事不太一样。

在这节阅读工作坊的课中，我涵盖了许多有关文学的话题：

- 学生注意到或可能注意到的作者写作风格
- 这本书与作者其他作品的比较
- 图书在归还班级图书角前应保持的状态
- 学生作为阅读者的下一步计划
- 一个学生是否读懂了一本难懂的书
- 学生在读完一本书后理解了哪些内容
- 学生是否应该放弃阅读他不喜欢的书
- 学生为何决定读一本书
- 学生为何不应该同时读两本书
- 一本书的结构
- 一本书的题材
- 一本书或一个作家的背景信息
- 书中的主要人物是怎样的
- 学生应该以什么速度读一本书
- 如何运用版权页的信息
- 一本书是否值得推荐
- 老师对一本书内容的了解，对于它的想法，以及关注点

在这节阅读工作坊的课中，以下我曾和学生讲解过的问题没有出现：

- 你是如何选择这本书的——你的过程是什么？选择标准是什么？
- 作者为主要人物设置了哪些问题和冲突？

- 你觉得主要人物的塑造可信吗？为什么？
- 什么是叙述视角？你对叙述视角的选择有什么看法？
- 如果你给这本书打了低分，为何还要继续阅读？
- 你能略过无趣的内容吗？
- 你能只看结尾，了解发生了什么，然后换一本你喜欢的书看吗？
- 如果你喜欢一本书/一位作家，我会考虑向你推荐另一本书/另一位作家。
- 你的阅读进度未更新，昨天晚上发生了什么？
- 我看到你已经快看完这本书了，你下一本打算看什么？

学生在我9月份进行的随堂检查中了解到，我并非要他们简单地概述情节，也不会书还没读完便要求他们猜测主旨。小读者要在读完一本书后才能确切地从人物和故事中得出结论。一本书的主旨应该是学生写给我和同学的书信体读后感中的重要议题。

检查交谈的首要目的是掌握我的学生的阅读体验，以及为巩固和强化他们的阅读提供帮助。因此我观察他们，了解他们注意到的内容和想法，为他们减轻负担，指导他们，并且作为一个值得信赖的成年阅读者与他们分享阅读的热情。

书信体读后感

20世纪80年代，还在布斯贝湾小学工作时，让娜·斯塔顿（Jana Staton）的一项研究引起了我的兴趣。这项研究描述了关于莱斯利·瑞德，一位6年级教师，与她的学生就学习生活进行的书信交流。这项研究引发了我的好奇心，因为我知道除了阅读工作坊中与我的一问一答以外，学生对于他们阅读的书其实有更多话要说。也因为那时我已经了解到写作是一种卓有成效的思考方式。我很想知道，书信对话这种写作形式，如何帮助我的学生更好地成为读者及评论者。

我给75位学生每人发了一个笔记本，里面夹着一封写给他们的信，邀请他们回信，与我交流阅读经历。我希望书面的对话能够帮助他们更深入、明确、辩证地思考书中的内容。30年后的今天，我仍在和学生通信交流阅读，也仍在试验不同的方法，探寻最有效和最易管理的模式。

受前两版《在中学》的影响，我了解到其他教师也与他们的学生保持通信，但这种通信代价不菲。每周与每位学生通信的工作量巨大，让人筋疲力尽。有时由于太过劳累，我要求学生另外寻找通信人，以此减轻我一半的工作量：与我通信来回三次，然后与自己选定的同学通信来回三次。

这样调整后，我的教学生活管理方便了一些。更重要的是，它创造了固定的学习环境，让学生之间建立米克所说的"互相鼓励互相支持，共同提高读写素养"的关系。但即便这样，还有一个问题无法解决：有时我的学生对于一本书没有太多的话要说。他们可能刚开始读，或者他们正被故事深深吸引，此时从书中抽离出来，考量作者的选择会很让人沮丧，也没什么效果。

好的书信是在学生读完一本书后写出来的。这样的读后感更长、更深入文本，学生能引用书中更多细节，对手法和主题发展的探索更深刻，不同于一般的口头复述，而是有点文学评论的样子。

我重新规划了书信的周期。现在阅读评论通信在我的阅读工作坊中仍然采取书信体读后感的形式，但改为每三周学生就一本读完的书给我或同学写信；仍然保留着谈话的口吻，但这样比每周通信要求更高，让学生比较放松，写作也更有价值。

学生的书信体读后感至少要写满三页。通过回顾三周的阅读经历，选择读过的书中有评论欲望的那一本，进行充分思考，学生像文学评论者一样融入文本。书写自己的想法有助于他们更深入地思考，因此在识别作家的写作技巧及目的这方面，我的学生对文学作品比以往更有见地了。此外，他们日后的高中和大学语文老师会要求他们写批判性的读后感，用文本证据支持自己的论点，书信体读后感将为中学生的阅读评论学习架起更牢固的桥梁。

作为佐证，下面是7年级学生布莱恩评论约瑟夫·海勒（Joseph Heller）《第二十二条军规》（Catch–22）的书信体读后感，后面是我的回信。请注意布莱恩如何给小说评分，又如何思考作品结构、尝试解读小说主旨，用整整一大篇来展示他对小说写作手法的观察，表述自己对该题材、小说主人公约塞连的看法。

3/11

亲爱的南希：

我要谈谈约瑟夫·海勒的《第二十二条军规》。我给这本书10分，因为我喜欢作家对故事的表现方式和小说的故事情节。

叙述时间的来回跳转让人有些困惑。比如书中的某一节，约塞连正躺在床上，然而接着一段他就去执行了一次轰炸任务，中间没有任何转折。每次遇到这种情况，我就得倒回去重读那个部分。

　　我认为《第二十二条军规》的一个主题是关于像卡斯卡特上校之类的军队官僚，他们只执行过几次任务，却依仗着第二十二条军规，逼迫整个中队的人80次冒着生命危险执行任务。我认为这本书的另一个主题是关于人与人之间沟通的无效性或缺乏沟通。有几次人们要不就在自说自话，要不就不知道在说些什么，比如当人们审讯牧师，调查他是否曾犯过罪时的情景。在下面这段原文中，每个人都说个不停，然而没有人在倾听。

　　"好吧，梅特卡夫，把你那张笨嘴闭上试试看，也许这是你学会闭上嘴的唯一办法。嗯，我们刚才说到哪儿啦？把最后一行记录念给我听听。"

　　"把最后一行记录念给我听听。"负责速记的下士念道。

　　"我不是叫你念我的最后那行话，真笨！"上校大声喊道。"我要你念别人说的最后那句话。"

　　"把最后一行记录念给我听听。"下士念道。

　　"你还是在念我的最后那行话！"上校气得面红耳赤，扯着嗓子叫了起来。

　　"哦，我没有念您的最后那行话，长官，"下士纠正上校说，"那是我的最后一行记录。我刚才念给您听的就是这句话。您不记得了吗，长官？就是刚才。"

　　"啊！天哪！把他的最后一行话念给我听听，真是个笨蛋。喂，你到底叫什么名字？"

　　"我叫波平杰，长官。"

　　"哦，下一个就到你了，波平杰。审判完他，马上就审判你。知道吗？"

　　（第79页）

　　海勒借这段表现了军队中疯狂的程度。

　　虽然"二战"是一个沉重的话题，但海勒把一些情节处理得很幽默，这一点我很喜欢。这种黑色幽默使话题轻松了一点。

　　我认为这本书的题材是历史小说，因为它的背景是第二次世界大战，而且某种程度上是现实主义的。

　　我认为约塞连是个成功的人物，因为他很现实，我可以轻松地理解他，这个唯一"有理智"的人，被一群彻底的疯子所包围。我也喜欢他深思熟虑的处事风格。

你诚挚的

布莱恩

亲爱的布莱恩：

我也无法确定如何给《第二十二条军规》这部小说的题材归类：是一部战争小说，还是黑色幽默小说？故事是以海勒自己在"二战"中的经历为基础创作的，在某种程度上，他就是约塞连。海勒当年是一个轰炸机上的投弹员。这是一部反战小说，这一点是肯定的。我不认为有人在读了它之后，还能对军队产生敬意。

约塞连是一个反英雄式的人物：身上缺少传统英雄所具有的美德，混杂着一些无能、懦弱或不诚实的东西，但他仍是一个好人。小说里有你所提到的现实主义。

在我看来，约塞连是一个完美的反英雄人物。我爱他。

感谢你写了一封内容充实的读后感。

爱你的
南希

附言：海勒说原本的小说题目叫《第十四条军规》。听起来就很不一样了，对不对？

在回信中，我对书的题材进行了推测，介绍了反英雄式主人公的概念，分享了一些文学轶事，并让布莱恩知道他对《第二十二条军规》的批判性解读完成得很优秀。

当我邀请学生和我一起开始这种新文体的写作时，我安排了三种模块的知识学习。我自己写了一篇范文来展示我心目中的书信体读后感是什么样子的；一封给小读者的信，规定读后感的格式和内容；一系列段落开头句来邀请学生像文学评论家一样思考和评论。我写的是对杰夫·赫巴赫（Geoff Herbach）的青少年小说《飞快的傻大个》（Stupid Fast）的读后感。我在正式写作之前都会打草稿：如果一个评论家想把文章写得有凭有据，这是重要的第一步。

亲爱的全体小读者：

我在周六的早上阅读了杰夫·赫巴赫的《飞快的傻大个》。我早早起了床，比托比和罗琪早了几个小时，然后一口气读完了整本书。这无疑是一本10分的书：有趣、让人心碎并且充满希望。我爱这本书及书中的主人公费尔顿·瑞恩斯坦。

费尔顿15岁，和他的嬉皮士母亲捷瑞，以及弟弟安德鲁生活在威斯康星的一个大学城。他的父亲，从前是这所大学的老师，10年前自杀了，是费尔顿发现了他父亲的尸体。故事的安排让人感觉很真实，尤其是高中校园里的派别：一派被费尔顿和他的朋友格斯这群"城里人"称为白鬼子；另一派是教授家的孩子们，属于有创造力的书呆子类型，像费尔顿、格斯和安德鲁，这一派被当地小孩迫害。

当费尔顿经历了青少年时期的急速发育后，情况有所改变。他突然长得又高又大，很有运动细胞。他总是想要奔跑。赫巴赫把这种转变的经过描写得非常生动，作为读者的我都能感觉到男性荷尔蒙横穿费尔顿的身体。

在下面这个选段中，高中橄榄球教练刚刚把费尔顿招进球队，正测量他的各项指标。当费尔顿知道自己身高185厘米，体重76千克的时候，吓了一跳。

我怎么长了这么多？捷瑞是不是因为我食量惊人要疯了？可能捷瑞真的很需要我送报纸赚的钱。我去年可能吃了4.5吨的食物。哦，我的天哪。我们快要没有钱了，所以捷瑞才会压力这么大，要去看心理医生，发了疯地叫我食物轰炸机。我再吃下去，捷瑞和安德鲁就要无家可归了！我吃了那块面包！我又吃了一块面包！哦，我的天哪，我是在吃我的家人！哦，上帝啊！

约翰森教练在说话，科迪也在说话。我勉强定住心神，肯·约翰森摇着头，然后科迪让我跟着他，谢天谢地，我照着做了。

我们爬上楼梯到练举重的场所，科迪说："看，我就知道你是个大块头，瑞恩斯坦。"

"我不感觉自己是个大块头，哥们。"

"你得拿出大个子的样子来，真的，瑞恩斯坦。再也没有人能欺负你了。"

"现在也没有人欺负我。"

"你是在开玩笑吗？每个人都欺负你，我以前也是，我现在不这么干了，我觉得打人很蠢。"

"真的吗？你打过我？"我就知道。人们一直在欺负我，我也因此痛恨他们。（第79—80页）

这段话展示了作者平衡文中人物内心想法与人物对话之间的写作技巧。

主人公费尔顿内心独白既傻气十足又诚实可爱，而穿插其中的对话则揭示了小说中的人物及其关系。赫巴赫对他笔下所有的人物都很公平，包括像科迪这种有运动天赋而盛气凌人的孩子。

但费尔顿是读者寄托情感的人物，这个人物塑造得非常吸引人。他是一个完美的男性主人公：真诚、狂热、有自我意识和观察力、风趣、笨拙而复杂。当我在读《飞快的傻大个》的时候，我想到了我所爱的其他小说中的男主人公：阿列克谢的《一个兼职印第安人的真实经历》、科尔曼的《学到了一课》和皮特·豪特曼的《无神》。小说用的是第一人称，费尔顿的性格和话语显得既真实又吸引人。

虽然严格地说这本书应该属于当代现实主义小说，但它同时也是推理小说。当故事写到捷瑞情绪跌到谷底，把自己锁在卧室里抛弃了她的儿子们，费尔顿和安德鲁靠自己生活，并尝试解开捷瑞和他们父亲关系的谜团时，我对赫巴赫有些失望。这部分情节的漏洞有损故事的可信度。

但为了费尔顿和小说的主题，我愿意把我对情节可靠性的疑虑放下。《飞快的傻大个》写的是体育的乐趣和力量，写的是家庭、手足之间的竞争、秘密、真相、青春期、自我认知、友谊、圈内人和被排斥的人及初恋。我还没有提到艾丽娅，费尔顿的初恋，一个非裔美国人，对此赫巴赫只是随口一提，没有让人觉得有什么不好，这是另外一个我赞赏这本小说的原因。

我认为男孩和女孩都会喜欢《飞快的傻大个》。赫巴赫在前言中写道：他在威斯康星州的普拉特维尔长大，小的时候"既是一个不善交际的呆子，也是一个运动健将"。这是他写书的切入点，并且由于费尔顿身上人性的闪光点，我认为小说会激发每个人内在的那股粗鲁或傻劲。

爱你们的

南希

在我的书信体读后感中，我给小说评分、总结主人公面临的困境、把作者和其他作者比较、谈谈叙述特点和作品题材、从书中节选一段用来支持我对主要人物的看法、欣赏对话、分析和批评情节，并描述了叙述中显现出来的主旨。我以一种非正式的第一人称叙述角度，以给朋友写信的形式一气呵成。

第二封邀请学生成为小评论家的信件是在电脑上编辑的，然后加上了每个人的名字，成为我的个人邀请，我要求学生把它粘贴在笔记本封面的背面。它定义了什么是书信体读后感，并提出了具体要求。

亲爱的＿＿＿＿：

　　你的小小评论家笔记本是一个让你、我和朋友们思考图书、作者及写作的天地。你将会在写给我或同学的信中对所读的书展开思考，然后我们会就你的想法和感受给你回信。你的书信体读后感和我们的回信会成为一份我们共同参与的阅读、批评、学习和教学的记录。

　　你的每篇书信体读后感至少应该有三页长，内容是读完一本书的感想，换言之，不是关于一系列书的一系列段落，而是针对吸引你的一本书的一整篇文章。你应该在你自己的笔记本中每三周给我或一个朋友写一封书信体读后感，周四早上截止。我们会循环回信：你应该给我写两封书信体读后感，然后给一个指定的朋友写两封，之后再给我写两封。

　　写之前，回头看看你的阅读记录。哪一本书能让你有再读一遍的欲望？哪一本让你读不下去，或是你一直抱着希望读到最后一页还是不免失望，打算对其进行一番抨击？一旦你决定好了，回到书中，快速浏览全书激活记忆，打草稿，然后选择至少一个你认为很重要的段落，可能是它表现了这本书的主题、塑造了人物或是展现了作者的风格，可能是你认为它展示了这本书创作的重要信息。抄写或者复印你选择的段落，在你的书信体读后感中，解释它展示了什么，以及你的看法。

　　还可以写些什么呢？描述你注意到作者是如何创作的，讲你阅读这本书的经历，就作者、人物、情节、结构、细节和突出特点发表你的意见，提出你的问题。请一定要试一试用我提供的段落开头，让它们促进你的思考和写作，并指出这本书的主旨或"意义何在"。

　　完成之后，亲手把你的笔记本交给你的收信人。如果那个人是我，周四早上放在我的摇椅上。当一个朋友把他的笔记本给你时，你应该至少在周一早上之前写一封一段左右的回信，亲手交给你的朋友，不要把笔记本放在他的储物柜或书包里，不允许丢失或损坏别人的笔记本。

　　在纸的右上角标明日期，并采用符合标准的问候语（亲爱的＿＿＿＿）和落款（爱你的、你的朋友、你诚挚的）。一般要在第一段写出作者名和书名。用大写和下画线来表示书名，例如，《局外人》（*The Outsiders*），作者S. E. 辛顿（S. E. Hinton）。

我现在已经迫不及待要和你们一起以这种严肃但友善的方式阅读、思考文学作品了。我无比期待你的第一篇书信体读后感，也期待着与你共同学习，共同进步，并帮助你从更多图书中收获力量和乐趣。

爱你们的

南希

最后一项，我准备了一些书信体读后感可能用到的开头，让学生粘贴在小评论家笔记本的封底反面。

书信体读后感的开头

当我读到……我很惊奇/气愤/感动/快乐/困惑

我喜欢/不喜欢作者……的方式

我赞美……

我注意到作者如何……

我不理解作者为什么……

我想知道为什么……

如果我是作者，我会……

和作者的其他作品相比……

这位作者的创作让我想起……

我认为本书的标题……

我认为开头……

我认为主人公的难题……

我认为主人公的思想与情感……

我认为人物发展……

我认为作者对于叙述人称的选择……

本书的视觉细节和其他描写……

本书的对话……

我认为本书的故事安排……

本书的情节结构……

本书情节的高潮……

我认为作者对主人公苦难的处理……

我认为书的结尾……

这本书的题材是……

我希望作者……

我同意/反对作者的做法……

我对作者的……满意/不满意

我是这样阅读本书的……

下次我读类似的书的时候,我会……

我给这本书打_____分,原因是……

每篇书信体读后感都要包括:我对这段话感到不解/印象深刻/被说服/激起了好奇心……;它展示了本书创作中的……(插入一段来自书中的重要节选,并标明页数)

比起每周一次相对简短的阅读交流,我的学生更倾向于这种三周一次篇幅较长的通信方式。8年级的学生体验了这两种形式,在我调查询问他们时,他们说他们偏爱就一整本书进行深入地写作。这种方式使他们能够更多地关注、思考作者的创作和主题,以评论者而非读者的身份回应作品。学生很满意书信体读后感的形式,认为这样一来朋友们和老师都能对彼此的阅读作出回应。

三周一次的书信体读后感和每周一次的交流相比,内容更丰富有趣。因为我对更多文学性内容有话可说,我回复得也更轻松。当我回信时,我会赞同或挑战学生的看法,提供我的意见、建议和推荐,教授理论,提供信息,赞扬他们的想法或观察他们的发现,在必要时,还可以为下一封书信体读后感指示方向。

科尔入学时读7年级。他在第二封书信体读后感中发表了对苏珊·柯林斯(Suzanne Collins)《嘲笑鸟》(Mockingjay)的失望。

10/13

亲爱的南希:

我读完了苏珊·柯林斯所著的《嘲笑鸟》,我给它打7分,因为作为《饥饿游戏》三部曲的最后一部,这本书未能达到第一部的高度。

我认为我不那么喜欢这本书的最大原因是,前面两部,主要是第一部,从头到尾充满了动作描写。第三部最大的问题是在其大部分篇幅中，凯特尼斯除了说话、听他人说话，以及在摄像机前摆造型之外，并没有真的在做什么事。

如果不是书的结尾，我会给《嘲笑鸟》打更低的分数。结尾部分既悲壮又有动作描写。但充满动作描写的结尾有一个问题，有些部分描述太过混乱，花了我好一阵子来弄清到底发生了什么。

在大约100页的篇幅中，除了4个人还活着以外，他们杀掉了我从前两本就开始喜欢的所有人物，这让阅读变得很艰难。我猜柯林斯无法在这套书结束时让每个人都活着，但我只希望她能多留几个幸存者，而不是像现在这样，活着的角色所剩无几。

在整个阅读过程中，我告诉自己要时不时跳过几行，寻找像第一部里那种闪光之处，然而直到最后几页，也没有找到多少。

下面的节选佐证了我的观点。这段选文略微展现了凯特尼斯在离开之前的昔日风姿。

我感觉手里的弓已经在轻轻地颤动。我伸出手，抓住箭，搭在弓上，瞄准了那朵玫瑰，眼睛却盯着他的脸。这时他咳嗽了一下，血顺着他的下巴滴下来。他用舌头舔去他肥厚嘴唇上的血滴。我盯着他的眼睛，想在那里找到些什么，恐惧、懊悔、气愤。但我看到的只是我们上次谈话结束时他那种嘲讽的表情。他好像在说着同一句话："噢，我亲爱的伊夫狄恩小姐，我想我们早已达成协议，不对彼此撒谎。"

他说得对。我们都不对彼此撒谎。

我的箭指向上面，射了出去。科恩总统从露台上倒了下来，栽在地上。死了。（第262页）

这一段让我想起从前的凯特尼斯。我想要翻出第一本书来重读。这一系列小说最初吸引我就是因为它被许多人强烈推荐为反乌托邦科幻小说，而这个题材一直很吸引我。

我认为这本书的主旨是，尽管某些（被推翻的）领袖残暴无道，但那些新掌权的也可能在暗中做坏事。

读到最后，我很高兴没有中途放弃。我希望读者了解这本书不及前两本精彩，并对那些正在无聊章节中昏昏欲睡的阅读者说：坚持下去。

你的学生
科尔

亲爱的科尔：

我还没有读过《嘲笑鸟》，班上那两本一直在同学手中，我还没有机会拿到，但在同学们的一片不满失望声中，我很欣赏你对这本书的评价。

我很高兴你把这本小说和柯林斯三部曲中的前两部放在一起考虑，因为这是正确的解读和讨论这本书的方法：我们应该联系作者的全部作品，以及主人公凯特尼斯在三部曲中人物形象的发展进行评价。在文学评论界，这被称为连贯性：作品在三部曲中应该前后一致，联系紧密且符合逻辑。《嘲笑鸟》是否缺少与其他两部的连贯性？

我觉得有趣的是，本书的评论家们，很明显是成年人，比起你们青少年读者，对本书有更正面的评价。他们对凯特尼斯和动作描写有着与你们不同的期待。柯林斯是不是在第三本书中变得更理论化/哲学化？你找出的本书主旨似乎支持这种说法——顺便说一句，你很有眼光。

科尔，信中有一处，当你指代《嘲笑鸟》的作者时，你用了"他们"，在另一处用了"她"。苏珊·柯林斯是本书唯一的作者，对吧？你要把一部小说当作个人的创作，批评或欣赏这个作者作出的选择，这很重要。正如你在写作工作坊中也是一个独立的个体，为你自己的创作作出选择。

爱你的

南希

附言：感谢你节选的段落，帮了我大忙。

在中学：
读写工作坊的奥秘

我老实承认，我还没有读过《嘲笑鸟》。但科尔的书信体读后感给了我一些谈资，说给经验尚浅的小评论者来听。我很欣赏他对三部曲内在连贯性的考虑，在具体语境下讲解"连贯性"这个术语，察觉了文学评论者与科尔的同学们对本书看法的分歧，并教会他如何指代文学作品的作者：不再使用"他们"。读写工作坊中的新同学经常会犯这个错误。身为文学界的局外人，他们有时假定作品是一组无名作家所创作的。

霍尔特，另一位7年级学生，已是教与学中心的老学生，也写了一篇半批评性质的读后感，关于弗朗辛·普罗斯（Francine Prose）的《之后》（After）。霍尔特的这篇书信体读后感已经展示出了一定的文学评论功底。他的评论充满细节，但也有需要提高的地方，这充分说明即使是程度较好的学生，仍需要教师的指点帮助。

亲爱的南希：

　　我刚读完弗朗辛·普罗斯的《之后》，很惊喜。她从一个孩子的角度写这本书，这种方式棒极了。在那样的悲剧之后，她能把人物的思想与情感表现得那么好，这一点我希望自己以后在写作中也能做到。

　　本书人物发展及对他们之间交往的描述令人信服，比如她写到了其中一个男孩是黑人，其他人会如何小心翼翼地避开这一点。这很难写，但她做到了。

　　书中角色的反应和我一模一样。她的表现非常精确，在阅读过程中，我只想一拳打倒来劝说的辅导员。它让我想起你在墙上贴的："作者没有流泪，读者就无法流泪。"我喜欢这句话。我确定作者一定和我一样也想狠狠地揍那个家伙一顿，对吧？

　　我真的很喜欢这本书，但有时候我觉得它并不太符合逻辑，比如那些被电子邮件催眠的家长，孩子们被送进少年管教所，死在了那里……这些完全不能让我信服。像下面这段节选，塞拉斯的妈妈怎么就相信了呢？这看起来根本不合理。

　　"放心吧，伙计，"我们说，"保重，兄弟。""再见。"

　　接着奇怪的事发生了，塞拉斯的妈妈离开了房间，可能是为了给我们单独几分钟时间，也可能是她选择站在前门等着和我们告别。她一走开，塞拉斯就瞪大了眼睛。他抓起《变形恶魔》的录像带。他指着它，然后又朝着他妈妈的方向指去，又指了指录像带，然后指着自己的妈妈。

　　我说："伙计，你要说什么？在开玩笑吗？"但我并不认为他真的在开玩笑。

　　塞拉斯还没回答我，他妈妈的声音从走廊里传来。（第219页）

　　还有关于书的结局。虽然我听了你介绍这本书的好书分享会，听到你说这个结局很糟糕，但我已经有点忘记了。最后3页读起来就像从悬崖上跳下来。我觉得都不能称之为疯狂，简直就是蠢到家。那些家伙怎么可能知道他们在欢乐谷？为什么他女朋友不干脆跳进车里，别废话，开车！通常，如果一本书的结局是开放式的话，我会在脑海里续写故事。但这本书我不会。我感觉普罗斯好像直接把题材生硬地转换成了纯科幻小说。她为什么给这本好书安排了这么一个糟糕的结尾？这让我感觉她可能写得不耐烦了，想要快点写完。

　　总的来说，只有最后7页破坏了这本好书，所以我给它8分，但仍然会

271

推荐给班上的每一个人。

祝你有美好的一天

霍尔特

10/15

亲爱的霍尔特：

你称赞了所有我喜欢弗朗辛·普罗斯的地方，也批判了我对《之后》的所有不满之处。我真想和作者的编辑单独谈一谈，想看看这位编辑到底在想什么，竟然让这样一个结局出版了出来。当然，青少年读者并非无法处理模糊不清或者开放式的结局。你提出的一点非常棒，正如你所说，一个开放式结局可以给读者自己在脑中续写的空间，而且这是一件很有趣的事。但《之后》的结局缺少逻辑、理性，这削弱了小说，夺走了读者对作者表现得非常充分的主题的注意力。

现在我们谈谈主题，一个你的读后感中缺失的部分。正是普罗斯的主题使我读了下去，因为我认为它很重要：为了保护自己的"安全"，我们愿意向政府及其机关交出多少自己的权利和自由？《之后》符合我们上个月"全国阅读禁书周"活动中讨论的内容，即怎么看某些人想要"保护"孩子们不受书中一些思想影响的问题。

我猜你因为太专注于写一篇批判文章，以至于忘了必须在读后感中归纳一下作品主题的要求。下次再评论一本书时，请不要再忘记了：主题使得一本书被称为文学，对吗？

爱你的

南希

索菲亚关于皮塔库斯·洛尔（Pittacus Lore）的作品《关键第四号》（*I am Number Four*）的一封信给我提供了澄清困惑和分享文学轶事的机会。

11/3

晚上 8：46

亲爱的南希：

我最近读了皮塔库斯·洛尔的《关键第四号》。我给它打9分。它是一本很不错的书，充满了动作描写，主题也很好，但选词并不出彩。我认为洛尔的写作非常接地气（哈哈），但并不生动，有时很难捕捉到好的形象。

我非常喜欢约翰·史密斯，别名丹尼尔·琼斯这个人物，感觉他很有现实性，但有时候这种重情节的反乌托邦科幻小说让人很难代入。洛尔有效地利用对话塑造了约翰的性格。

洛尔的风格更偏向动感，而非视觉化的。我非常喜欢下面这段话描述的画面，我能如临其境地看到人物的行为。我希望书中能有更多这样的描写。

我看到山姆，躬身趴在一个小橡木桌子上听着耳机。我推开门，他回头看。他没戴眼镜，看起来显得眼睛非常小且亮，几乎是动画里的人物。

"怎么了？"我悠闲地问道，好像我每天都会出现在他家。

他看起来很吃惊，而且吓坏了，发了疯地扯下耳机放进一个抽屉。我朝他的桌子看，见他正在读一本《他们在我们中间走过》。等我回过头，他正举枪对着我。（第181页）

我会把这本书的主题总结为家庭和权力。家庭的部分是约翰和亨利及其联系，对于罗瑞恩星球祖父母的记忆，亨利和他们对约翰的意义。战争的部分写的是摩根塔瑞星人和他们对罗瑞恩人的所作所为，如果我们不提防，他们会把地球毁成什么样。这关系到每一个人，而不只是《关键第四号》里的人物。

我认为这本书一定会有一或两本续集，而这个系列会被称为"罗瑞恩星人的遗产"（是否系列书籍的名字也要加下画线，还是只有书名要加？）

我会把这本书比作帕特里克·内斯的《毅力之刀》系列。基本的情节框架很相似，但陶德和约翰的角色互换了——人类和非人类。在两本书中主要角色都是因为旧星球被毁掉了而来到了一个新星球上。两个角色都在逃命，都在救他们的情人。这两本书情节差不多，但写作风格截然不同。我更喜欢内斯。

如果你想要一本快节奏的、充满动作和冒险的科幻现实主义小说来享受阅读，我会推荐这本书。它是一本完美的、适合在慵懒周末阅读的小说。

你诚挚的
索菲亚

11/6
下午5:52

亲爱的索菲亚：

你是一个慷慨的评分者。我最多只能给洛尔的《关键第四号》7分，尤其是对比帕特里克·内斯的二部曲。《关键第四号》让我感觉是俗套的堆砌，正如你指出的，在修辞方面并不精湛，而内斯的书从第1页起就像是文学，像是能够经历时间考验的书。我的评分呢？我认为洛尔和内斯之间，用分数来说，相差不止一分。

关于三部曲和系列图书：它们只需大写，不用加下画线或斜体。

在我写这封信的时候，我最棒的研究团队（我丈夫托比），已经在调查皮塔库斯·洛尔这个名字：根据我的判断，这应该是一个化名。不出所料，这个人原名叫詹姆斯·佛雷，因为被《奥普拉脱口秀》披露是一个骗子而出了名。他曾写过一本"回忆录"记录自己如何走出吸毒、酗酒和坐牢的困境，后来发现那本书纯属虚构。

佛雷似乎发现青少年市场有利可图，每个人都想做斯蒂芬妮·梅尔和苏珊·柯林斯，对吧？所以他开了一个青少年小说工厂，大量复制《暮光之城》之类的小说。人们指责他雇佣大学生，利用那些刚拿到艺术硕士学位的年轻作者作为廉价劳动力来快速炮制作品，而不给他们署名权。因此，"罗瑞恩星人的遗产"系列故事本来是由佛雷和一个叫托比·休斯的人合作写的，后来佛雷把休斯的名字从该系列中除掉了。

这就是皮塔库斯的内部消息。我不喜欢这个家伙。这应不应该影响我对"罗瑞恩星人的遗产"的感受呢？我要思考一下。

正在思考的
南希

与我的学生在一起两年，见证他们作为小评论家的成长是一项让人兴奋的工作。下面是8年级学生赞德的一篇书信体读后感，写的是海明威的《老人与海》。这是一篇具体、深刻且成熟的文学评论。赞德已经为高中和大学会遇到的文学评论作业做好了准备。他对文学充满热爱，并有自己表达的方式。

亲爱的南希：

我这封信想要讨论一下欧内斯特·海明威的《老人与海》，这是一本我十分享受的书。它绝对值10分。

海明威的写作风格简单易懂，句子简短，对场景和人物的描写直接。他几乎不用修辞性的语言，我认为他的选词透露了许多海明威本人及其生平的信息。对我来说，他直截了当的写作风格解释了他是如何直击重点的，对他来说没有必要修饰小细节。海明威以其硬汉身份闻名，我认为他的修辞反映了这一点。他像一个"真正的男人"一样看待事物：简单，没有过度戏剧化的象征符号或冥思苦想。勇气、坚韧和力量感在《老人与海》中无处不在。我相信这本书是海明威自己人生观的写照。

这部小说全书由第三人称写成，没有"我"出场，但是老人桑地亚哥会自言自语，所以他起到了"我"的作用。独自一人在船上时，他退一步，以旁观者的身份审视自己的处境，并通过他的自言自语介绍了老人当时的内心想法。这种风格非常有趣，在我所读的另外几本书中也有应用。如果现在有人想要这样写故事，主人公可能看起来就会像是疯了，但是在《老人与海》中，这种风格融入了情节，真的创造出了一种作者想要营造的孤独的氛围。他成功地强调了只有老人与海。

由于老人与世隔绝，他与大鱼建立起了一种有趣的关系，这种关系表明不同文化中人们是如何尊敬和赞扬他们的猎物的。除了大马林鱼之外没有对象可以说话，它成了老人的朋友和同伴。整个航行，桑地亚哥像对朋友，甚至对情人那样和它说话，有时赞叹它的美丽，有时开玩笑似的取笑它的力气和意志力。下面这段话展示了桑地亚哥对大马林鱼的崇敬之情，以及海明威是如何展示老人的思想与情感的。

275

于是他替这条没东西吃的大鱼感到伤心，但是要杀死它的决心绝对没有因为替它伤心而减弱。它能供多少人吃啊，他想。可是他们配吃它吗？不配，当然不配。凭它的举止风度和它的高尚尊严来看，谁也不配吃它。
（第77页）

这种捕猎者—猎物关系是以前和现在狩猎的重要区别。在许多地方，捕鱼打猎已经从生存的必需成为一种体育活动。如今使用大威力枪械的打猎，已不如过去纯粹了。它已经成为为了炫耀权力而进行的愚蠢杀戮，不再是为了生存。

因为老人与海之间有精神联系，给人感觉似乎当老人杀掉了大马林鱼，它仍然还活着，安静且强壮，如从前一样美丽而巨大。小说最后写道，当鲨鱼来了，老人无法避开它们，虽然大马林鱼神圣的身体被撕碎吃掉，但老人并没有被打倒，这一幕是这本书中真正让我伤感的地方。

他失去了朋友、好运和一大笔钱。巨大的马林鱼的骨架比起许多只为感动读者而写的书更要让人伤怀。

老人，正如海明威在书的开头描述的一样，是一个真正的"saloa"[1]，不幸的人。他几乎达到了完美胜利的境地，然而胜利果实从他的掌心逃走，又落回了海里。

因为这本书的故事不受时间限制，它成为一本对我具有重要文化意义的书。人类在自然中的挣扎、让人心碎的失败和勇气，这些具有普世意义的主题能在某一个时间点触及每一个人的生活，无论是渔夫还是商人。我爱这本书。

你诚挚的

赞德

3/14

亲爱的赞德：

我也爱你。这是一篇内容充实的读后感。你读懂了海明威和《老人与海》，而且你用优美具体的语言表达了出来。好极了。

我替你订购了一本《太阳照常升起》。我认为这是海明威最好的作品。这部小说描写的是被称为"失落的一代"在"二战"中经历的磨难（海明威战时是一名救护车司机），以及战后的漂泊无根与幻灭。我认为你会察觉到神秘美丽的斗牛仪式与桑地亚哥大战大马林鱼之间神奇的平行对照。请在书寄到之后看一看。

你可能已经知道《老人与海》是一部中篇小说：这种小说形式，从长度上来看，处于短篇和长篇小说之间。

爱你的

南希

9月，每个学生第一篇书信体读后感都是写给我的。我想要确保学生理解我的要求，并能在坏习惯形成前抓紧时间纠正弥补：每年近一半的7年级学生会在第一次写信的时候忘记节录原文。在那之后，学生写两封信给我，接着写两封给一个朋友，再写两封给我。如此循环往复。在我点名的时候他们选好收信同学；我在阅读随堂检查记录表上记录谁在给谁写信。我是唯一可以给两个以上同学回信的人。

1　saloa：西班牙语，正确的拼写应为salado，意为加了盐的、咸的、苦的，转义为倒霉的、不吉利的。——译者注

同学之间的信和他们写给我的信不同：他们的通信就像同学之间交谈一样。他们会信手涂鸦、全篇用感叹号、用笔名、设计签名和附言闲谈第二天的计划。信中有更多的情感记录。他们向对方倾诉自己的哭泣、大笑、惊喜尖叫，或者出于愤怒的摔书。学生收信人会提出更多的建议，他们之间更爱开玩笑、更直接。无论书信的质量如何，学生之间的文学通信利用了社交关系，加强了学生之间的联系。

下面是莉莉给莫根妮介绍她最近读到的值得打"贝拉"的好书《时光倒流》（*Where Things Come Back*）的一封信，书的作者是约翰·科里·威利（John Corey Whaley）。

12/8

亲爱的莫根妮：

哇！这是一本棒极了的书。书名叫作《时光倒流》，作者是约翰·科里·威利。他这本书写得棒极了！它有趣的人物和犀利的风格绝对值得我打"贝拉"。

我喜欢书中聪明风趣的主人公，这本书有两个主人公。第一个是库伦·威特。我认为他大概17岁。他与父母、15岁的弟弟加百利生活在阿肯州的莉莉城。他的生活一直都很好，直到有一天，弟弟失踪了，没有人知道为什么。

虽然有这桩悲剧，但当一只大家认为早已灭绝了的啄木鸟出现的时候，所有人都震惊了。这就引出了第二个主人公：本顿·赛琪。他18岁，是教堂的传教士。我马上就猜到了他的家庭生活很不幸。他不止一次说起他父亲的暴力和脾气。

故事开始没多久，本顿就被教堂开除了，他开始梦见大天使加百利，而这个名字刚好是库伦失踪的弟弟的名字！有趣吧？这两个人物在章节中交替出现。

本书的题材是当代现实主义小说，带有一点探险小说的色彩。我很喜欢这本书的一点是，虽然有悲伤的描写，但它还是无比有趣！我钦佩作者把幽默、悲伤和某种美结合了起来。

我选择这段原文是因为我认为它展示了作者在思想与情感方面，以及描写人物的声音和叙述节奏上的技巧。

我对爸爸妈妈每晚都给我拥抱感到厌倦。我对卢卡斯·卡德尔每晚睡在我房间的地板上感到厌倦。我对茱莉娅阿姨每天在我家、在电话里的哭哭啼啼感到厌倦。基本上，我对听到、读到和看到有关该死的啄木鸟的一切感到恶心和极度厌倦。有天晚上我坐在床上，路凯斯在我的电视机上一个劲儿地换着频道，我在我的书上写下了这句话，也是书的题目：如果我有枪，我会把这只死而复生的啄木鸟当头击毙。（第78页）

　　这段节选文字是从库伦的角度来写的，他提到的书是他用来记录好题目的，给未来他预备写的书做了准备。

　　我认为这本书的主题是爱、友谊和对第二次机会的希望，这一点太重要了！我希望威利接下来的书也是同样的主题。这是他的第一本小说，但愿他会继续写下去。

　　如果你还没有读过，你绝对要读一读这本书！它是我今年以来读过的最棒的一本，我也知道除了我之外的好多人都很爱它（包括萨曼莎）。

爱你的
莉莉

附言：谢谢你容忍我的信笔漫谈！

再附言：我知道那个送你节日礼物的神秘家伙是谁了！！

12/11

亲爱的莉莉：

　　《时光倒流》听起来棒极了！在读了你的信之后，我迫不及待要读它了！！那只啄木鸟对剧情很重要吗？我看到有一只啄木鸟在书的封面上……我认为……也许。我会自己去发现的。

　　无论如何，这是非常好的读后感！我正需要一本值得打"贝拉"的书。我希望班上没人在读它，这样我周一就可以读起来了。

　　我刚才加热苹果汁和肉桂的时候把锅给烧煳了。我妈一定要气死了。（我随便写了一点闲话，这样这封回信看起来就不像是一个机器人写的或者冷冰冰的了。）

　　周一学校见。周末愉快！

爱你的
莫根妮

　　在下面赞德与纳赛尼尔关于埃利·维瑟尔（Elie Wiesel）的《夜》（Night）的通信中，两个男孩的语气和主题的严肃性相符合。赞德谈到了这部回忆录对他的影响，而纳赛尼尔的回应是充满敬意、体贴和同情的。

亲爱的纳赛尼尔：

我要写一写埃利·维瑟尔的《夜》，这是除了《安妮日记》外的另一部著名的有关纳粹大屠杀的历史记录。我爱这本书，给了它10分。

这部回忆录对我来说如此有震撼力，其中一个原因是其写作风格。我不确定这里面有多少是翻译带来的，多少是维瑟尔本人的风格，不过我仍然很欣赏它。本书朴实无华，就像海明威的作品，没有对环境展开描写。书中所有内容都单刀直入，这就是为什么它只有100页左右的原因。

维瑟尔对周围环境的描写简单利落，恰到好处的描写让读者能够设想集中营中可怕的场景。维瑟尔对于奥斯维辛和布痕瓦尔德的描绘比我在哈基姆处看到、读到的任何文件都要感人，因为其中包含了他的思想与情感。他把思想与情感写入回忆录，为他的散文风格增色。他以精练的语言，通常是一两句话，来总结他的诸多情绪。这些思想与情感描写帮助作品确立了基调。

本书的基调很黑暗且压抑，持续的恐惧融入了语言中。作者用他的思想与情感描写，也用人物对话和对话中的反问句来营造这种黑暗的基调。维瑟尔选用的标点和词语也有助于再现他的感受。在他的语言中，展示了许多不同的东西，从他的情绪到身体状况。节选这段展现了他的写作风格。

他说的似乎是真的。就在离我们不远的地方，火焰从一道沟里升起，那里正在烧着什么。一辆卡车在沟边停下，把运来的东西往里倒，是小孩儿，婴儿！是的，我看见了，亲眼看见……被投入火中的婴儿。（从此以后我一直睡不着有什么可奇怪的？）

这就是我们要去的地方。稍远处还有一道更宽的沟，那是为成年人准备的。

我拧了拧自己的脸：我还活着吗？我清醒吗？我无法相信我看见的一切。焚烧的是人，是孩子，而大家竟然默不作声。不，这一切不可能是真的，是一场噩梦……很快我就会惊醒，心脏狂跳不已地回到我童年的卧室，看到我的书……

父亲的声音把我从沉思中拽了出来。（第32页）

这段节选是一个完美的例子。第1段展示了维瑟尔选词的简洁。第3段中的思想与情感描写比正常的段落要长一些，但风格一致，都是强有力且直击重点的短句和问题。

"别这样说，父亲，"我觉得自己要忍不住号啕大哭了，"我不想听你说这些，留着你的勺子和刀子。你和我一样需要它们。我们今天晚上见，等我做工回来。"（第25页）

这段简短的节选中，对话表露了他的情感：他处在极度恐惧中。第一句"我觉得自己要忍不住号啕大哭了"将对话中的感情凝聚起来，表现了他对永远失去父亲的恐惧。

维瑟尔再被关进集中营时大约是我们的年纪。当我设身处地想的时候，这个事实使得这本书更加可怕，他们被迫做了一些无法想象的可怕事情，简直是让人难以置信的残酷。他们要在午夜跑超过60千米的路程，营养不良，不准休息。我能够设想作者当时的处境（读哈基姆的记录甚至《安妮日记》时我都无法作此设想），这一点使得纳粹大屠杀的恐怖深深地印刻在我心里。

有像《夜》《安妮日记》这样让人震惊的历史实录，我无法相信有人会认为大屠杀并不存在。这些故事中包含的情感无法造假。《夜》迫使我们看到人性，看到人类的残忍，更看到人类的坚强。我会永远记住这本震撼人心的大屠杀回忆录。

你诚挚的
赞德

5/2

亲爱的赞德：

你的读后感写得真好。维瑟尔的写作风格听起来与众不同、有趣，而且适合这本书。大屠杀这个词让人厌恶。我和你的感受一样，我完全无法想象自己处在一个大屠杀受害者的处境中会怎样，尤其是在我们现在这个年龄。要知道，作者当时还是个孩子。

《夜》现在在我的未来书单上了。我一定会读一读。感谢你向我介绍了它。

你的朋友
纳赛尼尔

我的学生制订了给朋友回信的要求。在一节微型课上，我们讨论写信者对回信人的期望。

回复书信体读后感的要求

- 以书信的方式回信，要有问候语和落款，篇幅约半页长。
- 回应作者对作品的文学评论。不要评判读后感本身，那是南希老师的工作。如果同学的字迹让你无法辨认，务必有礼貌地说出来。（"你的读后感不好阅读。下次可否请你……？"）
- 对所谈论的书及其作者提出自己的观点、问题，说说你自己正在读的书，推荐另一本书或作者，此外，如果你愿意的话，加入一点你的阅读新动向。

阅读我们的通信对大家很有帮助，它不仅是传授知识的工具，也是一个让我能借此向学生学习的机会。莫根妮在下面的读后感中写到了一本我没读过的书，詹尼佛·唐纳利（Jennifer Donnelly）的《革命》（*Revolution*）。她用生日得到的钱从书店买到了这本书。图7.1显示她在正式动笔前构思的草稿。

草　稿

书名：《革命》　詹尼佛·唐纳利　著
评分：因为它生动形象的描述性语言，我把它评为"贝拉"级别
主旨：历史总是相似的；如何吸取历史教训；音乐
感情基调：悲伤、阴郁、黑色、后半部充满希望和爱
体裁：＿＿＿？历史小说，但主人公安迪生活在"现在"，而爱列克斯生活在1795年，安迪穿越成了爱列克斯……有点现实主义色彩
文段节选：选两段？/爱列克斯一段，安迪一段
或者是选择写安迪的内容，对比她叙述的变化？第8页和第317页

图7.1　莫根妮的草稿

2/3

亲爱的南希：

今天我要聊的是詹尼佛·唐纳利所著的《革命》。我给它打"贝拉"，因为它的基调、选词和主题都既有力又精彩。《革命》的叙述者是安迪，一个生活在21世纪的女孩，在布鲁克林的一所私立学校上学，但之后被做外科医生的父亲带去巴黎研究一颗人类心脏，并用DNA来检测。

公正地说，安迪的生活一团糟。她有严重的精神抑郁，并到了有自杀

倾向的程度。有时，唯一吸引她活下来的就是音乐。她弹奏吉他。我知道这听起来滥俗极了。但音乐，确切地说是一个18世纪的作曲家兼吉他演奏家，阿马德·玛赫比，是小说重要的一部分。言归正传，安迪带着吉他来到巴黎。我不会直接告诉你为什么，但这和她学校期末论文的截止时间有关。

在巴黎的时候，安迪发现了一个名叫爱列克斯的女孩的日记，日记写于法国大革命时期（1790—1795）或更早，也就是巴黎经历可怕的血腥暴动的那个时期。

我不能确定这本书的题材。唐纳利（直到巴黎之前）都让我以为这是一本当代现实主义小说。接着她引进了大量的日记段落，看起来像是历史小说，接下来：

警告！剧透！警告！

安迪穿越时空，变成了爱列克斯，或者爱列克斯已经死了，每个人都认为安迪就是爱列克斯……

我节选的这一段是在安迪刚刚穿越到过去，开始弄清楚到底发生了什么的时候。它的精彩之处在于读起来完全可信。作者在书中运用合理的"借口"让安迪解释发生的怪事，并以此自我安慰：在这部小说里，每次安迪看到一具尸体，她都会说是自己所服的抗抑郁剂在起作用，或者告诉自己不该喝酒了。

那个绿色的人。他们称她爱列克斯的，可爱列克斯是两个世纪之前的人。还有捉她的悬赏。我开始打哆嗦，再一次感到头晕和害怕。这一切太真实了，这个电影场景。这个虚拟的世界。不对劲。（第197页）

关于这本书我想到的另一件事是作者唐纳利所使用的句式。你可以从节选中看出来，句子短且整齐，使这本小说读起来更像是诗歌而非散文。此外，这样的句式保持了文章的动感，以及思想与情感描写的真实性。

《革命》的主题很复杂。唐纳利在小说中添加了许多元素，就此形成了多主题，包括爱、革命（不是法国大革命，而是安迪的个人革命）、家庭、失去和生活的继续，再加上音乐理论，都嵌入在作品中。

《革命》是一本悲伤的书。选词和基调赋予了作品一种孤独、悲伤的感觉，这种感觉在安迪开始感到快乐的时候逐渐转变。通过阅读爱列克斯的日记，安迪最终自我感觉好了起来。

这种过去与现在的交织很神奇，但小说给人感觉很真实，好像真的发生过一样。我爱这本书。我还有好多话要说，但我不能说，因为你需要先读一读。这本书和《在我倒下前》可能会是我永远的最爱，还有《偷书贼》。

周一见！

爱你的
莫根妮

2/4

亲爱的莫根妮：

我还没有读完你的读后感，就写了一张便条提醒自己为班级图书角订购《革命》。感谢你写了一篇详尽而让人信服的书评，更谢谢你的故事简介和剧透警告。你在信中提到的包括苏萨克的《偷书贼》在内的每本书我都想阅读，也想介绍给同学们。

我想知道你是否读过唐纳利的《北极光》。写的是一个16岁女孩工作的度假村里发生的年轻女旅客被谋杀的故事。故事设定在20世纪初，由真实的故事改编而成。我很喜欢那本书，它就在我们的教室图书角历史小说的书架上。

感谢你开了个好头。等《革命》寄到了，你愿意向同学推荐它吗？

爱你的
南希

我并不对书信体读后感进行内容修改。在我的回信中，我会指出形式上的问题，例如，段落过长造成我呼吸不畅。我会把拼写错误记在便利贴上，粘在学生笔记本的封面上。发还之后，学生会把单词抄写到拼写学习表上，在每周一次的拼写学习时纠正它们。

评价书信体读后感时，我会寻找我提出的基本要求。如果每项要求都符合，就给√+；如果基本符合，就是√；如果缺少关键部分，比如讨论主题或者原文节选，就给√−。我会在回信中解释原因。等学生完成一次轮换，再次给我写信的时候，我会在读之前先阅读前面两封写给同学的读后感，并给出相应分数。

几年前我做出一项变动之后，学生的书信体读后感变得更加有理有据、细致入微了。我的同事格伦·鲍尔斯是教与学中心5、6年级的教师。他根据自己的阅读工作坊改编了我的邀请信和段落开头。现在，大多数的7年级学生已经是被格伦称为有"文学便笺"写作经验的小作者了。这给了我机会来提高要求，让我的学生把书信体读后感作为一种文体来研究。

现在，我要求学生研究学习以往学生的书信体读后感佳作，以此学会使用书信体这一文体。它是一个完美的"起跳点"。在学生分析范文、梳理和辨认文体特征的同时，他们也能更好地理解这种文体特征，并在自己写作的时候体现这些特征。其有效性远远超出了教师硬性规定的要求。

第四周的周一，每个学生都会拿到5篇去年学生写的书信体读后感优秀范文，然后我会解释作业要求：

> 作为一名读者和评论者，你和我每天都在阅读工作坊中交流。从本周开始，每三周我会要求大家再进一步，超越随堂检查的简短讨论，进行文学阅读的书面交流：选一本书来探索作者的创作。我把这种文体称为书信体读后感。它比你在低年级所写的"文学便笺"更长，内容更丰富，并且将会为你将来在高中和大学要写的文学评论打下基础。
>
> 为了帮助你们掌握书信体读后感的文体特征，这里有5篇优秀范文。今晚的作业是请大家阅读研究它们。你要就两个问题收集信息，把你的读写手册翻到课堂笔记部分的空白页，把这两个问题作为标题抄下来：
>
> 在写一篇好的书信体读后感时，评论者一般会评价书的哪些方面？
>
> 一个好的评论者还可以评价书的哪些方面？
>
> 今晚，请拿着笔阅读这些范文。用下画线标出你找到的文体特征，并尝试在空白处注明。有些特征你会在每篇读后感中都见到，有些你可能只会在某篇中看到。这就是我提两个问题的原因："一般会"与"还可以"。还要注意观察书信体读后感的格式和结构。在明天的微型课上，我们把每个人的笔记汇总，总结每篇书信体读后感必备的元素，以及其他你可以关注和评论的特征。第一篇书信体读后感周四上交。
>
> 有人有问题、意见和补充吗？

第二天早上，学生带着自己的读写手册，每组一份记录纸或一台电脑展开讨论。我事先宣布："这次的小组记录员是接下来要过生日的同学。每组有10分钟的时间来汇报小组同学的阅读发现，每组帮助记录员整理两份读后感的特征清单。"我在小组间巡视，引导启发学生，让大家专注讨论。

10分钟后，当学生回到微型课授课区，我打开投影仪，各组记录员轮流汇报，而我快速记下他们说的。如果漏掉了重要的东西，我会补充并添加到清单上。

我告诉学生先不要记笔记，因为我的幻灯片上充满难懂的缩写。我会整理总结它们；如果我同时也在教其他班这一课，还会把两套不同的清单合并，然后输入电脑，为全班复印，在周三的微型课上讨论。学生把这两份清单粘贴在笔记本的前后封面内，在课上阅读并画出重点。

表7.1和7.2是我收集整理学生笔记的最新版本。我把书信体读后感的必备特征分成两类：形式上的和内容上的。为了举例说明主题是什么，我和学生集思广益，讨论我们能想到的所有文学主题。第二份评论者可以考虑的特征清单中，我使用文学术语，并加上定义，因为我希望学生也能用到这些术语。

表7.1　在一篇优秀的书信体读后感中，评论者一般会……

在一篇优秀的书信体读后感中，评论者一般会……

形式

- 打草稿来搜集思路、感想、观点和证据。你的读后感笔记本的左页边距是很好的打草稿的地方。
- 在右上角写日期，称呼不必缩进（亲爱的_____:)，在结尾处要有一个符合表达习惯的落款（你的朋友、爱你的、你真诚的、你诚挚的_____)。
- 在第一段中点明书名及作者，正确地大写标题，并加下画线。
- 首段缩进，也就是第一段的第一句话。
- 在第一次提到作者时可以用名＋姓来指代作者，之后只用姓来指代他或她即可。
- 至少写3页长。
- 分段来写，每段写一个观点；在段落中用例子、理由或论据来支持观点。

内容

- 探索书的主题：从故事中显现出来的对生活的思考和观点。基于主要人物的转变，较常见的主题包括：面对生活中的改变或损失、探索生命中的重要事务、成长、刻板印象、孤独、同伴间的压力、骄傲、偏见、选择、良心、竞争、勇气、责任、背叛、诚实地面对自我、毅力、成功和失败、面对现实、创伤、人性、错误的价值观、宗教信仰、政治信仰、大灾难或战争、认同感、爱、家庭、邻居、自我认知、腔调、友谊、生存、真理的力量、谎言、爱、友谊、队友、家庭、自我表达、艺术、自然、社会、权威人物、机构、政府、八卦、嫉妒与羞耻。
- 个性化地表达和解释观点、看法、感受、联系，以及爱与恨。
- 引用文本证据来解释自己某种看法的理由。
- 节选一段长度适中的文本来展示本书创作的重要特征；可以复印或是抄写在读后感中，结尾用括号注明页数。
- 解释节选某段的原因：它如何展现了作者作出的选择、他或她的写作风格、本书的主题。
- 点明本书的题材。
- 给书评分，并解释原因。

表7.2　在一篇优秀的书信体读后感中，评论者还可以评论到……

在一篇优秀的书信体读后感中，评论者还可以评论到……

- 一本你喜爱的书或不喜欢的书或又恨又爱的书。
- 作者选择的叙述人称：第一人称？第三人称有限视角？第三人称全知视角？少见的第二人称？叙述是如何实现的？如果是第一人称叙事，你认为作者和叙述人的关系如何？如果叙述人最后被证实是不可信的，也请评价一下这种情况。
- 作者如何发展故事的"意义何在"或主题？
- 叙述语气：作者或叙述人的态度。
- 描写和生动的细节：你能看到、感到、听到吗？
- 情节及其结构是否合理？情景之间的转折是否前后一致？
- 情节的高潮部分或最高点。
- 对话：对话是否真实？是否塑造人物形象？作者是否有自创的风格，或打破了什么规则？
- 故事场景，作者如何描绘这个场景？在作品中是否很重要？
- 主要人物和虚构人物的可信度：你认为他或她真实存在吗？
- 作者如何塑造主要人物，例如：
  - 名字，或故意不介绍名字
  - 他或她的转变（注意：这经常是"意义何在"或主题的来源）
  - 面临的问题和苦恼
  - 渴望
  - 想法，也就是思想与情感
  - 个人特点
  - 动作和对外界的反应
  - 与他人的关系，包括家人和朋友
  - 与他人的对话
  - 财产、习惯、爱好和兴趣
  - 衣着、发型和其他装饰
- 他或她困境的解决：人物在此之后的动向。
- 你是否及如何与主人公产生情感上的联系？
- 配角：他们的角色和可信度。
- 如果你是本书的作者，你会做的改动。
- 你对本书的第一印象和读后的最终印象。
- 本书与同一作者的其他作品比较。
- 本书与同一题材的不同作者的作品比较。
- 本书与另一位作者的作品比较。
- 本书如何借鉴了其他文体的特征：比如一本小说的语言读起来像是诗歌。
- 书中人物与另外一本书中的人物的相似之处。
- 挽救或破坏了这本书的一个特点。
- 结尾：让人满意？符合逻辑？使人困惑？出人意料？太过仓促？太过拖沓？让你念念不忘？不够满意？开放式结局？引人深思？
- 开头：节奏缓慢？扣人心弦？引人入胜？让人困惑？有误导作用？
- 本书的形式。
- 作者的修辞和写作风格。
- 语言的节奏或韵律。
- 插图，如果本书有插图。
- 标题或封面设计，及其与故事的一致性或不一致性。

- 本书作为续集，在三部曲、四部曲或系列小说中的角色。
- 你是如何阅读这本书的？例如，一口气读完还是慢慢品味。
- 如果是一本读过的书，这是你第几次阅读它？说明原因。
- 你作为一位写作者，注意、学到或欣赏的部分。
- 提及或引用你读过的其他作品。
- 你对另一位读者对本书看法的观点。
- 你对本书内容的判断：是成年人读物还是青少年读物？
- 你对本书的总体感受。

那份文学主题的清单出乎意料地成功。学生自己制订的特征清单之所以能够提高读后感质量，因为这是学生自己的发现：他们观察了其他小评论家如何分析和欣赏文学作品。我保存优秀的清单，下一次教学中会把它们投影出来参考，让新学生把遗漏的重要特征添加进去。

我要求学生在课堂上开始第一篇书信体读后感写作：用某个周三写作工作坊的剩余时间来挑选一本书，然后打草稿，寻找有启发性的片段，参照范文、与同学们一起列的清单。我巡视教室，回答问题，提供指导。因为我在场，帮助学生上路，这样他们第一次尝试就能写出比较像样的读后感。

如果课上没写完，他们会带回家晚上完成，第二天早上放在我的摇椅上。当我周末阅读的时候，我会记住那些特别优秀的作品。三周后，在第二轮书信体读后感截止之前，我会用投影仪给全班展示，引导学生讨论是哪些特征使得这篇读后感写得很成功。

教师要帮助学生把注意力放在对文学作品的感受上：放在一本书的创作及作者的选择如何影响读者的阅读感受上。我们也在鼓励积极、客观的阅读立场。我们教会学生要超越情节，不再被动地接受故事，而开始对作者创作的有效性进行自己的判断。我们向他们展示了如何在晚餐桌旁找到自己的座位，全身心地投入阅读，并成为心胸更宽广、更明智的人。

作为教师，我能做的最重要的事就是确保学生的人生发展顺利，就是一次一次地邀请他们去发现有丰富可能性的生活。这种生活只能在作者的语言和思想，在书籍的一页页中去发现。

8

回顾与评估

那些给我们带来快乐的日子也增长了我们的智慧。

——约翰·麦斯菲尔（John Masefield）

　　无论我所在的学校用字母评分、数字评分，还是没有评分要求，只要以工作坊的模式教阅读写作，我就得想办法让学生的自我评估成为评价过程的核心。否则，评估就违背了工作坊教学模式的本质，也是对我过去几个月一直要求学生像写作者和阅读者一样思考与行动的教学的背叛。当工作坊中的学生思考自己走过的路、现在的处境、将来的目标、现有的困惑、所需的知识、应尝试的事和一定要做的事之时，他们便处在一种持续的自我反思和评价之中。

　　在一对一师生写作交流中，当我问"写得如何？"或者"我能怎么帮助你？"，学生作出回答之时，自我评价就开始了。它呈现在每个人计划、写作、修改作品时作出的选择之中。当他们在同学交流中告诉一个朋友他们需要何种帮助，当他们回顾自己的创作版图，寻找最有吸引力的话题，决定一篇作品是否已经完成，或在修改草稿时对某个问题特别关注之时，学生就是在评估自己的写作。

　　无论是在日常阅读工作坊随堂检查中，还是在学生的书信体读后感中，对其他写作者的评估促进了学生成长为更为成熟的读者。当他们给一本书评分，决定是否要向同学推荐，主讲好书分享会，或是思考如选词、可信度、前后一致、反思、人物塑造、结构、主题、叙述角度等文学作品特点时，他们就以写作者的身份开始了自我评价。

　　每个学期结束前，我校从幼儿园到8年级的同事会一起暂停教学一周，邀请学生也停下来，回顾自己过去12周的学习，并为新学期制订计划。每门课都变成评估工作坊，学生在其中检视自己的作品集，完成自我评价问卷，选择复印代表作，收集个人档案（portfolio）的各项内容。个人档案是一个三孔文件夹，里面有学生的自我评价问卷，教师拍摄的学生学习时的照片，附有说明的学生各项记录表，附有说明的学生代表作品，以及对阅读、拼写、数学、历史、科学和艺术课的评价。

我们使用个人档案是为了让学生分析自己的学习过程、成果、遇到的挑战和自我成长。自我评价问卷给了他们一次查看自己学习成果、对其进行反思并为未来学习设立目标的机会。教师提出学生要考虑的问题，并列出个人档案需要包含的内容，有时这里面也包含学生自己的意见。

只有在学生完成了自我评价之后，教师才会开始他们的评估工作。出现在学生的学习进程报告中的目标是合作完成的，包括学生自己在自我评价中提出的目标，以及教师认为学生仍需努力之处。教师还会用一份文件来总结一学期的微型课程、讨论、活动、大作业和阅读。我要求我的学生把这份学期总结中最有用或最有意义的部分标注出来，以便家长理解他们如何评价自己的学习。这两份文件都会成为学生永久记录的一部分。

在教与学中心，我们让学生自己主持家长会。学生会在会议上翻开自己的个人档案，给家长和教师讲解内容，然后教师给出这个学生的学习进程报告，并为下学期设立合适的目标。会议快结束时，教师会询问家长："对于我和您的孩子，您还有什么问题吗？"会后，家长把孩子的个人档案带回家细读，或是给祖父母、外祖父母看。我们要求他们在两周内把档案归还学校。我在另一本书《改变你的教室和学校的教学系统》中的DVD里展示了两次家长—教师—学生三方一起参加的期末评估会、学前班到8年级的自我评价问卷，以及教师报告的样本。

由于学年末时间紧张，我们的评估不会安排在6月份，而决定让学生整理他们第三学期的个人档案，并与教师一起合作完成一份期末报告，用此来描述学生在整个学年学习的情况。具体包括写作、阅读、数学的自我评价，教师对该生优点的关注，以及下学年需要努力的目标。

即使学校不使用个人档案，我也会设计并要求学生完成问卷，这个过程对学生、教师和家长都是有启发并富有成效的。在把问卷交给家长时，我会同时附上本学期学生最好的一篇作文和一篇书信体读后感的复印件，这样家长就能大致掌握孩子的学习情况。

教与学中心的学生评价系统为学生的能力、活动及进步提供了详尽的记录。它反映了我们班级里日复一日的活动。它也以一种有意义，且常是快乐的方式让家长们参与进来。它给家长们、下一年接手这些学生的教师们提供详尽且有益的信息。它是个性化并以目标为导向的，而这目标是基于教师的职业观察，需要学生积极合作完成的。它让学生对自己负责。它从学生对自己的所知、所能、所做的判断开始。花时间评估学生的进步，在读写方面鼓励他们，对学生的成长意义重大。除此以外，我想不出更有意义的评估方式了。

学生自评

每学期末，我会用一个星期天来回顾我的教案，整理教学重点和重要概念。在此基础上，设计开放式问卷让学生反思其写作和阅读。我的问卷有两页长，阅读和写作各一份，要求学生收集自己的作品、总结好的作文与文学评论的标准、描述自己的进步和成就、评价自己为完成上学期的目标所做的努力，并设立新目标。我不要求学生一定要写完整的句子；相反，我只要求列出要点。经验告诉我，学生会用整段的长句子来掩饰实际内容的匮乏。要点清单帮助我们把精力集中在重点上。

图8.1是艾弗里第一个学期的写作自我评价问卷。艾弗里7年级秋季学期来到教与学中心，在经历了最初几周新环境的不适后，他很快接受了工作坊式教学。问卷的第一个问题是统一的，我每学期都会提出。完成作品的篇数、涵盖文体的种类是重要数据。它对学生意义重大，可以让他们了解到自己的进步；对家长也很重要，因为他们可以把量化数据当作学生学习成就的一个衡量标准；对我更为重要，因为这样就可以看到哪些学生达到了写作工作坊的要求。如果我在制定全国写作标准的问题上有发言权，我会提出把完成作品的数量设为一项指标，我相信量变才能引起质变。

第二个问题也是统一的。它能够让学生以批评者的身份回顾自己的写作，总结有效的写作特点。我在推动他们超越"我这首写爸爸的诗很棒，是因为我爸爸是一个很棒的爸爸"这种初级阶段的评价，运用我在微型课及一对一交流中介绍的概念来思考：对于创造文学作品来说，哪些做法才是有效的。当他们能够观察并指出一项写作技巧时，他们就掌握了它：它成为写作者和评论者技能库的一部分。艾弗里能够点评自己最好的两篇作文，指出自己用到的"思想与情感""节奏""有效的重复""转折""生动的动词""视觉画面"和"一个有力的结尾"。这些都是他在第一学期诗歌讨论、微型课、一对一交流时学到的内容。下面展示艾弗里分析的作品——他人生首次尝试的两首诗。

第一学期

南希·爱特维尔

写作自我评价

姓名 ___艾弗里___   日期 ___11/15___

1. 本学期你完成了几篇作品? _____7_____
   这些作品都属于哪些文体?
   自由体诗歌、目录诗、合作戏仿。

2. 你认为其中哪两篇作品最好? 为什么? 列举你创作每首诗时都做了些什么。

   《旧日回忆》

   - 我运用了许多"思想与情感"。
   - 我制造了"节奏"。
   - 我通过在每个诗节的结尾附近重复某个短语来制造了"有效的重复"。
   - 我的时间转折很流畅。

   《我的后院》

   - 我制造了"节奏",来表现我一直在观察。
   - 我用了大量的具体的"描绘性词语"。
   - 我用了许多"生动的动词"来制造视觉画面。
   - 我有一个"有力的结尾"。
   - 我"举例说明"我的后院的独特之处,不只是普遍的大自然(描写)。

3. 作为一名写作者,你这学期在哪方面有所进步? 请考虑写作话题、方法、创造力、你的写作过程、打草稿、对选词的注意、目的、形式、技巧和主题等方面。

   - 起初我并不会打草稿,但这学期开始培养起这个习惯了。
   - 我开始探索我的家庭和童年这两个写作话题。
   - 我模仿了E.E.卡明斯的风格。
   - 我尝试了没有"我"的诗歌创作,但还没成功,因此我学到了需要先弄清我要写什么才能写出来的道理。
   - 我进行了创作。

4. 用你自己的话解释为什么好的结尾对好作品很重要。
   一个好的结尾很重要,因为你不想让你的读者在读完作品后没有感触。你想要在他们的脑海中留下些什么,让他们思考。

5. 用你自己的话解释为什么感官动词对好作品很重要。
   感官动词在文中很重要,因为你想为读者营造视觉画面。我想要他们能够看到你在做什么,而不只是读到。

6. 我们在课上读到的最好的一篇回忆性散文是哪一篇? 是什么让你觉得这篇最好? 作为一名文学评论者,请列出其成功的文学特征。
   马丁·斯科特的《铁人三项》是我的最爱,因为它:
   - 写出了具体而不同的感受,例如:他呼吸时像刀插在胸腔里一样。
   - 流畅地表明了时间转折,抓住了读者"我"的注意力。
   - 用了一个动作—对话式的开头,直接抓住了读者。
   - 使用了大量的"思想与情感"和"感官动词"。
   - 把他的"意义何在"放在结尾,直接打动了我。

7. 在你写作自己的回忆性散文时,你需要记住关于它的哪些知识?
   - 平衡动作、反思、对话和描写。
   - 嵌入大环境的描写,并给读者介绍故事设定。
   - 要记住开头对写作者和读者的重要性。

8. 基于你的手册中版图部分的3项内容："新诗灵感""在我们第一次读诗后""我发现藏着诗歌的20个地方"，结合"诗人想要写出一首好诗时会做的事情"，你对作为诗人的自己有哪5个相关目标？

- 确保每个词都使用正确。
- 去掉不必要的陈词滥调。
- 起个不俗的标题。
- 在一首诗中采用一个真正能表现"意义何在"的叙述者。
- 写一首诗记录一件我有感情的家居用品。

9. 作为一名写作者，你还想要在以下方面取得怎样的成绩：

- 你的写作量（每周写作的页数，加上你的周末作业）？
  周末写得再多一些，这样我能在周一有一个更好的开始：至少两整页，再加上工作日3—5页。
- 你的拼写？
  继续严肃对待学习过程。
- 你对语言规范的掌握（例如，逗号、大写、页边空白、分段、撇号，等等）？
  正确地使用标点符号，如在诗歌中，只有需要时才在一行结束加逗号或句号。
- 写作技巧？
  确保诗中有一个"我"在，确保每一行诗都具体而生动。

图8.1 艾弗里第一个学期的写作自我评价问卷

旧 日 回 忆

一笔，一笔，一笔——
我的黑色签字笔
将驾驶舱与机翼印刻
在棕色纸壳箱的
一面。

我爬进箱子，
紧紧握住纸沿
用我3岁时的双手，
伸展我的小腿儿。

嗖，嗖，嗖——
爸爸托起我的
纸箱——
现在
一辆纸箱飞机——
带我绕着蓝色的荷兰宫飞翔。

嗡，嗡，嗡——
我飞得高高的，穿梭在走廊里，
经过我们的厨房，
飞过已不再工作的砖造壁炉。
我展开双臂
又长出了一对翅膀。

大笑着，微笑着，
飞过妈妈身边。
她朝我挥手。
我回头看着爸爸，
见到他眼睛里的闪光，当他推着我
绕世界飞行
在一个
纸箱飞机中。

没什么比
这个瞬间更重要。
我感到自己在6 000米的高空。
虽然在真实生活里我只有1.5米。
我在我的
纸箱飞机上。

今天，我长大了，不能
坐进
一个纸箱飞机里。
有些事情飞走了
随着我长大。
我的
纸箱
随风而逝。

然而

并没有。

我 的 后 院

当我注视
那森林中
似乎是我的后院的地方。

我看见了什么?

我看见了
树枝在清风中安静地摆动。
当它们挥舞有绒毛的手
绿色的蕨类植物叹息。

我看见
光
透过
常青树多刺的手指,
洒下点点金色光辉
穿过森林的地面。

297

我看见
根伸展着身体
在多石的地带握住养料。

然后我迷失
在
涌向我的
平静感觉中。

但当我走近看去,见到
树木有断枝。

绿色的蕨类也有棕色。

常青树掉落的针叶已死。

树根因为缺水而枯萎。

我发现

每个事物都有瑕疵。

没有什么

是绝对的完美。

如果所有事

都很完美，

完美会变得

没有意义。

在我的

后院里，一切

都

好。

——艾弗里·吉纳斯

　　我总是会在第三个问题上稍作改动："作为一名写作者，你这学期在哪方面有所进步？"它的重要性在于要求学生后退一步，整体回顾自己的写作，测量自己作为写作者过去的位置和现在所处位置的距离，并庆祝自己的进步。

　　接下来的5个问题是针对具体学期的课程和活动提出的，涉及对结尾、感官性动词、回忆性散文这种文体、诗歌写作技巧和话题的学习。艾弗里的答案简略地展示了从9月到11月他注意到与学到的写作知识。

　　在其他学期的写作工作坊中，根据文体研究和微型课程的重点，我会要求学生进行自我评价，回答此类问题：

- 对作为写作者的自己你有什么新的了解和发现？
- 描述过去一个学期中关于写作你能想到的所有改变。
- 你在写作中尝试了什么新事物，取得了怎样的效果？

- 对于创作自由体诗歌，你学到的5个最重要的知识是什么？
- 本学期中，你如何使用你的手册中创作版图的部分？
- 评价你创作一篇回忆性散文的过程（或一篇评论文章、小小说、议论文、戏仿文章、人物小传、鼓动性的新闻文章），你遇到了哪些挑战？是如何解决的？对于写作这类文章，你有什么新认识？这类文体的主要特征有哪些？
- 创作诗歌（回忆性散文、评论文章、小说、议论文和人物小传）时，你正在努力解决什么，或遇到困难的地方有哪些？
- 如果你本学期开始学着打草稿，这么做的原因是什么？它对你的写作有何好处？
- 你现在能够掌握和正确使用的新的语言规范用法有哪些？
- 请写出一段话，展示冒号和分号的用法。
- 本学期最有用、最有意义的微型课是哪一节：哪一节让你印象深刻？为什么？
- 我或班上其他人的哪些做法帮助你成为一个更好的写作者？
- 如果这一学期你能重新来过，你在写作上会做出哪些改变？
- 描述你为了达到你上学期的各项写作目标而做出的努力。

　　一个学生的写作自我测评应包括至少4个方面的目标：写作量、写作技巧、拼写和对语言规范的掌握。在艾弗里的自我评价中，他表示想要在校时保持自己的写作节奏，增加周末写作量。拼写目标是我为那些在每月的拼写检查和期末考试中表现一流的学生设置的。艾弗里从他的个人清单中选择了他在语言规范方面的目标。他的写作技巧目标是我们在交流中提及的写作技巧。

　　在自我评价的过程中，学生会先对写作进行评价，之后转向阅读。艾弗里的阅读自我评价问卷见图8.2。这份问卷同样从最重要的数据开始：学生读完书的数量及作品涵盖的题材。我想让学生停下来，为自己的阅读成就感到骄傲；同样对于家长来说，没有什么比自己孩子读完多少本书更为重要，更让他们欢欣鼓舞了。即使家长并不读书，他们也会意识到阅读意味着什么。一个学生完成的阅读数量是所有数据中最重要的，很大程度上再现及预测了学生的学术未来。我要求学生识别他们读过的题材，因为这能帮学生和我了解其偏好，而学生的阅读偏好经常会在一年的阅读工作坊之后有所转变，这也是另一种成长。

| 第一学期 | 南希·爱特维尔 | 教与学中心 |

阅读自我评价

姓名 ___艾弗里___   日期 ___11/17___

1. 你本学期读完了几本书? ___13___

   这些书涵盖了哪些题材?

   当代现实主义小说、反乌托邦科幻小说、惊悚小说、回忆录、奇幻小说。

2. 你认为哪一本书最好?《机器男孩》,荷默·牵坎姆著。

   什么成就了这本书? 列举作者是用何种写作技巧把它创作成一部优秀的文学作品的。

   - 许多"思想与情感"。
   - 真实而优美地描述了他的家庭环境,以及他本人与其他家庭成员的关系。
   - 描绘了他体验到的具体声音、景象和感受,让我也能身临其境。
   - 创造了非常棒、非常真实的人物形象,让我感觉他们都真实存在。实际上,由于这是一本回忆录,他们真的存在过。

3. 你最喜欢的两首诗是? 为什么? 列出诗人是如何创作每首诗的。

   威廉·卡洛斯·威廉姆斯《便条》
   - 单刀直入。
   - 提供细节,比如说到梅子在冰箱中。
   - 用分行和分节来代替标点符号。
   - 采用了讽刺的语气。

   托尼·霍格兰《美国》
   - 形式独特,话题随着每节诗流转。
   - 给出了"美国"的具体细节,例如无线电器材公司、汉堡王和音乐电视。
   - 用讽刺的语调来制造幽默。
   - 创造了节奏和形式,贯串全诗,帮助表达"意义何在"。

4. 作为一名阅读者,你这学期在哪方面有所进步? 请考虑作者、题材、新的品位和偏好、阅读和评价作品等方面。请列出它们。

   - 我以前从未从文学评论的角度进行阅读,所以这就是一大进步。我看到自己更善于发现优秀作品的细节和技巧。
   - 我开始读回忆录作品,我以前从未读过。
   - 我开始对当代现实主义小说感兴趣,我还尝试读了一本惊悚小说。
   - 现在我能注意到一位诗人如何用生动的动词和描述性词语给读者制造"视觉形象"。
   - 我在写书信体读后感、思考作品主题和理解作者思想方面有所进步。

5. 在诗歌术语表中,你能运用哪两个新的术语来评论我们日常讨论的诗歌? 请列举并定义。

   - 节奏:韵律或诗歌中的语言规律。
   - 夸张:在写作中有意地夸大某些事物。

6. 你能够自信运用的两个新的文学术语是什么? 列举并定义。

   - 情境描写:当你读到某段,感到你就在故事里,而不是坐着阅读。
   - 纪实小说:真实存在过的人物被写入故事,但在故事中有虚构的名字。

7. 通过学习心理语言学阅读理论的这一课,你为自己设立了什么个性化的阅读目标?

   - 我要尝试在阅读时让我的眼睛停顿次数减少,因为这意味着我能把更大组块的信息存入我的长期记忆中。

8. 在以下这些方面，你下学期的阅读目标都有哪些：
- 你的阅读量和速度（每晚读多少页）？

  我要尝试每晚至少读40页，这样我就能以更快的速度读完更多的书。
- 你准备读的图书？

  《特别响，非常近》《纸镇》《老无所依》《小偷之城》。
- 你在阅读方面对新作者和题材的探索？

  我想要尝试的两个新题材：动作/探险、推理小说。

  我想要读的新作者：M.T. 安德森和斯蒂芬·金。
- 你的书信体读后感掌握情况？

  我已经掌握了基本特征，所以想要开始从"一个评论者还可以评论到"的清单中寻找灵感。
- 你在我们每天的诗歌讨论中的参与情况？

  每周4次。
- 你的好书分享会参与情况？

  第二学期3次。

图8.2 艾弗里的第一学期阅读自我评价问卷

"最好的书"这个问题是另一个标准，它推动学生把关注点放在作者的创作，而非个人对喜爱的故事或人物的感受上。它也能折射出学生的文学批评能力。艾弗里分析了回忆录作家荷默·希坎姆（Homer Hickam Jr.）创作《机器男孩》（*Rocket Boys*）时所采用的技巧。他对于希坎姆在文中呈现出的反思、现实主义描述、写作风格、生动的意象、人物塑造作出了点评，这些元素都是我们在写作工作坊讨论回忆性散文文体研究时提出的。

"最喜欢的诗歌"也是每个学期都会有的学习项目。学生的答案也让我了解了他们对特定作品特点和文学评论的整体把握。学生逐页回顾他们的诗歌文件夹，在我们一起阅读的诗歌中作出选择，重读并整理记录诗人的作品。我们的重点是写作技巧，这样学生将能够在阅读其他作品时认出它们，甚至有可能应用到他们自己的写作中去。

通过12周每天阅读、解析诗歌，艾弗里逐渐有了小评论家的眼光。他识别出了单刀直入、表达主题的细节描写、使用分行和分节来代替标点符号并制造节奏、讽刺、基调、诗节格式、用节奏和形式来制造张力，以及主题。作为一个文学评论者，艾弗里已经入门了。身为他的老师，我看得出来他学习一直很投入。

"作为一名阅读者，你这学期在哪方面有所进步"，这也是阅读自我评价中一个持续的关注点。这个问题让读者反思、描述自己的成长，我接下来给出的提示以"请考虑……方面"推动学生思考自己在选择书目、关注不同作者和题材，以及鉴赏文学作品时的强项。在他的自我分析中，艾弗里意识到自己开始以一个能识别优秀作品中的技巧的评论者的身份来读诗歌和散文。同时艾弗里也在尝试享受新的题材。他注意到自己的阅读兴趣从过去的奇幻小说转向了当代现实主义小说。他欣赏生动的动词描述出来的视觉效果，并且开始在书信体读后感中思考所读的书的主题思想。

第5到第7题是针对那个学期的具体教学而定的。这一学期学生评注了一份诗歌术语表，制订了课堂讨论中遇到的文学术语的清单，并学习了我在第5章中描述的心理语言学知识。

在其他学期中，我会结合特定的阅读教学重点，要求学生就类似下面的问题作出自我评价：

- 对于阅读诗歌，你学到最重要的一课是什么？
- 列举出5个自由体诗歌的特点，使你能够自信地识别并用来解读诗歌。
- 本学期你作为一名诗歌和散文读者，取得了哪些突破？
- 阅读叙事性文学作品时，你能识别和思考哪5个方面重要的特点？
- 你最近最喜爱的诗人是谁？原因是什么？
- 你最近最喜爱的作家是谁？原因是什么？
- 通过我们对艾米莉·狄金森（或惠特曼、威廉姆斯、史蒂文斯、休斯等）诗作的分析，你学到了什么？
- 请给出你对主题的定义（或基调、人物塑造、转折等）。
- 你这个学期新发现的最喜欢的作家是谁？他的风格、写作题材和主题的哪些方面吸引了你？
- 你认为一场好的好书分享会中应该包括哪些内容？
- 经过一学期的学习，你能思考、理解和掌握到莎士比亚作品的哪些方面？
- 你如何区别并实践以学习为目的的阅读和以娱乐为目的的阅读？
- 我或班上其他人的哪些做法帮助你成为一个更优秀的阅读者和评论者？
- 评价自己找到一首让你印象深刻的诗、做好准备并把它介绍给全班的过程。这中间你遇到了哪些挑战？你是如何面对它们的？你对自己的介绍满意吗？从中你学到了哪些有关诗歌的知识？
- 如果这一学期你能重新来过，你在阅读上会做出哪些改变？
- 描述你为了达到你上学期的各项阅读目标而做出的努力。

学生在以下6个方面设立自己的阅读目标：阅读量和速度、选书、对不同作家和题材的探索、书信体读后感、诗歌讨论参与度，以及主讲好书分享会的数量。这些目标也是我在教学生阅读时优先考虑的事情。他们应该大量阅读、制订计划、付出努力、像评论者一样阅读鉴赏，并向其他读者推荐好书。

艾弗里7年级第二学期制订了野心勃勃的学习目标。他想要每晚阅读的页数比从前多一倍；阅读他在未来书单上列出的4本书；尝试1本动作/探险小说、1部推理小说、M. T. 安德森和斯蒂芬·金；在掌握了书信体读后感写作的基本特征之后，要添加一些"评论者还可以评论到"的文学特点；每周在诗歌讨论中发言4次；向同学们推荐3本好书。

艾弗里是一个有计划的阅读者。他关注好书分享会、同学的书信体读后感、微型课程和课堂讨论，并且准备好了要用学到的知识来规划自己未来的阅读。艾弗里的明确目标向我展示了阅读工作坊对他产生的积极影响。

在把自我评价这个概念介绍给我的学生时，我会尽量深思熟虑、考虑周全，这样他们将严肃认真地对待这一周的工作，从中学习，并向家长和我汇报他们的发现。11月的一个星期一，在艾弗里和他的同学们开始自我评价前，我给他们讲解了接下来要做的事情，以及自我评价的重要性。

303

接下来这一周是整个学年最重要的3周之一，是让你停下来、反思并评价作为写作者和阅读者的时间：你需要回顾自己的努力和取得的成绩，并展望接下来努力的目标。

请把自我评价当作一项研究作业来对待。你的研究对象是你自己：你从劳动节以来的成绩和成长。每位小研究员将要收集证据来研究：你的创作文件夹、作品文件夹、写作记录、读写手册、阅读记录、诗歌和散文文件夹，以及书信体读后感。你将要用这些材料来帮自己回答3个大问题：我本学期取得了哪些成绩？我学到了什么？我接下来想要取得什么样的成绩、学到哪些新知识？

努力投入这项工作，尽可能地深入。展示你在文学性写作方面已经学到了多少知识，长了多少见识。思考、投入时间，细细查看你的证据：阅读它们，记下你的发现。关注和描述此时此地你作为写作者和阅读者的细节。请尽量得出对你自己、你的父母和我来说，有趣的信息和看法。

我分发写作自我评价调查问卷，并解释我的每个问题。询问他们是否有问题，提醒他们如何处理文学作品的题目：何时用引号、何时用下画线。然后我会再发一份空白的问卷供他们在探索和研究时收集数据，打草稿。

艾弗里研究自己写作的时候，用了一份多余的问卷进行书面构思。之后他用铅笔在正式的问卷上作答。我会检查一遍，用铅笔轻轻圈出他的拼写和标点符号的使用错误，并发还给他修改。去年6月，我稍微调整了一下做法，要求学生复印他们的第一稿问卷。我在复印件上修改，然后他们再抄写到自己的原件上。这样做效果更好。在我刚开始要求学生进行自我评价的时候，我要求他们写出完整的第一稿，由我来修改，然后再用钢笔写出终稿，后来我意识到这样抄来抄去是一种单调乏味的练习。在自我评价里，信息和思想才是重点。

在艾弗里完成了第一学期写作阅读自我评价后，他会按照我和同学合作列出的清单，来收集整理自己的个人档案。我们认为下面这些内容可以代表一学期的学习。

个人档案内容清单——第一学期

写作和拼写

- 自我评价调查问卷。
- 你在自我评价中提到的自己的两篇好作品的复印件（无须说明）。
- 写作记录表（复印件），附上一份说明：展示你写作的数量、速度、话题方面的选择和进步。
- 读写手册课堂笔记部分让你最受益的三节写作课的笔记（复印件），说明它们分别对你的写作有何意义。
- 本学期读到的最好的一篇回忆性散文（复印件），请标明"这是我在自我评价中分析到的回忆性散文"。
- 自我校对清单（复印件），标明其内容，并说明在语言规范用法方面你现在的关注焦点是什么。
- 第一学期拼写测试（已经附有你的拼写目标）。
- 拍摄你写作和拼写时的照片。

阅读

- 自我评价调查问卷。

- 第一学期阅读记录表（复印件），附上说明：它如何展示了你阅读的品位、速度、规律、成长、对文体和作家的学习，以及你克服的困难。
- 本学期读过的五首好诗，包括你在自我评价中提到的两首，附上说明解释其余三首如何给作为评论者、阅读者和写作者的你留下了深刻印象。
- 独立鉴赏我刚刚发给你的新的诗歌，附上说明描述你解析诗歌的目标。
- 本学期你最好的书信体读后感（复印件），画出重点并附上说明，列出你读后感最突出的优点。
- 你的"孩子们喜爱的图书"卡片清单，附上标题。
- 阅读照片，包括一张你和一个幼儿园小朋友一起阅读你喜欢的儿童书籍的照片。

这份清单很有代表性，它呈现了我们第一学期对回忆性散文、诗歌的重点学习，也展示了学生为了帮助幼儿园教师海伦娜·科芬而做的一项活动。海伦娜对自己班上有些进步较快的小读者已经开始减少绘本阅读，转向简单的"章节"童书这种情况表示担忧。我的学生回忆了自己儿时喜欢的绘本，冲进海伦娜班里的图书角，找到自己喜爱的一本。在听取了我和海伦娜关于朗读的建议之后，和幼儿园的小朋友一起度过了一个上午。让小朋友坐在自己腿上，和他们一起陶醉在故事、人物和插画之中，让小不点们知道大孩子也喜爱读绘本。

个人档案中的许多文件需要说明。学生把说明写在10厘米×15厘米的便利贴上，贴在相应的文件上。例如，下面是艾弗里附在他本学期最好的一篇书信体读后感上的说明，读后感写的是南希·法梅尔（Nancy Farmer）的《蝎子屋》（*House of Scorpion*）。

在我最好的一篇书信体读后感中，我——
- 讲述了故事情节
- 评价了人物的真实性
- 描述了法梅尔如何展示马特在意识到别人对他的看法后做出的改变
- 把《蝎子屋》与法梅尔的其他作品相比较
- 发现了书的两个主题：合法的事并不一定正确；我们不应该让政府

来定义我们的身份

在第三个学期末，评估过程就不同了。我的学生和我一起书写了一份读写评估，这份文件会成为学生永久记录的一部分。图8.3展示了艾弗里对这份文件的贡献。它展示了他作为一名写作者（28篇作品、8种文体）和读者（75本书、19种体裁）的创造力和多面性。这是值得庆祝的数字。

姓名　艾弗里	南希·爱特维尔
日期　6月份	年级　　7

期末读写自我评价及教师评语

综合

你今年最喜欢的科目是什么？

历史和数学。

你今年在教与学中心取得的最引以为豪的学术和社交成就是什么？

我迅速地交了很多朋友，迅速地适应了学校生活，完成了很多任务，并进行了大量写作。

写作和拼写

今年你完成的写作篇数是多少？

28。

写作的体裁是什么？

回忆性散文、颂诗、自由体诗歌、小小说、评论文章、俳句、闪小说、散文、字母诗、礼物贺卡、人物小传。

按顺序列出你最喜欢写的体裁。

小小说、颂诗、回忆性散文。

你写得最好的是哪两篇作品？为什么？列出你写作时做了什么。

《两个半死亡》
- 我创造了多个画面并在他们之间自然转折。
- 我运用了细节描写。
- 我运用了暗喻和明喻。
- 我写了一个有深意的结论。
- 我使用了有力的动词。
- 我有效地运用了对话。

《记忆碎片》
- 我写了一段特别的记忆并运用带有画面感的细节使它活灵活现。
- 我制造了节奏。
- 我自然地进行了时间转换。
- 我通过在每个诗节的最后重复一个短语，运用了有效的重复手法。
- 我表达了许多心理活动和感受。
- 我使用了简单的描述颜色的单词来创造视觉效果。

你这学年作为写作者取得的最大成就是什么？你最显著的改变是什么？请列出来。

我尝试了字母诗；我写作时越来越多地进行书面构思，因为我发现它能让作品的终稿更好；我学会如何在作诗时使用讽刺和反讽；我运用描述我过去的回忆性散文的主题来作诗；我现在一个词一个词地推敲，使之成为精练的作品；我不会在完成草稿后就原样接受——我会不停尝试完善它；我发现我真的喜欢写颂诗和回忆性散文；我为妈妈写了一篇习作作为礼物；我保持了每学期7—11篇的写作量；我发现我喜欢用电脑输入一篇习作的第三稿，但在那之前用手写。

你作为写作者的长处是什么？你在现阶段能做好的几件事是什么？请列出来。

- 我能运用思想与情感表现主题。
- 我能把情景描写和写实的细节描写运用在作品里。
- 我能识别分句、断句。
- 我知道何时应该使用数词，何时应该写出具体数字。
- 我能创造节奏。
- 我会运用重复并能避免无意义的重复。
- 我写每个新作品前会先构思，打草稿。

你作为写作者哪些方面还可以提高？请列出来。

- 我需要掌握分号的用法。
- 我在副词使用上还需注意。
- 我在打草稿和构思结尾时需要多尝试。
- 我要注意避免陈词滥调。
- 我需要把对话和说话者的信息放在同一段里。
- 我需要记住：保持对话、动作、反思和描写之间叙述的平衡的重要性。

哪些写作规则和语言规范你还需要掌握？请列出来。

- 合理的分段。
- 运用分句。
- 完成拼写清单。

请列出你今年学会拼写的20个单词。选择有代表性的单词，选择你会一直记得如何拼写的单词。

必要的、对话、推荐、铺设、下意识的、解释、交替的、尴尬的、梗概、回忆性散文、虚构的、是否、羞愧的、出席、证据的、判断、暗喻、积极的、锻炼的。

阅读

你今年读了多少本书？

75。

这些书的体裁是什么？

冒险/求生、恐怖/惊悚、当代现实主义小说、超自然小说、政治讽刺小说、反乌托邦小说、历史小说、诗集、奇幻小说、现代西部小说、新闻作品、回忆性散文、推理小说、科幻小说、幽默小说、图像小说、古典文学。

请按顺序列出你最喜欢阅读的文学体裁。

反乌托邦小说、回忆录、当代现实主义小说、恐怖/惊悚、奇幻。

列出你认为最棒的两本书，说明理由。列出作者写作时做了什么。

《可卡因》（鲁斯狄·扬、托马斯·麦克法登）

- 他们给出了关于人物的特殊细节和使故事真实的人物设定。
- 他们设置了清楚的、自然的时间转换。
- 他们创造了开始时貌似互不相关的几条线索，但是最后回归到麦克法登和他的狱友的主线上。
- 他们建立了一个强有力的反毒品主题。

《收割者是天使》（奥尔登·贝尔）

- 他创作了令人吃惊的视觉细节。
- 他对主要人物塑造得非常好。
- 他创造了快速发展的情节。
- 他运用特定的细节和细致的描写把内容写得逼真。

你目前最喜欢的作家是谁？

荷马·西卡姆、阿尔登·贝尔、怕特里克·内斯、大卫·贝尼奥夫、尼尔·盖曼、莎伦·德雷珀、马库斯·苏萨克、内德·维齐尼。

你目前最喜欢的诗人是谁？

巴勃罗·聂鲁达、格温多琳·布鲁克、罗伯特·弗拉斯特、泰德·库瑟、威廉·卡洛斯·威廉姆斯。

今年学的诗中哪几首诗最好？请列出它们（标题和诗人）。

《卡通物理，第一部分》（尼克·弗林）、《树的心跳》（西沃恩·安德森）、《模仿：游戏》（伊丽莎白·斯宾塞）、《美国》（托尼·霍兰德）、《便条》（威廉·卡洛斯·威廉姆斯）、《洋葱颂》（巴勃罗·聂鲁达）、《我要知道的全部》（卡尔·埃尔德）、《歌剧》（凯文·杨）、《鱼》（伊丽莎白·毕绍）、《格温多琳·布鲁克》（哈基·玛蒂胡布迪）、《让夜晚降临》（简·凯尼恩）。

你今年作为一个散文和诗歌的阅读者和鉴赏者取得的最大成就是什么？请列出来。

- 这学年我读的书比以往都多。
- 我能解析一首诗，并能找出诗歌的主题、格律，以及押头韵和押尾韵等的作用。
- 我可以阅读深度超过詹姆斯·怕特森和斯考特·韦斯特菲尔德这类作家的作品。
- 我开始阅读回忆录和新闻报刊。
- 我做了许多好书推荐。
- 我发现了两个最喜爱的体裁：反乌托邦小说和当代现实主义小说。
- 我不再大量看奇幻作品了，虽然偶尔还喜欢看一点儿。

你作为读者的长处是什么？请列出你的长处。

- 我能总结出诗歌和散文的主题。
- 我认识到优秀的散文叙事要平衡情节和人物发展。
- 我不再随便找一本书然后看我是否喜欢了——我知道我喜欢哪种类型的书籍，所以我能专注于特定的作家和书籍。
- 我能找出文学作品的基调。
- 我能注意到诗歌中的转折。
- 我能指出特定体裁文章的特点，例如评论文章或议论文有说服力的元素。

你作为一个散文和诗歌的阅读者和鉴赏者还有哪些方面能够提高？请列出来。

- 我需要保持我目前参加好书分享会的频率，3—5次/学期。
- 我需要继续每天和他人交流，并且持续写作有思想的书信体读后感。
- 我在把想要阅读的书加入未来书单时需要更谨慎：只加入真正吸引我的书籍。
- 我需要阅读更多的青少年文学。

图8.3　艾弗里的6月读写评估

在8年级结束时，艾弗里对自己的写作进行了评价，并以相当内行的眼光评价了所读的文学作品。他能够指出自己作为一名写作者的目的、用以实现写作目的的技巧、对他有效的写作方法、他的写作专长和他面临的挑战。作为一名读者，他能表达自己的偏好，识别出作者有效的写作技巧，并描述自己的成就、专长和目标。

艾弗里的答案有思想性、确切性和实用性。自我评价给了他一个平台来展示自己的知识，并明确要努力的方向。艾弗里的自我评价过程使他成长为一个更优秀的写作者和阅读者：在各个方面都更有自我意识、目标和上进心。

教师评估

无论我在哪里教语文：城市里的中学、乡村地区的小学，以及现在的独立示范学校，我从不给某一篇作文评分。写作的进步是缓慢的，它很少是直接可见的，且有很大的个体差异。这种进步也表现在广泛的领域：学习构思、试验、计划、选择、质疑、打草稿、读给自己听、预测、整理、打磨、评价、回顾、修改内容、使用正确的格式、编辑和校订，等等。仅仅凭一篇作文永远也不能展现学生写作能力的准确情况。作文只代表写作者成长中的一步，而且并非总是前进的一步，因为新的技巧、形式或文体可能让任何年龄的作者负荷过重而表现欠佳。

公正性，即对学生的公正，以及我对学习过程、文体和写作的语言规范的理解，一定是我期末评估的标准之一。有效性是另一个标准。教师评估应该反映我在工作坊中日复一日地向学生传递的要求中。为了保证教师评估的有效性，我不能在12周之后突然改变方向，把一个"优秀"作品的"客观"标准强加到学生的作品文件夹中。艾弗里的第一首诗并不完美，有大量的陈词滥调，视觉画面也很少，"我"几乎不存在，还有许多模糊不清的哲学思考，也没有明确的结尾。我并没有在评分表上惩罚艾弗里的尝试，或者将其视为失败的作品。学生的写作和我自己的写作经验告诉我，学生很难在第一次写作中或在尝试新文体时，就能写出好作品，他们需要丰富自己的写作技巧工具箱并学会使用它。

在写作和阅读工作坊中教师评估需要后退一步，关注学生的探索和成长的整体情况，并关注其中那些有启迪作用的细节。在每个学期末，我会阅读学生的自我评价，仔细收集和筛选学生的材料：他们的作品文件夹、书信体读后感笔记本、包括他们的优秀作品的个人档案、写作和阅读记录表、对他们最喜欢的一首诗歌的分析、自我校对清单和读写手册的精选内容，所有的文件都附有说明。我把我的随堂检查记录加到这套文件里。根据这些材料，我在草稿纸上针对每个学生的写作和阅读作出总结，然后在此基础上写出学习进度报告。

图8.4是艾弗里第一学期的学习进度报告。在评价他的写作活动时，

我先描述了他有所进步的具体方面：写作积极性、对语言规范用法和拼写的掌握；然后我列出了他第二学期需要努力的目标。前三个目标是艾弗里为自己设定的：我直接从他的写作自我评价上摘抄下来。在这基础上，我再加上我的目标，针对我观察他在写作活动时发现的问题：不成熟的标签式题目、不够有力的结论、陈词滥调、无效的重复，以及在他初次写作回忆性散文时，过度依靠对话和行动而牺牲思考的不足。

第一学期学习进度报告		
学生 __艾弗里__	年级 __7__	教师 __南希·爱特维尔__
成就、强项和挑战		目标
拼写和写作教学重点：创作版图、自由体诗的技巧、"意义何在"或主题、搁置两天、修改的原因和方法、教与学中心的拼写教学过程、思想与情感的规则、构思和打草稿、每月拼写测验、"只写这颗鹅卵石"的规则、日常生活中隐藏的诗歌、戏仿文章、优秀回忆性散文的技巧。		
• 从成长和质量上来说是一个富有成效的学期：自己创作了6首诗、和同学合作完成了1篇戏仿文章、1篇回忆性散文有了显著的进步。 • 开始把写作看作自我表达而非表演，并践行之——关注自己的生活经验，修饰它们，并发展成主题，这样很好。 • 多次尝试写作构思和打草稿，逐步形成完整的、成熟的写作过程。 • 积极参与了每一节课和每一次一对一师生交流，并且开始从自己阅读的作品，尤其是诗歌中收集知识。为自己设定了高标准，并且丰富写作技巧库来帮助他达成这些标准：个人回忆、节奏、感官动词、形容词使用、诗歌分行分节和表达主题的细节描写。 • 单词拼写过关——草稿中达到约98%的正确率——根据习惯用法，除分句错误之外。 • 一个积极的写作者，关注学习任务；他的信心随知识和经验增长。		• 在周末写更多草稿，至少两页。 • 注意在诗歌每行末尾不必要的标点符号。 • 在诗歌中保持"我"在场，以生动的形象和表达主题的细节为目的进行修改。 • 在写作过程的最后思考标题。 • 构思打草稿时尝试不同的结尾。 • 注意避免陈词滥调和无意义的重复。 • 在叙述时，追求对话、动作、反思和描写的平衡。
阅读教学重点：展示自由体诗歌、未来书单、好书分享会、诗歌术语、文学术语、全国阅读禁书周、有关文学的书信体读后感、有关成长的诗歌、阅读2010—2011年学生的第一首诗、流行的青少年小说、心理语言学的阅读理论、威廉·卡洛斯·威廉姆斯的诗作及其影响、回忆性散文、值得记住的儿童绘本。		

• 完成13本包括5种体裁的书：一个作为开端的热门选择是成年回忆性散文，《大萧男孩儿》（荷马·西卡姆），许多优秀作家（帕特里克·内斯、苏珊·柯林斯、内德·维齐尼）的青少年文学小说也很受欢迎。 • 爱上一个新文学体裁，反乌托邦科幻小说：一个聪明的、合适的选择。拒绝了惊悚小说，不再热衷阅读奇幻作品。正在感受到流行小说和文学小说的不同之处。 • 理解能力、词汇量和阅读速度都很好。 • 正在学习文学评论术语。在班级讨论中的发言出自个人感觉的观点（例如，我喜欢这首诗因为它有趣）在减少，而出自理性分析的观点（关于情景描绘、表达主题的细节、节奏、压缩修辞性语言、叙述者、主题、诗句停顿、写作形式的尝试）在增加。 • 他的书信体读后感从热情地概括情节转移到对文学基本特征的考量：主题和作者的写作风格。这很好。	• 尝试每晚读40页。 • 可以了解一下弗尔的《极度向量》、格林的《纸镇》、贝尼奥夫的《小偷之城》、麦卡锡的《老无所依》。 • 尝试M.T.安德森、S.金、麦卡锡的《路》、比思的《长路漫漫》，外加动作/冒险、心理悬疑类书籍。 • 继续每天举手发言，运用你不断增长的文学评论术语来评论诗歌。 • 开展3次好书分享。 • 在书信体读后感中，对"还可以"清单中的要素作出评价。 • 在把想要阅读的书加入未来书单时需要更谨慎：要谨慎选择激发你兴趣的书。

图8.4　南希第一学期写给艾弗里的学习进度报告

接下来，我找出艾弗里的阅读偏好，点评他的阅读理解能力和词汇量，并对他在写作书信体读后感方面的进步和对诗歌讨论做出的贡献进行了评价。除了在他阅读自我评价中设立的目标之外，我还加上了我认为他会喜欢的两本书，要求他使用每日一诗环节学到的新词语，并建议他更有选择性地记录未来书单。艾弗里会记下每一次好书分享会上提到的书目，但这还不足以帮助他规划自己的阅读。

家长—学生—教师评估会议在傍晚及四个放学较早的下午进行。会议结束前，我给每个学生发了一份他们第一学期的期末进度报告和两张彩色卡片，一张标题是"我的第二学期写作目标"，另一张是"我的第二学期阅读目标"。他们把目标从进度报告上抄写在卡片上，然后把卡片钉在创作和阅读文件夹中。我会告诉他们，下一次的自我评价，我对他们的评估大部分都取决于他们为达成这些目标所做出的努力。彩色卡片意在每日提醒学生接下来的12周里，他们应该把注意力集中在哪些方面。

学生和我一起设定的写作和阅读目标涉及范围很广，从语言规范用法及学习习惯，到写作技法、程序、体裁、作者、形式和主题。这些目标也考虑到了学生的个体差异，有像艾弗里这样能快速吸收新知识的工作坊新手，也有被诊断有阅读困难、阅读能力或动力低，或有注意力缺乏症的学生。下面的清单展示了在过去几年，学生进度报告中第二栏里记录下来的学习目标，清单表明了这些目标的内涵和明确性。

写作者的潜在写作目标

- 在你所有的创作中追求"意义何在"或主题。
- 在创作的最后阶段为作品确定一个好题目。
- 试验不同的节奏。
- 试验不同的押韵方法（押头韵、押尾韵）。
- 听出无效的重复，并进行修改。
- 打草稿来发展"意义何在"或主题。
- 在你的诗歌中设立一个在场的"我"，借以表达你的思想、情感和观点。
- 试着模仿 E. E. 卡明斯的风格创作一首诗。
- 尝试短小的诗歌形式，要求简洁精练。
- 在耗费精力的议论文写作之间以写诗作为休息。
- 诗歌要单刀直入。
- 在诗歌和回忆性散文中写出"思想与情感"：把它们作为发展主题的基础。
- 注意不要写"一些鹅卵石"，记住描写一件事物看得见摸得着的细节。
- 利用把作品搁置两天的方法让自己从修改的角度阅读自己的作品。
- 在你思路受阻或不确定的时候，进行书面构思（打草稿）。
- 自己走到同学交流区域，轻声阅读自己的草稿，边听边读，寻找语义或词语有缺失的地方。
- 参考自己的创作版图，独立计划自己的写作活动。
- 不要把写作看成表演（或练习），而看成一个反思的机会：推动自己写出对自己有意义的思想、感受、想法、经历和发现。
- 用生动的动词、名词和形容词来帮助你的读者看到、听到、感受到。
- 打草稿试验文章的不同开头，然后选择最合适的那一个：那个能让你有写作动力的开头。
- 打草稿试验文章的不同结尾，然后选择最合适的那一个：那个能让读者思考，并感受到你要传递的信息的结尾。

- 在说明文写作中，注意前后文一致：在草稿上给你的信息排序。
- 在说明文写作中，预测读者的问题和需要的信息。
- 完成某人的人物小传，并尝试发表。
- 尝试写一篇戏仿文章。
- 尝试格式固定的诗歌形式（例如，六节诗、十四行诗、隔行同韵四行诗或维拉内拉诗）。
- 写记叙文时，记得要平衡对话、反思、描写和动作。
- 在你的议论文中写出更多你的思考：为什么某件事或某种思想很重要？
- 表达清晰：没有你的口头解释，读者能够理解你的作品吗？
- 慎用副词（以 -ly 结尾的词），追求生动的动词。
- 慎用"将""会"的句子，使用主动的动词。
- 在修改时找出并替换表现力较弱的动词。
- 当你修改和润色时，慢下来，逐字、逐短语、逐句地检查。
- 把删除作为一种修改行为来看待。你不需要什么？你已经表明了什么？哪些不能支持主题或论点？
- 找出并替换陈词滥调。
- 用你诗人的眼睛和耳朵来创作散文：把散文写得也有韵律。
- 少花时间与同学讨论。努力自己解决遇到的难题，把同学交流会控制在每周一次。
- 下学期比这学期再多完成两篇作品。努力克服困难，尽量不要过早或过多地放弃一个话题的写作。
- 每周写出至少 3—5 页的第一稿，这一点没有商量的余地。
- 每周尽量写出 4—5 页的第一稿，你需要努力提高写作流畅度。
- 更加一丝不苟地做保存记录：记下完成作品的题目，并按时间顺序把所有草稿和笔记归档，存放在作品文件夹中。
- 课后要花时间来整理你的创作文件夹、草稿和笔记。储物柜中要有专门存放文件夹的地方。
- 在你的储物柜门里贴一张便条，列出你每天需要带到读写工作坊中的物品清单。
- 在每次与我进行写作交流之后，立即把学到的新语言规范记录到自我校对清单上。

- 放慢书写速度。

- 书写文稿时，字写得大一些。

- 提高书写的易读性：闭合 o、a 和 d 的圈，伸长 g、f、p 等字母的尾巴。

- 不用行书书写，尤其是写名字的时候。从现在起，签名要工整。

- 当你结束一篇文章终稿的写作后，手拿着笔，慢慢地校对。

- 隔行书写。

- 检查漏写的词缀（s 和 ed）。

- 从开始写作的时候就注意语言规范：标点、大小写、分段。

- 在写作时尽量正确地拼写单词。

- 诗歌分诗行和诗节。

- 散文分段。

- 段落不要过多。读者需要能够在大段的文本之间放松，不要有不顺畅的感觉。

- 段落不要过少。读者需要休息和呼吸的空间。

- 当你能够查询一个词的正确拼写的时候，利用这个机会。

- 修改作品时，检查每一个以 s 结尾的名词：它是不是复数形式，还是只是需要用撇号表示的名词所有格？

- 在修改文字的时候，圈出拼写错误，然后查字典确认每个你没有绝对把握的写法：要慢速、仔细地检查。

- 倒着阅读你的草稿，来寻找拼写错误。

- 确保你的所有拼写错误都在你的拼写学习清单上。

- 当你学习一个词的拼写时，注意那些你容易搞混的部分：大声读出来，多写几遍。

- 拼写多音节长单词时，以音节为单位来拼写。

- 习惯使用错字本，并应用到每个学科的学习上。

- 注意自己经常拼错的词。

- 对于习惯拼错的词，发展自己的记忆方法。

- 在修改文字时，特别注意同音异义词（your/you're、their/they're/there、its/it's）。

- 以 -y 结尾的名词复数要把 y 变成 i。

- 听出文中需要加句号的地方：你的语调在何处下降、停下？

- 听出文中需要加逗号的地方：你的声音在何处暂停？

- 尝试用新的标点符号来使作品的特点更鲜明：尝试分号、省略号和破折号。
- 修改文字时注意并应用我们学习过的逗号用法。
- 掌握连字符和破折号的区别。
- 在记叙时保持动词时态一致：过去时或现在时。
- 采用主动的句子结构："我做了某事"，而非"我会做某事"或"某事被做了"。
- 多使用直接引语：直接引用说话者的话，不要用自己的话解释。
- 掌握如何标示文章标题：何时用引号、下画线或斜体，或者只是大写。
- 当你不确定如何取文章标题的时候，查阅你手册中的笔记。
- 段首缩进，包括第1段。
- 只有在想要表达特殊意思的时候才大写特定单词。
- 找出并改正逗号连接句，并用副词来连接独立分句，重起一个新句子或者使用分号、冒号或破折号。
- 在下引号之后，介绍说话人之前使用惊叹号、问号或逗号：不要在此处使用句号。
- 说话人、收尾语和引语要在同一个段落。
- 除了对话描写之外，删除使文章冗长的修饰词和限制词：如此、真的、非常、某种程度上、绝对。
- 慎用复杂的长句子：太多用逗号和连词连接起来的从句会使读者迷失其中，跟不上语义的线索。
- 从学校借手提电脑回家练习电脑打字。
- 在你不确定或文思受阻的时候使用你手册中的资源。
- 不在写作工作坊中与同学聊天。

阅读者的潜在阅读目标

- 把手放在嘴上，防止自己边指边读，这样会拖慢你的阅读速度，阻止你把信息组块处理。
- 把手指放在喉咙上，防止自己逐字逐句地在脑海里读出来，这样会拖慢你的阅读速度，阻止你把信息组块处理。
- 努力以组块而非字为单位阅读。为了理解意思而读，不要读出每个词。
- 戒掉总是用书签遮盖住下一行的坏习惯：它会阻碍你的周边视线，拖慢你的阅读速度。

- 尝试加快你的阅读速度：跳读、略读、浏览。
- 当一篇小说的某些无趣段落妨碍了你的阅读，尝试跳读或略读。
- 计时阅读：你每半个小时能读多少页？你能提高平均速度吗？
- 保持每天晚上半个小时的阅读。
- 让你的爸爸妈妈给你买一盏床前台灯。
- 发展持续的阅读习惯：在家有固定的阅读时间、地点。
- 每晚至少读20页。
- 尝试每晚读40页。
- 一次读一本书，这样你的阅读经验就是有鉴赏性和连贯性的，你也能够以有文学性的、连贯的方式对它进行文学评论。
- 如果你不享受阅读某本书，不要强求。给作者一定页数的机会，如果到时你对其写作不满意，可以放弃这本书的阅读。
- 努力比上个学期多读3本书。
- 找到你喜爱的作者，并尝试读他或她的更多作品。
- 关注好书分享会，更新你的未来书单，并使用它。
- 不要向不吸引你的书妥协。
- 尝试某位作者的更多作品。
- 尝试阅读某类题材或体裁。
- 尝试把自己当作作者，思考自己会怎么想。
- 尝试某位作者的某本书。
- 在你浏览图书的时候参考你的未来书单：带着它一起去书架上找书。
- 关注你同学推荐的图书：他们往往是好故事的专家。
- 有选择性地把好书分享会上推荐的书加进自己的未来书单：只记下那些吸引你的书目。
- 从现在开始，不再把漫画小说当作你娱乐性的主要读物。
- 保持完整的阅读记录：记住那些你打了10分的好书。
- 在你记录读完的一本书的题材或体裁时，可以和我确认一下，这样你就能准确地记录。
- 尝试自主读诗，收集、复印、标出你喜欢的诗歌。
- 尝试自主阅读一部莎士比亚戏剧。

- 尝试阅读一部文学经典:《简·爱》《傲慢与偏见》《红字》《蝇王》《西线无战事》《美丽新世界》。
- 在诗歌讨论时积极举手发言,并经常使用文学评论术语。
- 在我们的诗歌讨论中,减少对诗歌外在形式的关注,转向对诗人选词、意象和修饰性语言的关注。
- 开始寻找能够给你带来满意的阅读体验的成人文学作家。
- 认识到商业性小说和纯文学小说的区别,同时享受两者。
- 尝试一些我推荐过的成人读物及作家:你到时候了。
- 向全班推荐某本书。
- 在你的书信体读后感中,减少情节总结,增加写作技巧的分析:多写你对作者写法的观点。
- 在你的读后感中,一定要描述作品主题。
- 在你的读后感中,一定要在节选段落之后加上一两句话,指出作品具有哪些特点。
- 在你的书信体读后感中,至少要有3句话的主语是作者的名字,这样能帮助你把关注点放在他所做的选择上。
- 每篇书信体读后感都能得到√+的评分。
- 如果你喜欢一本书或对它有强烈的感受,思考作者是如何激起你的感受的。
- 如果你对一部小说的结尾不满意(一个开放式或悲伤的结局),思考作者为什么这样写,他是否想要借此表达某个主题。
- 每次的书信体读后感不少于3页。
- 在书信体读后感中不要跑题,最大限度地减少同学间的恶作剧。
- 每天记得把要读的书带到学校,在你家的大门上贴一张便条提醒自己。
- 读完一本书之后,尽快归还。
- 借每一本书时都要在你的借书卡上留下借阅的记录。
- 归还每一本书时都要和我一起登记归还。

这个评价组合式——学生自我评价和目标设立,再加上教师的分析和目标设立,是适合我的学校、我的教学哲学和教学方法的。在教与学中心,教师不会给学生打分。在这里,一个学生的学习动机就是学习本身:参与其中,向目标努力,体验写作、阅读、文学评论、数学、历史和科学学习过程中不断提升的能力和愉悦感。我承认这是一种奢侈。我知道我很幸运，不必以数字或字母成绩来衡量我的学生。但我也清楚没有了分数的刺激，我的教学方法一定要足够有力，才能激励学生：来说服他们我要求他们做的事情有内在的价值和意义。没有成绩的奖励或惩罚，教与学中心的学生依然努力学习，取得成绩，并且更为出色。

当我在布斯贝湾地区小学教书时，学校要求我一年四次用字母给读写工作坊中的学生评分。这么做的难点在于要确保成绩能够反映我要求学生做的事情。我的解决办法是根据学生设立的学习目标，通过他们在写作阅读方面取得的进步来评分。我的学生太多，无法悉数写出每个人的进度报告，但我能把注意力放在每个学生的目标上。

如果一个学生满足了读写工作坊的要求，并实现了他所有设立的目标，那么他的成绩卡片上就是一个A。如果有可观或比较让人满意的进步，我就给他一个B。尚可或合理的进步可得一个C。不大努力的学生只能拿D。唯一我给了不及格分数的学生在6月份故意"丢失了"所有的东西，这样一来我们二人都没有了评估的证据。

在艾弗里7年级的第二个学期末，我制作的写作自我评价问卷中有这样一个问题："描述你为达成本学期目标而做的努力。"他的回答是：

- 我在写作中记得保持记叙文中对话、描写、动作和反思的平衡。
- 在我的诗歌中有"我"在场，我也在修改时追求生动的形象和表达主题的细节。
- 我意识到了陈词滥调和无效重复的潜在危害。
- 在诗歌每行结束的地方，我会留心标点符号的问题。
- 我并没有用打草稿来试验各种不同的结尾。
- 我并没有在一篇作品将要完成前思考合适的题目。
- 我并没有每周末都完成两页写作。

我同意艾弗里的分析：他作品文件夹中的证据证实了这一切。如果他是我布斯贝湾地区小学的学生，他的成绩会是B+。

在布斯贝湾地区小学实行这套评分系统，意味着我班上接受特殊教育的学生能够通过努力达到目标，拿到A的好成绩。它也意味着，有时，一个所谓的有天赋的小作者或小读者因为不够努力而拿不到A。

在教与学中心，一到8年级的学生在9月开学，就有前一年的老师为他们设立了写作、阅读和数学科目的学习目标。当艾弗里被我校录取读7年级的时候，来自他原来学校的记录中并没有他的写作和阅读目标，但从8年级开始，他马上就能开始朝着我和他在6月中一起设定的目标努力（图8.5）。

教 师 评 价			
阅读能力	阅读挑战	写作能力	写作挑战
• 艾弗里是个对文章字面意思和深层含义有很强理解力的热情阅读者。他的词汇掌握、阅读速度和流畅度都很成熟。 • 他学会了有区别地选择要阅读的书籍：以文学散文作为他的首选，并偏爱某类固定的写作风格和人物形象。 • 他在第三学期为班级诗歌讨论做出的贡献让人印象深刻。他逐渐习惯了分析和识别文章中重要的特征，虽然有时候他还不能准确找出文章的主题。 • 他写的书信体读后感有进步，他开始学着关注和描述作者的选择、写作风格和技巧。 • 他和同学以议论文的形式讨论书籍，增加了同学之间的友谊。 • 他有效地运用历史和科学学科的学习方法，理解、记忆和联系信息和含义。	• 在下学期保持诗歌讨论的势头：向你的新同学展示如何运用文学评论术语鉴赏诗歌。 • 继续尝试阅读新的作家和体裁的书籍，以及更多的青少年文学、成人文学和某些古典文学作品。 • 继续保持你当前好书分享的频率和热情。	• 艾弗里是一个追求完美和进步显著的写作者。孺子可教。他目的明确、有上进心。他努力地充实了写作技巧库，并合理地在写作中运用它。他也对形式、风格、体裁等进行了多种尝试，并从成功和失败中吸取经验和教训。 • 诗歌成为他的强项。他专注于每个词的推敲并且尝试诗歌节奏、修饰性语言、意象和形式。 • 议论文和评论文章是他新的强项。他知道如何收集、整理信息，并表达自己的观点。 • 他参与了完整、有创造力的写作过程；格外注意修改和润饰。在写作前和写作过程中运用书面构思，帮助了他的写作。 • 各项语言规范用法掌握得十分成熟，包括拼写、逗号、大写和分段。仅有一些小毛病。	• 继续书面构思和打草稿，这能极大地提升你作品的质量。 • 当心过度使用副词和文章总体的繁杂冗长。要记得删除也是一种修改。 • 保持完整的拼写记录：确保你学习的每一个词都出现在你的词表上。 • 学会使用分号。 • 修改文章时注意逗号连接句。 • 在记叙文中，保持动作、对话、描写和反思的平衡。

图8.5 南希写给艾弗里的学年末学习进度报告

假如我们所在的学校，学生在一学年结束时不设立下一学年的目标，我会很愿意以下面这些目标开始新学期的学习：

- 为多首诗歌和一篇回忆性散文找到有意义的写作话题。
- 每周写作3—5页。
- 创作3—5首诗歌。
- 尝试微型课上介绍的写作技巧。
- 遵守"意义何在"或主题的规则。
- 遵守写作工作坊守则和要求。

在布斯贝湾地区小学期间，阅读工作坊中，我根据学生遵守工作坊守则和要求的程度来进行第一季度的评分。我创造了一个评分系统，如果一个学生每天带书到学校、在课堂上阅读、在家每晚至少读20页，就会获得分数。然后我把对他们书信体读后感的评分取平均分：每个√+、√、√－对应A、B、C或D。第二季度评分时，我在此基础上，还会考量每个学生为完成上一季度我们一起设立的目标所做出的努力。

汤姆·罗曼诺（Tom Romano）对教学评价有这样的观察发现："我们的评价和评分应该起鼓励作用。"工作坊中的学生写作和阅读评价的焦点应该在写作者和阅读者本身，以及教师如何通过鼓励、展示更好的解决方法来促进他们成长这两者上。

当我们把语文课堂转变为工作坊，当语文教学的基础成为写作者、阅读者和评论者的行动和需求时，我们也向学生传递了明显的信号，提醒他们主动学习、全身心投入和反思的重要性。把教学评估变成学生分析自己作品、描述自己进步，以及设立新目标的机会，这延伸和丰富了他们作为写作者和阅读者的成长。它也给教师提供了研究学生学习过程的重要视角。最后，它还巩固了学生在工作坊中日复一日、一周又一周的学习和成长。

翻译《在中学》，对我来说是一个学习的过程。

赴美攻读教育学博士之前，我在北京外国语大学读翻译专业。教授们一直强调，翻译不只是语言符号的简单转换，而且是两种文化的交流碰撞。陈德彰教授认为，翻译包括阅读和理解两个阶段；外译中，理解是关键。《在中学》记录了一位杰出美国语文教师的课堂教学实践，具有相当的专业性。这就要求我在读懂字面意思之外，还要理解书中涉及的西方文化、文学作品、中美两国的中学教育异同，还有作者南希·爱特维尔的教育理念，等等。只有译者理解了，才有可能把作者的教育思考和实践传递给中文读者。

我的导师傅丹灵教授曾说，《在中学》之于美国语文教师，正如荷马史诗之于西方文学。它1987年在美初版，1998年再版，是几代美国语文教师职业发展的必读书。此次与中国读者见面的是第3版，也是作者在退休前对自己教育事业的总结。原书超过600页。书内详尽记载了语文课堂活动、教学资料、学生读物、师生写作实例。

得知自己有幸承担《在中学》翻译任务，我早早地买好英文版，打算在翻译前细细读一遍。可几页之后就开始暗暗发愁：南希文笔烦琐，叙事说理唯恐不够周全严密，与我个人追求的简洁文风大相径庭。我心想：这下可有得磨了。

受出版篇幅等条件的限制，在曹勇军老师的指导下，我对原书进行了删减，保留与国内中学写作教学契合，且与教学改革发展现状相关的部分，删掉了原书中有关文体研究的部分，去掉了近一半内容。2016年夏，我利用博士入学前的假期完成了翻译初稿。同年秋，在全美语文教师协会（National Council of Teachers of English, 简称NCTE）上，由导师介绍，我见到了南希本人。她个子高高的，身姿挺拔优雅，银白色的长卷发一丝不乱。出乎我意料的是，生活中的南希话不多，亲切中带着威严。这次短暂的会面，仿佛女娲造人最后吹出的一口气，让我对《在中学》的理解立体鲜活了起来。

最初开始翻译的时候，南希的烦琐文风让我不胜其烦。她交代读写工作坊的前期准备、设计、教学和评估往往事无巨细，连教学用的三脚架的品牌、尺寸这样的细节也要画图说明；句子总是一个主句缀着五六个分句；举例时动辄七八位作家，十几部工具书名，唯恐介绍得不详尽，解释得不清楚。我翻译的时候，恨不能删掉几个例子，合并几个类似的写作样例。有时一个大长句吊得我气都喘不过来。一页翻译下来，只想去外面跑上一圈，吼上几句，才解心中的郁气。

初稿译罢，本套丛书两位主编老师先后帮我检查校阅，以确保译文的准确完整，同时减少我的"翻译腔"，使语言顺畅地道。这样几个来回下来，我渐渐地被南希磨得没了脾气，也开始认识到她这样写的原因和好处。

我发现，南希对自己教学实践的介绍看似繁复，却无闲笔。举例来说，第7章介绍的书信体读后感，是她的一大教学创新。这种体裁读写结合，让学生解读文学作品，然后把心得思考用书信的方式与老师和同学分享。这样读书有了目的，写作有了对象，更加深了全班的感情交流，一举数得；且能教学相长，让老师在与学生的书信往来中了解最新最全的青少年文学作品。为了让读者对这一教学创新有全面充分的认识，南希提供了18篇真实的范文，每篇涉及的作家作品和艺术探讨都不相同，甚至连通信时间都有讲究：学年之初，南希要求学生先把信都写给自己，等学生完全掌握了这种体裁，才互相通信交流。我发现，同学间的书信往来，日期都在11月以后，和南希的教学设计相呼应。靠着这精确到书信日期的描摹和不厌其烦的举例说明，南希成功地再现了她在日常教学中的精彩设计。

教学如生活，功夫在日常。而日常，却是最难捕捉的。前文提到，《在中学》第3版是南希的封笔之作。书中她把40余年的教学经验与读者分享。作为一线教师，她积攒了大量很难系统表述却实用可行的缄默知识。这些知识是教学经验的积累，是解决问题的神来之笔，也是新手旁人了解后一声"原来还可以这样！"的赞叹。例如，南希主张打草稿要隔行书写，方便学生修改、老师反馈。对此，南希提出了10条理由。她看似啰唆的详尽记录，实际上是从不同的角度完整地呈现出了"打草稿"这个环节在她的课堂上的全貌。

如何把缄默知识传递给读者？课堂教学是因人而异的艺术，我认为，南希如此详细地介绍自己的教学故事，并非想要读者照搬她的具体做法。相反，她希望尽可能详细地展示自己每一个教学设计背后的深思熟虑和精心设计，读者自可领会要义，择善而从。这和我们古人所说的"运用之妙，存乎一心"，颇有一点殊途同归的意思。

在中文版序言中，南希写道："勾勒工作坊式教学的大图景，同时也分享我教学经验的细节设计，这是我写这本书的初衷。"希望《在中学》的中译版不负这一初衷，向中文读者完整地呈现读写工作坊的整体和细节。

我要特别感谢本套丛书的两位主编。傅丹灵教授是我的"学术妈妈"，是我在教育领域的领路人；曹勇军老师让我见到了中国一线语文教师对教学的投入、治学的严谨。两位老师成就了《在中学》中译版。我还要感谢本书的编辑陈晓琼老师和《语文学习》主编易英华老师，没有她们，《在中学》也就不能和中国的读者见面。

王不一
2019年夏天

图书在版编目（CIP）数据

在中学：读写工作坊的奥秘 / (美) 南希·爱特维尔著；王不一译.
— 上海:上海教育出版社, 2020.7 （2021.3重印）.
（美国中学写作教学译丛）
ISBN 978-7-5720-0114-7

Ⅰ.①在… Ⅱ.①南… ②王… Ⅲ.①英语－写作－中学－教学参考
资料 Ⅳ.①G633.413

中国版本图书馆CIP数据核字(2020)第121907号

上海市版权局著作权合同登记号 图字 09-2017-058号

责任编辑　陈晓琼
封面设计　陆　弦
[美] 傅丹灵　曹勇军　主编
美国中学写作教学译丛

在中学：读写工作坊的奥秘
In the Middle: A Lifetime of Learning
About Writing, Reading, and Adolescents
[美] 南希·爱特维尔　著
王不一　译

出版发行	上海教育出版社有限公司	
官　网	www.seph.com.cn	
地　址	上海市永福路123号	
邮　编	200031	
印　刷	上海景条印刷有限公司	
开　本	700×1000　1/16　印张 22.25	
字　数	388千字	
版　次	2020年10月第1版	
印　次	2021年3月第2次印刷	
书　号	ISBN 978-7-5720-0114-7/G·0085	
定　价	79.80元	

如发现质量问题，读者可向本社调换　电话：021-64377165